·马克思主义研究文库·

Marxist

红色基因传承研究

汪勇　等 | 著

光明日报出版社

图书在版编目（CIP）数据

红色基因传承研究 / 汪勇等著. -- 北京：光明日报出版社，2024.6. -- ISBN 978-7-5194-8054-7

Ⅰ. D642

中国国家版本馆 CIP 数据核字第 2024YB9401 号

红色基因传承研究

HONGSE JIYIN CHUANCHENG YANJIU

著　　者：汪勇　等

责任编辑：刘兴华　　责任校对：宋　悦　李学敏

封面设计：中联华文　　责任印制：曹　诤

出版发行：光明日报出版社

地　　址：北京市西城区永安路 106 号，100050

电　　话：010-63169890（咨询），010-63131930（邮购）

传　　真：010-63131930

网　　址：http：//book. gmw. cn

E - mail：gmrbcbs@ gmw. cn

法律顾问：北京市兰台律师事务所龚柳方律师

印　　刷：三河市华东印刷有限公司

装　　订：三河市华东印刷有限公司

本书如有破损、缺页、装订错误，请与本社联系调换，电话：010-63131930

开　　本：170mm×240mm

字　　数：317 千字　　印　　张：18.5

版　　次：2024 年 6 月第 1 版　　印　　次：2024 年 6 月第 1 次印刷

书　　号：ISBN 978-7-5194-8054-7

定　　价：98.00 元

目 录
CONTENTS

第一篇 保护传承好红色资源

第二篇 让红色基因代代相传

第三篇　繁荣红色文化助力高质量发展

第四篇　弘扬革命精神推进党的建设

第一篇 01

保护传承好红色资源

“红色资源是我们党艰辛而辉煌奋斗历程的见证，是最宝贵的精神财富。红色血脉是中国共产党政治本色的集中体现，是新时代中国共产党人的精神力量源泉。回望过往历程，眺望前方征途，我们必须始终赓续红色血脉，用党的奋斗历程和伟大成就鼓舞斗志、指引方向，用党的光荣传统和优良作风坚定信念、凝聚力量，用党的历史经验和实践创造启迪智慧、砥砺品格，继往开来，开拓前进，把革命先烈流血牺牲打下的红色江山守护好、建设好，努力创造不负革命先辈期望、无愧于历史和人民的新业绩。”

——2021 年 6 月 25 日，在主持中央政治局第三十一次集体学习时的讲话

“要用心用情用力保护好、管理好、运用好红色资源。要深入开展红色资源专项调查，加强科学保护。要开展系统研究，准确把握党的历史发展的主题主线、主流本质，旗帜鲜明反对和抵制历史虚无主义。要打造精品展陈，坚持政治性、思想性、艺术性相统一，用史实说话，增强表现力、传播力、影响力，生动传播红色文化。要强化教育功能，围绕革命、建设、改革各个历史时期的重大事件、重大节点，研究确定一批重要标识地，讲好党的故事、革命的故事、英雄的故事，设计符合青少年认知特点的教育活动，建设富有特色的革命传统教育、爱国主义教育、青少年思想道德教育基地，引导他们从小在心里树立红色理想。”

——2021 年 6 月 25 日，在主持中央政治局第三十一次集体学习时的讲话

论马克思主义中国化理论自觉的生成

汪　勇

［摘　要］理论自觉是人类社会历史发展的主体性意识表现。马克思主义中国化理论自觉的生成是马克思主义理论自身需要民族化的内在追求，是中国社会实践对马克思主义理论的理性选择，是中国共产党把马克思主义与中国实际相结合的产物，是马克思主义中国化取得的各种成就及其进一步深化的动力。马克思主义中国化理论自觉是中国特色社会主义科学发展的有力保障。

［关键词］马克思主义；中国化；理论自觉；生成

理论自觉是主体对客观必然性的正确认识及把握和运用，是目的性很强的主体性实践活动。马克思主义中国化的理论自觉就是中国共产党人以实现马克思主义的价值追求为目的，领导广大人民群众自觉地把马克思列宁主义理论及其原则方法与中国的具体实践相结合以解决革命、建设和改革发展中的各种问题并取得一系列重大成果的实践活动。马克思主义中国化理论自觉的核心就是对“马克思主义为何要中国化，如何把马克思主义中国化”等问题的科学回答。马克思主义中国化的理论自觉与中国共产党领导广大人民进行革命、建设和改革的实践相生相伴且相互促进。中国革命、建设和改革实践取得的各种成就是马克思主义中国化理论自觉的最好证明及其进一步深化的动力。

一、马克思主义中国化理论自觉的理论品质

科学的理论来自对社会实践的正确概括和科学总结，又以回到现实中去指导社会实践得到证实而具有普遍指导意义作为最高的价值追求。马克思主义理论立足于历史尺度，关注人类命运，是推动人类历史发展的科学理论。建立在唯物史观的基础之上，深入科学地研究和揭露资本主义本质及其必然

灭亡的命运，以及人类社会发展规律，把对人的自由、全面发展和人类解放的这种追求与价值关怀同它所揭示的社会历史发展的一般规律紧密结合起来的马克思主义理论，同样以回到社会现实中去指导各民族无产阶级的解放运动并取得革命的胜利作为其最高的价值追求。马克思主义科学理论有着很强的逻辑力量，能够给人类社会提供未来的世界图景，能够征服人，这就是马克思主义阐释世界的理论力量与其改造世界的实践力量。马克思主义理论本身就是世界观和方法论，因而有着为不同民族国家的无产阶级所了解、掌握和运用而实现民族化的内在理论品质追求。

马克思主义理论自身需要民族化的内在追求就是马克思主义基本原理的普遍性与各民族独特性相结合，使之能够适应不同民族国家的实际情况，回答马克思主义在不同民族国家、地区运用和发展过程中提出的实践课题的理论追求。马克思主义的科学性，不仅在于其基本理论和内容的正确性，更表现为其巨大的方法论力量。马克思主义创始人早就明确了其理论的本质特征："我们的理论是发展着的理论，而不是必须背得烂熟并机械地加以重复的教条。"① 正如恩格斯反复强调并指明："马克思的整个世界观不是教义，而是方法。它提供的不是现成的教条，而是进一步研究的出发点和供这种研究使用的方法。"② 马克思主义原理"随时随地都要以当时的历史条件为转移"③。对此，列宁也说："在分析任何一个社会问题时，马克思主义理论的绝对要求，就是要把问题提到一定的历史范围之内。"④ 马克思主义理论作为世界性的革命学说，深怀民族化的自我要求。"正确的理论必须结合具体情况并根据现存条件加以阐明和发挥。"⑤ 资本主义发展的不平衡性和多样性、帝国主义的民族压迫政策造成的民族不平等、各民族的文化背景和文明水平的不同等决定了马克思主义必须民族化。⑥ 任何学说要在其他空间生存和发展，都必须

---

① 中共中央马克思恩格斯列宁斯大林著作编译局．马克思恩格斯选集：第 4 卷［M］. 北京：人民出版社，1995：681.

② 中共中央马克思恩格斯列宁斯大林著作编译局．马克思恩格斯选集：第 4 卷［M］. 北京：人民出版社，1995：742.

③ 中共中央马克思恩格斯列宁斯大林著作编译局．马克思恩格斯文集：第 2 卷［M］. 北京：人民出版社，2009：5.

④ 中共中央马克思恩格斯列宁斯大林著作编译局．列宁选集：第 2 卷［M］. 北京：人民出版社，1995：375.

⑤ 中共中央马克思恩格斯列宁斯大林著作编译局．马克思恩格斯全集：第 47 卷［M］. 北京：人民出版社，2004：35.

⑥ 王荣栓．马克思主义的时代化和民族化新解读［J］. 理论学刊，2005（12）：32-37.

实现本土化。道教、佛教是如此，马克思主义也是如此。马克思主义民族化既是各民族国家解决自己实践的需要，同时也是马克思主义理论自身的需要。由于各国家、各民族具有完全不同的实际情况和历史文化传统，其社会主义革命、建设和改革不可能有统一的发展道路和模式，因而必然形成富有本国、本民族特色的发展道路和发展模式。作为异域文化的马克思主义要在民族国家、地区“生根结果”，就必须与民族特色相结合，吸取民族文化的优秀成果，以民族形式表现马克思主义。① 马克思主义的内在理论特性，决定了其必须与民族特色相结合，这是马克思主义生命力的源泉所在。

马克思主义民族化的内在理论品质追求“确定了马克思主义民族化的基本任务，即要把马克思主义应用到各国具体环境的具体斗争中去，使马克思主义在各国具体化，用具有民族特色的具体化的马克思主义指导各国的具体行动；指明了马克思主义民族化的根本途径，即在马克思主义指导下积极参加各国革命的具体实践，把各国革命的实践经验提升为理论；阐明了马克思主义民族化的重要意义，即马克思主义民族化是马克思主义开辟自身发展道路的要求”②。马克思主义及其民族化是普遍性与特殊性、共性与个性、理论与实践、内容与形式、世界化与民族化的辩证统一，是马克思主义实现理论指导实践的根本途径和表现形式。马克思主义理论自身需要民族化的内在要求在实践中体现为马克思主义的中国化、越南化、老挝化、朝鲜化、古巴化等。事实说明：各国的马克思主义民族化探索“同中有异，异中有同”，既有经验，也有教训，给我们提供的最宝贵启示是：要坚持马克思主义民族化，使马克思主义在各民族国家得到真正的创新和发展。“‘中国模式’就是当代中国马克思主义鲜明民族特色的典型代表。‘中国模式’既不同于传统社会主义建设模式，同时又与西方发达资本主义——‘华盛顿共识’‘美国模式’有着本质的区别，它既坚持了马克思主义、社会主义的本质属性，同时又结合中国具体实际，有着鲜明的中国风格和中国气派。‘中国模式’就其本质而言，是在全球化大背景之下关于人类实现现代化道路的积极探索，其拓宽了人类历史发展的道路，为人类现代化之路提供了多样性的可能，是马克思主义民族特色在当代的显著代表。”③

---

① 尚庆飞．从马克思主义“民族化”到中国化马克思主义的民族特色［J］．南京社会科学，2012（1）：48-54.

② 周太山．论恩格斯的马克思主义民族化思想［J］．求实，2008（8）：4-6.

③ 尚庆飞．从马克思主义“民族化”到中国化马克思主义的民族特色［J］．南京社会科学，2012（1）：48-54.

二、马克思主义中国化理论自觉的实践选择

“理论在一个国家实现的程度，总是取决于理论满足这个国家的需要的程度。”① 马克思主义中国化的理论自觉有其坚实的土壤基础及其现实需要，是中国社会实践选择的理性结果。19 世纪后半叶到 20 世纪初，中国封建社会的衰败和鸦片战争，使中国逐渐沦为半殖民地半封建社会，饱受西方列强的无情剥削、压迫和蹂躏，面临救亡图存的困境。为了反对外国列强的侵略，摆脱封建专制的统治，求得民族的独立和人民的解放，不屈不挠的中国人民先后掀起了轰轰烈烈的运动。从太平天国运动到义和团运动，从洋务运动到戊戌变法，再到辛亥革命，掀起了一幕又一幕可歌可泣、惊天地泣鬼神的革命斗争，他们无一不是为改变中华民族的命运而抗争，无一不是在为中华民族的振兴与繁荣而做出的艰苦的实践探索，但始终没有取得成功。曾经一直让我们中华民族深感骄傲且传承了几千年的传统文化，却赶不上急速发展的工业文明和急速扩张的资本主义体系。历史在此沉思，有血性的中国人不得不反躬自问：“帝国主义的侵略打破了中国人学西方的迷梦。很奇怪，为什么先生老是侵略学生呢？中国人向西方学得很不少，但是行不通，理想总是不能实现②。”在民族危亡的关头，中国传统文化无法作为国人安身立命的支柱，难以给国人提供一种精神文化支撑，而实践也强力地表明，标榜“自由”“民主”的资本主义道路在中国走不通。随着“国家的情况一天一天坏，环境迫使人们活不下去。怀疑产生了，增长了，发展了”③。解决问题的前提就是要弄清问题。马克思曾指出，每个时代总有属于自己时代的问题，“问题就是公开的、无畏的、左右一切个人的时代声音。问题就是时代的口号，是它表现自己精神状态的最实际的呼声”④。旧民主主义革命运动的屡次失败，最根本的原因就是缺少正确的认识和解决当时谋求中华民族独立和人民解放这一伟大历史使命所面临的根本性问题的科学理论的武装。“一个民族要想站在科学

---

① 中共中央马克思恩格斯列宁斯大林著作编译局．马克思恩格斯文集：第 1 卷［M］．北京：人民出版社，2009：12.

② 毛泽东．毛泽东选集：第 4 卷［M］．北京：人民出版社，1991：1470.

③ 毛泽东．毛泽东选集：第 4 卷［M］．北京：人民出版社，1991：1470.

④ 中共中央马克思恩格斯列宁斯大林著作编译局．马克思恩格斯全集：第 40 卷［M］．北京：人民出版社，1982：289.

的最高峰，就一刻也不能没有理论思维。”① 太平天国运动的指导思想体现在《天朝田亩制度》和《资政新篇》里，洋务运动的指导思想是“中学为体，西学为用”，义和团运动的指导思想是“扶清灭洋”，而戊戌变法的指导思想是资产阶级维新思想，辛亥革命的指导思想是“三民主义”。“没有革命的理论，就不会有革命的运动。”② 这些理论之所以不能指导中国革命实践成功，最主要和最根本的原因就是其不能正确地分析和认识中国社会的性质——中国是在强大而又矛盾的几个帝国主义国家和中国封建势力统治之下的、政治经济发展具有不平衡性和不统一性的半殖民地半封建的东方大国，有自己的特殊国情和革命的基本特点与基本规律，发现不了规律和特点也就不可能找到实现中华民族独立和人民解放的出路，当然就不可能取得革命的胜利。传统文化的式微、社会的变革要求必须进行根本的转变，否则难以适应时代的要求，难以真正拯救中华民族。苦苦探求挽救民族危亡、人民解放的运动及实践无数次的挫折与失败使先进的中国人意识到：要想真正实现中华民族的独立和人民的解放，就必须寻找一种最先进的理论。

十月革命一声炮响，亿万中国人民惊醒了，看到了新的希望。当时传入中国的各种各样的思潮中，只有马克思主义一方面展示着一种理论的力量，另一方面也呈现出一种实践的力量。俄国十月革命的胜利，让我们看到了马克思主义正在变革一个旧世界，这是其他理论所不具有的一种品质。其影响及其带来的历史性变革，使中国社会实践经历了诸多的惨痛教训后作出了理性的抉择：只有马克思主义并使之中国化，才能挽救中华民族于危难之中。新民主主义革命的胜利、社会主义建设探索取得的成就、改革开放的辉煌成就等史实强有力地说明：自从有了马克思主义中国化，我国的革命、建设和改革开放事业不断取得新的胜利。中国社会实践的需要对马克思主义中国化的选择不是随意的，不是偶然的，不是自发的，而是在经历了各种的实践及反复的比较后自觉作出的理性选择，即马克思主义中国化理论自觉的形成有其坚实的社会现实土壤，是实践的理性自觉选择。谋求民族独立、人民解放和国家富强、人民富裕的实践成为马克思主义中国化理论自觉的现实基础和首要前提。事实说明，中国社会实践的发展没有科学理论的指导无法取得成功。

---

① 中共中央马克思恩格斯列宁斯大林著作编译局．马克思恩格斯文集：第 9 卷［M］．北京：人民出版社，2009：437.

② 中共中央马克思恩格斯列宁斯大林著作编译局．列宁选集：第 1 卷［M］．北京：人民出版社，1995：311.

三、马克思主义中国化理论自觉的主体追求

马克思主义理论自身需要民族化的内在本质追求与中国社会实践对马克思主义理论的历史选择并不必然，这意味着马克思主义与中国社会实践的结合不会自动解决中国社会的现实问题。天下兴亡，匹夫有责。在近代中国，为了求得近代中华民族的独立和人民的解放，农民阶级、地主阶级的洋务派、资产阶级的维新派无不苦苦寻求救国救民的良方，但无一例外都失败了。旧民主主义革命的失败就是因为他们由于阶级的局限性而难以正确认识中国社会的性质及其基本矛盾和主要矛盾，无法胜任和担当领导旧中国取得民族的独立和人民的解放。正如列宁深刻地指出："只有以先进理论为指南的党，才能实现先进战士的作用。"① 自从中国共产党诞生，党自觉、理性地对马克思主义有了科学的认识并把其普遍原理与中国革命、建设和改革实践等具体实践相结合之后，中华民族的历史才翻开了新的篇章。

"十月革命"后，马克思主义通过日本、法国、俄国等传到了古老的中华大地并作为救国救民的指导思想开始逐渐为国人所接受，作为先进分子的中国共产党人开始自觉、理性地致力于马克思主义的传播、阐释和运用，逐渐形成了马克思主义中国化的理论自觉。这表现在中国共产党把马克思主义中国化是经过深思熟虑的，是对中国近代历史发展经验教训的深刻总结。从马克思主义最初传入中国到20世纪二三十年代，中国共产党由于对马克思主义的理解尚不深刻，在运用马克思主义指导中国革命的实践过程中照搬马克思主义的"本本"，缺乏马克思主义与本国民族特色的结合，犯有"左"、右倾错误。这些错误的共同点就是看不到或者弄不清楚中国的现实状况，仅仅从马克思主义的"本本"出发，照抄照搬，以为这样就能解决中国的问题。在党内早期的三次"左"倾错误中，特别是以王明为代表的"归国留学生"的第三次"左"倾教条主义路线从马克思主义的"本本"出发，对照马克思主义经典理论，批判毛泽东所领导的革命斗争是"山沟沟里的马克思主义"，是"狭隘的经验主义"，使党的革命事业濒临绝境。实践证明光搬来马克思主义的"本本"不行。这使得中国共产党人开始认真地分析、研究马克思主义，对"什么是马克思主义""如何运用马克思主义解决中国的实际问题"等诸多问题进行了自觉、理性的思考。毛泽东在尊重实践的基础上旗帜鲜明地指

---

① 中共中央马克思恩格斯列宁斯大林著作编译局．列宁全集：第6卷［M］．北京：人民出版社，1986：24.

出教条主义“只会片面地引用马克思、恩格斯、列宁、斯大林的个别词句，而不会运用他们的立场、观点和方法，来具体研究中国的现状和中国的历史，具体地分析中国革命问题和解决中国革命问题”①。据此他正确指出：“马克思主义必须和我国的具体特点相结合并通过一定的民族形式才能实现。马克思列宁主义的伟大力量，就在于它是和各个国家具体的革命实践相联系的。对于中国共产党说来，就是要学会把马克思列宁主义的理论应用于中国的具体环境。成为伟大中华民族的一部分而和这个民族血肉相连的共产党员，离开中国特点来谈马克思主义，只是抽象的空洞的马克思主义②。”以毛泽东为代表的中国共产党人把马克思主义基本原理与中国实践相结合，取得了中国革命的胜利并对社会主义建设进行了可贵的探索且取得了一定的成就。在社会主义建设时期，“左”倾教条主义再次出现且造成了恶劣的影响和严重的损失。邓小平同志总结各种经验教训后指出：“教条主义，就是只知道马克思列宁主义的词句，不从具体情况出发来运用，它使我国的革命遭受过失败和挫折。经验主义，就是只看到一些具体实践，只看到一国一地一时的经验，没有看到马克思列宁主义的原则。”③ 在此基础上他指出：“在革命成功后，各国必须根据自己的条件建设社会主义。固定的模式是没有的，也不可能有。墨守成规的观点只能导致落后，甚至失败。”④ “马克思主义必须发展。我们不把马克思主义当作教条，而是把马克思主义同中国的具体实践相结合，提出自己的方针，所以才能取得胜利。”⑤ 以邓小平为代表的中国共产党人再次把马克思主义基本原理与中国社会建设、改革实践相结合，从而取得了巨大成就。

根据以上内容，我们不难知悉中国共产党把马克思主义中国化的理论自觉的核心是对“什么是马克思主义，如何把马克思主义中国化”的科学回答，其内涵主要包含三方面：一是中国共产党对坚持马克思主义理论指导的极端重要性有清醒的认识，全党特别是党的领导集体具有持之以恒地、认真而不是敷衍地学习马克思主义理论的自觉性。二是深刻认识马克思主义中国化理论是行动的指南，而不是千古不变的教条，具有将马克思主义的基本原理与本国实际和时代特征相结合，创造性地将马克思主义理论运用于本国实际的

① 毛泽东．毛泽东选集：第3卷［M］．北京：人民出版社，1991：797.

② 毛泽东．毛泽东选集：第2卷［M］．北京：人民出版社，1991：534.

③ 邓小平．邓小平文选：第1卷［M］．北京：人民出版社，1994：259-260.

④ 邓小平．邓小平文选：第3卷［M］．北京：人民出版社，1993：292.

⑤ 邓小平．邓小平文选：第3卷［M］．北京：人民出版社，1993：191.

自觉性。三是深刻认识马克思主义是发展的、开放的理论体系，并具有不断总结新鲜的历史经验，不断丰富和发展马克思主义理论的自觉性，以及运用发展了的马克思主义理论指导新的社会实践的自觉性。① 中国共产党形成马克思主义中国化的理论自觉要求必须坚持实事求是，既要反“左”，又要反右。正如江泽民所指出：“用发展的观点对待马克思主义，在坚持中发展、在发展中坚持，这就是按规律办事，也是对待马克思主义唯一正确的态度。”② 唯有如此，中国特色社会主义道路才会越走越宽广。

四、马克思主义中国化理论自觉的发展创新

马克思主义中国化的理论自觉还充分体现在马克思主义中国化所取得的一系列骄人成功实践和科学理论成果。如果中国共产党没有马克思主义中国化的理论自觉就不会取得各种实践与理论的成就。反言之，如果没有中国社会主义革命、建设和改革的成功实践，也无法形成马克思主义中国化的理论自觉。马克思主义中国化理论自觉，保证党带领广大人民完成和推进了三件大事，即完成了新民主主义革命，实现了民族独立、人民解放；完成了社会主义革命，确立了社会主义基本制度；进行了改革开放，开创、坚持、发展了中国特色社会主义。马克思主义中国化理论自觉，使党带领广大人民经过百余年的奋斗、创造、积累，倍加珍惜、长期坚持、不断发展取得了三大成就，即开辟了中国特色社会主义道路、形成了中国特色社会主义理论体系、确立了中国特色社会主义制度。在革命、建设和改革开放及其所取得巨大成功实践的基础上，中国共产党自觉地“坚持把马克思主义基本原理同中国具体实际结合起来，在推进马克思主义中国化的历史进程中产生了两大理论成果。一大理论成果是毛泽东思想。毛泽东思想是马克思列宁主义在中国的运用和发展，系统回答了在一个半殖民地半封建的东方大国，如何实现新民主主义革命和社会主义革命的问题，并对建设什么样的社会主义、怎样建设社会主义进行了艰辛探索，以创造性的内容为马克思主义宝库增添了新的财富。另一大理论成果是中国特色社会主义理论体系。中国特色社会主义理论体系是包括邓小平理论、‘三个代表’重要思想以及科学发展观等重大战略思想在

---

① 聂运麟．马克思主义政党理论自觉的新高度：“与时俱进”、不断“开拓创新”理论的时代价值［J］．马克思主义研究，2004（2）：15-21.

② 中共中央文献研究室．十六大以来重要文献选编：下［M］．北京：中央文献出版社，2008：598.

内的科学理论体系，系统回答了在中国这样一个十几亿人口的发展中大国建设什么样的社会主义、怎样建设社会主义，建设什么样的党、怎样建设党，实现什么样的发展、怎样发展等一系列重大问题，是对毛泽东思想的继承和发展”①。就中国特色社会主义理论体系而言，它是改革开放四十多年来中国共产党人推进马克思主义中国化的重要理论结晶。它既不同于传统马克思主义与苏联社会主义模式，也区别于西方资本主义模式，而是在坚持马克思主义基本原理指导的基础之上，走出了一条结合中国具体国情、具有中国特色的社会主义道路，不仅充分显示了马克思主义中国化理论自觉的成就，反过来进一步促进了马克思主义中国化理论自觉的深入发展。中国革命、建设和改革的成功实践说明：没有马克思主义中国化科学理论的正确指导，中国社会主义革命、建设和改革开放都会遭受不同程度的损害，就不会有中国革命的成功和社会主义建设的诸多成就以及改革开放的辉煌成就。

苏联解体后，国内外一些敌对势力把社会主义苏联模式的失败归结为社会主义制度本身的失败和马克思主义的失败，对马克思主义进行敌视、攻击和否定，一时间反马克思主义的声音甚嚣尘上，大肆散布马克思主义“过时论”“无用论”“失败论”等，主张意识形态多元化，宣传西方的“普世价值”，抓紧对我实施西化和分化的战略图谋，对马克思主义作为社会主义主流意识形态的地位产生了一定的冲击。当前，由于众多复杂因素的影响使得“各种社会思潮应时而生、复杂多样，从社会思想的性质上说，既有占主导地位的马克思主义，也有各种非马克思主义思想意识，还有一些反马克思主义的错误思想；既有社会主义的主流思想，也有资本主义的错误思想和腐朽观念，还有封建主义思想的残余等。特别是新自由主义、历史虚无主义、民主社会主义、拜金主义、极端个人主义、享乐主义等一些形形色色的反马克思主义思潮，对社会生活产生了消极影响”②。这就更需要增强马克思主义中国化的理论自觉，剖析这种观点的错误，提升对马克思主义的信仰。在苏联解体后，国际共产主义运动处于低谷期，马克思主义受到严峻挑战，中国共产党的马克思主义中国化实践及其理论有力地反击了国际上盛行的“社会主义失败论”“马克思主义过时论”和“意识形态终结论”等错误论调，展示了马克思主义中国化理论自觉的时代魅力。中国经验证明了人类社会不可能都

① 胡锦涛．在庆祝中国共产党成立90周年大会上的讲话［M］．北京：人民出版社，2011：7．

② 李孝纯．划清马克思主义与反马克思主义的界限［J］．红旗文稿，2010（2）：31-32．

完全按照一个模式、一个道路发展。中国特色社会主义发展模式体现了当代中国人的思维方式，实现了从对抗到合作、从非此即彼到亦此亦彼、从你死我活到合作共赢的重大转变。中国的道路、理论、制度所构成的中国经验，不仅对中国有意义，而且对人类有贡献。

马克思主义必须随着时代的发展而与时俱进，必须不断进行理论创新并实现对自身的超越。在新的阶段，马克思主义中国化的理论自觉要求必须在全球视野中进行多维的比较，深化对中国经验、中国道路的理论及实践的探讨。在人类社会发展多样性探索的道路上，拓宽我们的视野，不仅要总结西方发达国家的经验，也要总结中国的经验。如果以更多国家的发展道路、发展经验做参照，我们就能够更深刻地体会中国经验的重要性，以及中国特色在哪、中国经验对人类的贡献在哪、面临的问题在哪。而这些问题的解决又在更深层次上推进马克思主义中国化的理论自觉，使马克思主义中国化理论自觉与中国特色社会主义相互促进、良性发展。实践发展永无止境，认识真理永无止境，理论创新永无止境。马克思主义正是在实践中展现其魅力，在解决实践中的矛盾中丰富自己的理论内蕴，在拓展社会实践的问题域与回答实践不断提出的问题的张力结构中得以开放性地发展。用发展的观点对待马克思主义，在坚持中发展、在发展中坚持，这就是对待马克思主义唯一正确的态度。

红色文化与马克思主义中国化、大众化、时代化

汪　勇

［摘　要］红色文化是广大人民群众在中国共产党的领导下把马克思主义与中国实际相结合后共同奋斗所创造的民族文化、大众文化。红色文化与马克思主义中国化、大众化、时代化有着极为密切的关系，红色文化是马克思主义中国化的结晶，是推进马克思主义中国化的强大动力；红色文化是马克思主义大众化的产物，是推进马克思主义大众化的宝贵资源；红色文化是马克思主义时代化的基础，蕴藏着马克思主义时代化的要求。

［关键词］红色文化；马克思主义；中国化；大众化；时代化

红色文化是最具中国特色的民族文化、大众文化、革命文化和建设文化，与马克思主义中国化、大众化、时代化有着极为密切的关系。对该关系的探讨不仅有利于弘扬红色文化，更为重要的是，在新时期对深入推进马克思主义中国化、大众化、时代化有极为重要的现实意义。

一、红色文化与马克思主义中国化

马克思主义中国化及其实践推动了红色文化的形成和发展并为之提供了思想和方法上的指导。同时，红色文化又为推进马克思主义中国化提供了强大的精神动力。

（一）红色文化是马克思主义中国化的结晶

马克思主义中国化不仅体现在革命、建设和改革开放所取得的巨大成就之中，而且还高度浓缩并渗透、蕴藏于由此而形成的各种红色文化之中。红色文化是指中国共产党在马克思主义思想的指导下，结合中国革命和建设实际，领导广大人民群众在实现民族独立和人民解放、国家富强和人民富裕的过程中所形成的理论、经验和精神等凝结而成的最具中华民族特色的文化，

如革命年代形成的井冈山精神、遵义会议精神、长征精神、延安精神、西柏坡精神等；社会主义建设时期形成的大庆精神、焦裕禄精神、“两弹一星”精神、抗洪精神等；以及反映这些文化、精神的旧址、遗存等。红色文化是马克思主义中国化所创造的革命文化、先进文化，处处闪耀着马克思主义中国化的光辉及其精神，因为马克思主义中国化始终是红色文化最为根本的理论基础和思想灵魂，是红色文化产生、存在、发展的指导思想，决定了红色文化的性质及其发展方向，构筑了红色文化最为重要的理论基础和思想灵魂。①

就井冈山精神来看，秋收起义失败后，中国革命向何方去的严峻问题摆在了中国共产党人的面前，作为马克思主义中国化的第一人的毛泽东，把马克思主义与中国实际紧密结合，认为中国革命的成功不能照搬苏联中心城市暴动的理论及道路，指明了革命胜利的前进方向，极大地鼓舞和提振了士气，从而掀开了革命的新篇章，造就了马克思主义与中国实际相结合的代表井冈山精神。就遵义会议精神来看，党内占统治地位长达 4 年之久的王明“左”倾错误路线，照抄照搬苏联模式，使中国工农红军遭受巨大损失。在中国革命生死存亡的关键时刻召开的遵义会议上，毛泽东再一次把马克思主义与中国实际相结合，纠正了“左”倾错误，排除了“本本主义”和苏联模式的影响，挽救了红军、挽救了党，造就了遵义会议精神和长征精神。新中国成立后，与苏联关系的破裂，中国由“一边倒”转向独立自主，自力更生，造就了大庆精神、“两弹一星”精神等红色文化。党的十一届三中全会以来所形成的改革开放文化及其精神同样是马克思主义中国化的产物。总之，没有马克思主义中国化，就不会有红色文化的产生与存在，更谈不上丰富和发展。因此，我们说红色文化高度浓缩了马克思主义中国化的思想理论及其实践，是马克思主义中国化的结晶。

（二）红色文化是推进马克思主义中国化的强大动力

红色文化与马克思主义中国化相生相伴。红色文化既是马克思主义中国化的结晶，同时又是进一步推进马克思主义中国化的强大动力和精神支柱。就井冈山精神来看，井冈山革命根据地之所以被称为中国革命的“摇篮”，就是毛泽东写出了《星星之火，可以燎原》等红色经典著作，为进一步推进马克思主义中国化树立了光辉典范，对遵义会议摆脱照抄照搬苏联模式的“左”倾错误和中国工农红军长征产生了重大影响。遵义红色文化标志着中国共产

① 李水弟，傅小清，杨艳春．历史与现实：红色文化的传承价值探析［J］．江西社会科学，2008（6）：159-162.

党人开始独立自主地运用马克思主义基本原理解决中国革命的重大问题，政治上走向成熟，翻开了马克思主义中国化的新篇章。从长征文化来看，“长征在极其危急的情况下凸显了马克思主义中国化的必然性和紧迫性；确立了马克思主义中国化的代表毛泽东的历史地位；初步确立了马克思主义中国化的精髓——实事求是的指导地位；找到了马克思主义中国化的关键在于独立自主；丰富和发展了党的群众路线并成为马克思主义中国化的生长点。长征主要是从实践上清算了教条主义，为延安时期实现马克思主义中国化第一次历史性飞跃扫清了道路，积累了经验，奠定了基础”①。正如胡锦涛《在纪念红军长征胜利70周年大会上的讲话》中指出的那样，“红军长征，推动我们党更加深入地思考中国革命问题、特别是党的思想理论指导问题，逐步形成了以实事求是、群众路线、独立自主为基本点的一系列思想理论成果，有力推动了毛泽东思想的形成和发展，有力推动了马克思主义中国化的历史进程，使我们党在科学理论指导下找到了夺取中国革命胜利的正确道路”。② 就延安精神的培育和弘扬工作来看，它为马克思主义中国化的实践提供了精神动力，为马克思主义中国化的实践优化了文化土壤，为马克思主义中国化的实践提升了大众整体素质。③ 在延安整风运动中，毛泽东号召全党反对主观主义以整顿学风、反对宗派主义以整顿党风、反对党八股以整顿文风的《改造我们的学习》《整顿党的作风》和《反对党八股》等就是马克思主义中国化的红色经典著作，对推进马克思主义中国化进程产生了重大影响。延安整风运动打破了党内对苏联经验和对共产国际的迷信，打破了党内存在的“唯书”“唯上”的思维模式，把全党从教条主义的束缚中解放出来。延安整风运动为马克思主义中国化的发展开创了新局面，为马克思主义中国化奠定了思想基础、理论基础、实践基础和经验基础。早期马克思主义中国化造就的红色文化仍旧是现在及将来进一步深入推进马克思主义中国化的巨大推动力。

二、红色文化与马克思主义时代化

红色文化是马克思主义时代化的基础，同时也规定着马克思主义时代化的原则。

---

① 高凤林，马启民．长征是马克思主义中国化的转折点［J］．社会科学家，2007（1）：26-29.

② 胡锦涛．在纪念红军长征胜利70周年大会上的讲话［J］．求是，2006（21）：5.

③ 刘力波．马克思主义中国化与延安精神的培育和弘扬［J］．中央社会主义学院学报，2009（6）：77-81.

（一）红色文化是马克思主义时代化的基础

马克思主义时代化是建立在马克思主义中国化、大众化已有基础之上，继承和发展的时代化。作为马克思主义中国化结晶和马克思主义大众化产物的红色文化是马克思主义时代化的重要精神支柱、力量源泉和宝贵精神财富，是我们进一步深入推进马克思主义时代化的基础和支撑。马克思主义时代化不是抛弃或丢掉马克思主义中国化、大众化所创造的红色文化的时代化，而是建立在已有红色文化基础上的时代化。因为红色文化浓缩了马克思主义中国化的精髓及其根本宗旨和原则，所以马克思主义无论怎样时代化都不能抛弃红色文化所蕴藏的革命精神。据 1927 年 11 月统计，党员数量由中共五大召开时的近 5.8 万人，急剧减少到 1 万多人。① 但“中国共产党和中国人民并没有被吓到，被征服，被杀绝。他们从地下爬起来，揩干净身上的血迹，掩埋好同伴的尸首，他们又继续战斗了”②。正是这些革命英烈和广大人民群众创造了时代的奇迹，造就了红色文化，奠定了马克思主义时代化的坚实基础。“如果说井冈山精神是中国革命精神的源头，奠定了中国革命精神的基础；那么长征精神、延安精神、西柏坡精神是对井冈山精神的弘扬、丰富和发展。它们共同反映了 20 世纪中国历史发展的客观要求，体现了中国现代史的主旋律和时代主题。井冈山精神、长征精神、延安精神与西柏坡精神，教育和鼓舞了几代中国共产党人为争取民族独立、人民解放和祖国富强而前仆后继、流血牺牲、艰苦奋斗、无私奉献，从而彻底改变了国家的前途和民族的命运。这些精神已成为我们中华民族共同的精神财富。”③ 红色文化蕴藏着的革命精神奠定了马克思主义时代化的坚实基础。红色文化深含的宝贵思想内涵和精神指向及其丰富内容极具时代意义。就政治功能及其价值来看，红色文化集中反映了中国共产党的政治心理、政治思想和政治作风，具有导向、促进、传承、教化、扬弃等功能，是中国共产党的政治文化形态。就中国共产党执政的文化支持方面来探索红色文化独特的政治价值，主要有：第一，红色文化是中国共产党执政宝贵的历史资源和文化基础。第二，红色文化资源对中国共产党执政的意识形态作用主要体现为培养政治认同感，维系政治稳定。第三，红色文化资源能够为政治发展提供理论支持上的借鉴。第四，红色文

① 李颖．党的历史上第一个纪律检查监督机构的创立：进入土地革命战争时期［EB/OL］．人民网，2021-04-08.

② 毛泽东．毛泽东选集：第 3 卷［M］．北京：人民出版社，1991：1036.

③ 钟秀利，杨艳春，罗春洪．试析红色文化的政治价值：执政文化的视角［J］．求实，2007（11）：31-33.

化资源为实现政治稳定和促进政治发展提供载体支撑。所以，胡锦涛在中共中央政治局2007年7月26日进行的第四十二次集体学习时强调："我们要重温我们党领导人民军队和全国各族人民为民族独立、人民解放而浴血奋战的伟大历程，弘扬崇高革命精神和优良革命传统，激励全党全军全国各族人民在中国特色社会主义伟大道路上继续奋勇前进。"①

（二）红色文化蕴含着马克思主义时代化的要求

红色文化蕴藏着的革命精神及其价值诉求并没有过时，在新的历史条件下反而显现出巨大的时代意义，对现在及将来进一步深入推进马克思主义时代化提出了要求。首先，红色文化要求马克思主义必须是始终坚持谋求民族和最广大人民利益的时代化。红色文化具有鲜明的民族性和人民性，即为了民族独立和人民解放、国家富强和人民生活幸福。红色文化中的每一件文物、每一处遗址、每一个事件、每一位先烈、每一种精神，都以无可辩驳的事实充分展示着马克思主义中国化的光辉历史，都以不容置疑的史实诠释着中国共产党人热爱祖国、依靠群众、无私奉献、艰苦奋斗的思想道德境界，诠释着人民军队和革命前辈忠于党、忠于国家、忠于人民、爱国奉献的价值观和人生观。这就要求新时期的马克思主义时代化仍然必须始终坚持以谋求民族和最广大人民的利益为目的。其次，红色文化要求马克思主义必须是始终坚持与中国实际相结合的时代化。《共产党宣言》发表至今的实践证明：马克思主义只有民族化，才能焕发出强大的生命力、创造力、感召力。对待马克思主义是采取实事求是的科学态度，还是采取非科学的、窒息创造活力的"本本主义"，对于马克思主义政党来说，是一个关乎生死存亡的问题。② 从井冈山道路，到建设中国特色社会主义道路，我们不难发现这样一个基本规律："在中国革命和建设的发展史上，要想取得成功，必须坚持把马克思主义基本原理同中国具体实际和时代特征相结合……立足中国不同时期的特殊国情，不断丰富、发展和创新。"③ 再次，红色文化要求马克思主义必须是始终坚定崇高理想信念的时代化。红色文化展现了中国共产党人在革命斗争和建设中坚定的理想信念。正是出于对"星星之火，可以燎原""中国革命必然胜利，共产主义必然实现"这一理想信念的坚定，中国社会主义革命走出了新路。"遵义红色文化的精神内涵就是伟大的长征精神和遵义会议精神。长征精神的

① 弘扬崇高革命精神和优良革命传统 沿着中国特色社会主义道路奋勇前进［J］. 高校理论战线，2007（8）：1.

② 胡绳. 遵义会议的重大历史意义［J］. 中共党史研究，1996（1）：2-3，10.

③ 张友商. 井冈山精神的时代价值［J］. 求实，2009（12）：16-18.

内涵就是胸怀目标、矢志不移的坚定信念，无所畏惧、勇往直前的英雄气概，实事求是、独立自主的创新胆略，顾全大局、紧密团结的革命风格，心系群众、患难与共的高尚情怀；遵义会议精神的内涵就是实事求是、独立自主、民主团结、坚定信念、务求必胜。”① 建设中国特色社会主义仍然需要秉承红色文化中的崇高理想信念。最后，红色文化要求马克思主义必须是始终坚持艰苦奋斗革命精神的时代化。革命党成为执政党，地位的改变及封建思想残余、资本主义腐朽思想的影响，使得个人主义、拜金主义、享乐主义等在某种程度上泛滥。马克思主义时代化并不必然意味着我们就能够心安理得地坐享革命先烈们浴血奋战和牺牲所换来的今天。红色文化要求马克思主义必须是进一步增强忧患意识、节俭意识、公仆意识、艰苦奋斗、立党为公、执政为民和坚决反对形式主义、官僚主义、享乐主义、奢侈浪费、贪污腐败的时代化，从而才能更好地推动中国特色社会主义的健康发展。

三、红色文化与马克思主义大众化

马克思主义大众化，就是要使马克思主义中国化的理论及其最新成果为大众所认同、掌握，并为大众自觉地用来指导自己的实践。红色文化不仅是马克思主义大众化的产物，同时也是推进马克思主义大众化的有效资源。

（一）红色文化是马克思主义大众化的产物

马克思主义大众化是马克思主义由少数人掌握到被广大人民群众理解掌握的过程，也是人民群众自觉接受、自主选择、积极参与并推动马克思主义创新的过程。在社会历史发展的过程中，人民群众是历史的主体，是历史的创造者。马克思在《神圣家族》中说：历史上的思想和活动都是“群众”的思想和活动，历史活动是群众的事业，随着历史活动的深入，必将是群众队伍的扩大。毛泽东也说：“人民，只有人民，才是创造世界历史的动力”②。人民群众不仅是社会物质财富的创造者，同时也是社会精神财富的创造者。红色文化的创造主体就是广大人民群众，广大人民群众是红色文化产生及发展的根本力量。红色文化是广大人民群众在中国共产党的领导下接受马克思主义中国化思想的指导，积极参与革命和建设而共同浴血奋斗，不惜牺牲生命所创造的最富民族特色的大众文化。“红色文化的主体是人民，人民既是红色文化的接受者更是红色文化的传播者与创造者。中国共产党领导的新民主

---

① 戴林，汪孝杰．遵义：让红色文化浸润人心［J］．中国记者，2007（12）：73-74.

② 毛泽东．毛泽东选集：第3卷［M］．北京：人民出版社，1991：1031.

主义革命是中国共产党联合工农兵学商各被压迫阶级，各人民团体，各民主党派，各少数民族，各地华侨和其他爱国分子，组成民族统一战线共同推翻以蒋介石为首的国民党反动政府的人民革命，人民是这场革命的真正主体。"① 因为"批判的武器当然不能代替武器的批判，物质力量只能用物质力量来摧毁；但是理论一经掌握群众，也会变成物质力量"。② 马克思主义作为一种外来的西方思想体系，要发挥其"批判的武器"的作用，成为改造中国半殖民地半封建社会的强大思想武器——真正发挥"武器的批判"功能，那么它就必须为广大民众所认同，进而成为自身的思想武器用以指导自身的实践，从而才能产生巨大的革命作用，才能创造出最具民族特色的红色文化。在各种红色文化中，我们随处可见广大人民群众积极、广泛参与创造的身影及动人的故事，参加农民协会、打土豪分田地、积极参加革命队伍、送儿送女上战场、支援前线，乃至不惜牺牲一切保卫我们的党员领导干部和战士等。红色文化以非常质朴、生动、感人、生动的故事再现了广大人民群众与中国共产党一起不折不挠地进行新民主主义革命和社会主义建设的精神。如果没有广大人民群众对马克思主义中国化的认同以及对共产党的充分信任和对社会主义制度的无比向往，就不会有各种红色文化的创造及其催人奋进的精神，当然也就不会有中国新民主主义革命的胜利及中国特色社会主义建设事业取得的巨大成就。无论是在革命时期，还是社会主义建设时期，红色文化始终是马克思主义中国化获得广大人民群众的普遍认同、积极参与革命和建设，最终使马克思主义在中国扎根、开花、结果形成的产物。

（二）红色文化是推进马克思主义大众化的宝贵资源

红色文化不仅是马克思主义大众化的产物，同时还是进一步深入推进马克思主义大众化的宝贵资源。今天，我们之所以高度重视、挖掘和开发红色文化，并非仅仅在于其具有丰富且巨大的经济开发价值，最主要的是因为其富含马克思主义中国化的巨大精神财富，是新时期推进马克思主义大众化的最宝贵资源。马克思主义大众化不是枯燥、干巴巴地用马克思主义中国化的理论对大众进行灌输，使其死记硬背的大众化。葛兰西的文化领导权理论认为，应改变以往对无产阶级采取的单纯的"外部灌输"的教育方式，而应将教育与自觉，特别是与无产阶级批判性的自觉相结合，注重教育过程中民众

---

① 李水弟，傅小清．红色文化的政治内涵［J］南昌工程学院学报，2008（5）：1-4.

② 中共中央马克思恩格斯列宁斯大林著作编译局．马克思恩格斯选集：第1卷［M］．北京：人民出版社，1995：9.

积极性的调动。因为“教育的权威来自社会的公认和威信。一种阶级意识真正被民众接受需要的是民众‘发自内心的’认同。如若缺乏民众对这种阶级意识的‘自觉’及认同感，采取任何教育方式都是苍白无力的”①。红色文化就是推进马克思主义中国化进而获得大众自觉认同的有效资源。红色文化不仅是革命时期推进马克思主义大众化的资源，而且也是社会意识纷繁复杂的新时期推进马克思主义大众化的宝贵资源。“红色文化的感召力和凝聚力使党赢得了民心、民力，使人民对党领导的社会变革不仅在心理上认同，而且在实践中给予了巨大的支持。新民主主义革命在本质上也因此成为一场由中国人民群众广泛参与的人民战争。解放战争期间的三大战役是关系国共两党和中国前途命运的转折点，这一转折点与其说是两党军队的大比拼还不如说是两党所获人心的大较量。正如陈毅司令员所说：淮海战役的胜利是人民群众用小车推出来的。”② 红色文化资源对中国共产党执政后意识形态上的作用主要体现为培养政治认同感，维系政治稳定。任何一个政党要想获得政权，维护其政治的稳定，都必须具有充分的执政合法性资源，而这种合法性资源通俗地讲就是民众对该政权的一种政治心理和政治情感的认同与支持。“得民心者得天下”，每一个执政者都必须借助主流意识形态的宣传和灌输，来培养社会公众对其执政地位的合法性与合理性的心理认同，以达到维护其政治稳定的目的。红色文化经过火热年代的练就，具有广泛的群众基础和价值认同，这是中国共产党政治认同延续和扩充的最重要载体。③ 历史已经证明，在革命时期，红色文化为马克思主义思想的传播和获得大众的认同发挥了十分重要的作用。在当下及未来，红色文化仍然是推进马克思主义大众化的宝贵精神财富。

（该文载于《贵州师范大学学报（社会科学版）》，2011 年 7 月 30 日第 5 期。）

---

① 胡杰华，潘西华．葛兰西“文化领导权”思想及其对马克思主义大众化的启示［J］理论视野，2008（5）：38-40.

② 李水弟，傅小清，杨艳春．历史与现实：红色文化的传承价值探析［J］．江西社会科学，2008（6）：159-162.

③ 钟秀利，杨艳春，罗春洪．试析红色文化的政治价值：执政文化的视角［J］．求实，2007（11）：31-33.

论红色文化与马克思主义大众化

汪　勇

［摘　要］红色文化是广大人民群众在中国共产党的领导下把马克思主义与中国实际相结合而共同浴血奋斗所创造的民族文化、大众文化。马克思主义大众化是红色文化形成的源头和基础，红色文化是马克思主义大众化的产物和结晶；红色文化是大力推进马克思主义大众化的精神诉求和有效载体。在当下，弘扬红色文化与大力推进马克思主义大众化有着共同的根本目的，即始终坚持马克思主义的价值诉求，立党为公、执政为民，更好地谋求最广大人民的根本利益。

［关键词］红色文化；马克思主义；大众化

红色文化是最具中国特色的民族文化、大众文化、革命文化和建设文化，与马克思主义大众化有着极为密切的关系。继党的十七大提出要“开展中国特色社会主义理论体系宣传普及活动，推动当代中国马克思主义大众化”、十七届四中全会提出要“推进马克思主义大众化”后，胡锦涛又在建党 90 周年大会上的讲话中提出要“大力推进马克思主义中国化时代化大众化”。中国近现代史表明，没有马克思主义大众化就不会有红色文化的形成；没有红色文化的传播和弘扬，就不会有中国工农大众对马克思主义的普遍觉悟。红色文化与马克思主义大众化相互促进，共同推动中国革命和建设不断取得胜利。有鉴于此，深入探讨红色文化与马克思主义大众化的关系及其根本目的就具有非常重要的现实意义。

一、马克思主义大众化是红色文化形成的前提和来源

马克思主义大众化是红色文化形成的前提和基础，红色文化是马克思主义大众化的必然产物和结晶。

（一）马克思主义大众化是红色文化形成的前提和基础

没有马克思主义大众化就不会有红色文化的形成和发展。马克思主义大众化就是马克思主义由少数人掌握到被广大人民群众理解掌握的过程，也是人民群众自觉接受、自主选择、积极参与并推动马克思主义创新的过程。在社会历史发展过程中，人民群众是历史的主体，是历史的创造者。马克思在《神圣家族》中说：历史上的思想和活动都是“群众”的思想和活动，历史活动是群众的事业，随着历史活动的深入，必将是群众队伍的扩大。毛泽东也说：“人民，只有人民，才是创造世界历史的动力。”① 因此，马克思主义要真正发挥其应有的革命作用，唯有为大众所掌握。因为“批判的武器当然不能代替武器的批判，物质力量只能用物质力量来摧毁；但是理论一经掌握群众，也会变成物质力量”②。马克思主义作为一种外来的西方思想体系，要发挥其“批判的武器”的作用，成为改造中国半殖民地半封建社会的强大思想武器——真正发挥“武器的批判”功能，那么它就必须为广大民众所认同进而成为思想武器并用以指导自身的实践，这样才能产生巨大的革命作用，从而才创造出最具民族特色的红色文化。在各种红色文化中，我们随处可见广大人民群众在接受马克思主义的影响后积极、广泛参与创造的身影及动人的故事，参加农民协会、打土豪分田地、积极参与革命队伍、送儿送女上战场、支援前线，乃至不惜牺牲一切保卫我们的党员领导干部和战士等。红色文化以非常质朴、感人、生动的故事再现了广大人民群众接受马克思主义的理论武装并与中国共产党一道不折不挠地进行新民主主义革命和社会主义建设的精神。如果没有广大人民群众对马克思主义中国化的接受以及对共产党的充分信任和对社会主义制度的无比向往，就不会有各种红色文化的产生及其催人奋进的精神价值。无论是在革命时期，还是社会主义建设时期，红色文化始终是广大人民群众在中国共产党领导下接受马克思主义中国化思想的指导，积极参与革命和建设而共同浴血奋斗，不惜牺牲生命所创造的最富民族特色的大众文化，是马克思主义在中国民众中扎根、开花、结果后形成的产物。从以上不难看出：红色文化形成的指导思想是马克思列宁主义、毛泽东思想和中国特色社会主义理论体系，红色文化还是新民主主义革命时期和中国特色社会主义建设时期，我国的广大人民群众接受马克思主义中国化的

---

① 毛泽东．毛泽东选集：第 3 卷［M］，北京：人民出版社，1991：1031.

② 中共中央马克思恩格斯列宁斯大林著作编译局．马克思恩格斯选集：第 1 卷［M］．北京：人民出版社，1995：9.

理论并在中国共产党的领导下与之所共同创造的最具民族特色和先进性的文化。马克思主义中国化、大众化的过程，就是不断创造红色文化的过程。所以我们说，没有马克思主义大众化，就不会有红色文化的产生及存在，更谈不上丰富和发展。

（二）红色文化是马克思主义大众化的必然产物和结晶

马克思主义中国化不仅体现在革命、建设和改革开放所取得的巨大成就之中，而且还高度浓缩并渗透、蕴藏于由此而形成的各种红色文化之中。红色文化不仅是马克思主义中国化的产物，同时是马克思主义大众化的结晶，浓缩和见证了马克思主义中国化、大众化的整个历程。红色文化是指中国共产党在马克思主义思想的指导下，结合中国革命和建设实际，领导广大人民群众在实现民族独立和人民解放、国家富强和人民富裕的过程中所形成的理论、经验和精神等凝结而成的最具中国民族特色的大众文化，如革命年代形成的井冈山精神、遵义会议精神、长征精神、延安精神、西柏坡精神等；社会主义建设时期形成的大庆精神、焦裕禄精神、“两弹一星”精神、抗洪精神等，以及反映这些文化、精神的旧址、遗迹、遗址等。红色文化是马克思主义中国化所创造的革命文化、先进文化，处处闪耀着马克思主义中国化的光辉及精神，因为马克思主义中国化始终是红色文化最为根本的理论基础和思想灵魂，是红色文化产生、存在、发展的指导思想，它决定了红色文化的性质及其发展方向，构筑了红色文化最为重要的理论基础和思想灵魂。① 就井冈山精神来看，秋收起义失败后，中国革命向何方去的问题严峻地摆在了中国共产党人的面前，作为马克思主义中国化的第一人——毛泽东，把马克思主义与中国革命实际紧密结合，认为中国革命的成功不能照搬苏联中心城市暴动的理论及道路，指明了革命胜利的前进方向，极大地鼓舞和提振了士气，从而掀开了革命的新篇章，造就了马克思主义与中国实际相结合的井冈山精神。就遵义会议精神来看，党内占统治地位长达 4 年之久的王明“左”倾错误路线，照抄照搬苏联模式，使中国工农红军遭受巨大损失。在中国革命生死存亡的关键时刻召开的遵义会议上，毛泽东再一次把马克思主义与中国实际相结合，纠正了“左”倾错误，排除了“本本主义”和苏联模式的影响，独立自主地决定进行长征，挽救了红军、挽救了党，造就了遵义会议精神和长征精神。新中国成立后，与苏联关系的破裂，中国由“一边倒”转向独立

---

① 李水弟，傅小清，杨艳春．历史与现实：红色文化的传承价值探析［J］．江西社会科学，2008（6）：159-162.

自主、自力更生，造就了大庆精神、“两弹一星”精神等红色文化。党的十一届三中全会以来所形成的改革开放文化及其精神同样是马克思主义中国化的产物和结晶。因此，我们说红色文化高度浓缩了马克思主义中国化的思想理论及实践，是马克思主义中国化的必然产物和结晶。

二、红色文化是推进马克思主义大众化的财富和载体

红色文化不仅富含大力推进马克思主义大众化的精神诉求，而且还是大力推进马克思主义大众化的有效载体。

（一）红色文化富含大力推进马克思主义大众化的精神诉求

在中华大地上培育出来的独特的红色文化的根本特性决定了其始终富含马克思主义大众化的价值诉求和精神动力，因为红色文化“抓住”了中国当代马克思主义的根本，即它始终坚持马克思主义的指导方向，坚持中国共产党的领导，坚持走中国特色社会主义道路。这本身就是马克思主义大众化的根本目的所在。首先，红色文化蕴藏着谋求民族独立、复兴和广大人民幸福生活的主旨追求，具有鲜明的民族性和人民性，即为了民族独立和人民解放、国家富强和人民生活幸福。红色文化中的每一件文物、每一处遗址、每一个事件、每一位先烈、每一种精神，都以无可辩驳的事实充分展示着马克思主义中国化的光辉历史，都以不容置疑的史实诠释着中国共产党人热爱祖国、依靠群众、无私奉献、艰苦奋斗的思想道德境界，诠释着人民军队和革命前辈忠于党、忠于国家、忠于人民、爱国奉献的价值观和人生观。以红色文化推进马克思主义大众化就是要始终坚持以谋求民族和最广大人民的根本利益为目的。其次，红色文化蕴藏着马克思主义必须是始终坚持与中国实际相结合的大众化。《共产党宣言》发表至今的实践证明：马克思主义只有民族化，才能焕发出强大的生命力、创造力、感召力。对待马克思主义是采取实事求是的科学态度，还是采取非科学的、窒息创造活力的“本本主义”，对马克思主义政党来说，是一个关乎生死存亡的问题。① 从井冈山道路，到建设中国特色社会主义道路，我们不难发现这样一个基本规律：“在中国革命和建设的发展史上，要想取得成功，必须坚持把马克思主义基本原理同中国具体实际和时代特征相结合……立足中国不同时期的特殊国情，不断丰富、发展和创新。”② 再次，红色文化蕴藏着马克思主义必须是始终坚定崇高理想信念的大

---

① 胡绳．遵义会议的重大历史意义［J］．中共党史研究，1996（1）：2-3，10.

② 张友南．井冈山精神的时代价值［J］．求实，2009（12）：16-18.

众化。红色文化展现了中国共产党人在革命斗争和建设中坚定的理想信念。正是出于对“星星之火，可以燎原”“中国革命必然胜利，共产主义必然实现”这一理想信念的坚定，中国社会主义革命走出了新路。“遵义红色文化的精神内涵就是伟大的长征精神和遵义会议精神。长征精神的内涵就是胸怀目标、矢志不移的坚定信念，无所畏惧、勇往直前的英雄气概，实事求是、独立自主的创新胆略，顾全大局、紧密团结的革命风格，心系群众、患难与共的高尚情怀；遵义会议精神的内涵就是实事求是、独立自主、民主团结、坚定信念、务求必胜。”① 最后，红色文化蕴藏着马克思主义必须是始终坚持艰苦奋斗革命精神的大众化。革命党成为执政党，地位的改变及封建思想残余、资本主义腐朽思想的影响，使得个人主义、拜金主义、享乐主义等在某种程度上泛滥。马克思主义大众化并不必然意味着我们就能心安理得地坐享革命先烈们浴血奋战和牺牲所换来的今天。因此，红色文化富含马克思主义大众化的精神诉求，即必须始终坚持忧患意识、公仆意识，艰苦奋战、立党为公、执政为民，坚决反对形式主义、官僚主义、享乐主义、奢侈浪费、贪污腐败的大众化，从而才能更好地推动中国特色社会主义的健康发展。

（二）红色文化是大力推进马克思主义大众化的有效载体

红色文化不仅影响着新民主主义时期和社会主义建设时期群众的政治觉悟，也是新的历史条件下乃至今后进一步大力深入推进马克思主义大众化不可或缺的重要媒介和强大的有效载体。今天，我们之所以高度重视、挖掘和开发红色文化，并非仅仅在于其具有丰富且巨大的经济开发价值，除了其富含马克思主义中国化的巨大精神财富，主要在于红色文化内容丰富、直观生动、感染力强、分布广泛，是新时期推进马克思主义大众化最宝贵的有效载体。因为，马克思主义大众化不是枯燥、干巴巴地用马克思主义中国化的理论对大众进行灌输，使其死记硬背的大众化。葛兰西的文化领导权理论认为，应改变以往对无产阶级采取的单纯的“外部灌输”的教育方式，而应将教育与自觉，特别是与无产阶级批判性的自觉相结合，注重教育过程中民众积极性的调动。因为“教育的权威来自社会的公认和威信。一种阶级意识真正被民众接受需要的是民众‘发自内心的’认同。如若缺乏民众对这种阶级意识的‘自觉’及认同感，采取任何教育方式都是苍白无力的”。② 红色文化就是

---

① 戴林，汪孝杰．遵义：让红色文化浸润人心［J］．中国记者，2007（12）：73-74.

② 胡杰华，潘西华．葛兰西“文化领导权”思想及其对马克思主义大众化的启示［J］．理论视野，2008（5）：38-40.

推进马克思主义中国化进而获得大众自觉认同的有效载体。红色文化不仅是革命时期推进马克思主义大众化的资源，而且也是社会意识纷繁复杂的新时期推进马克思主义大众化的宝贵媒介。“红色文化的感召力和凝聚力使党赢得了民心、民力，使人民对党领导的社会变革不仅在心理上认同，而且在实践中给予了巨大的支持。新民主主义革命在本质上也因此成为一场由中国人民群众广泛参与的人民战争。解放战争期间的三大战役是关系国共两党和中国前途命运的转折点，这一转折点与其说是两党军队的大比拼还不如说是两党所获人心的大较量。正如陈毅司令员所说：淮海战役的胜利是人民群众用小车推出来的。”① 如果就中国共产党执政的文化支持方面来探索红色文化独特的政治价值，主要有：第一，红色文化是中国共产党执政宝贵的历史资源和文化基础。第二，红色文化资源对中国共产党执政的意识形态作用主要体现为培养政治认同感，维系政治稳定。第三，红色文化资源能够为政治发展提供理论支持上的借鉴。第四，红色文化资源为实现政治稳定和促进政治发展提供载体支撑。② 所以，胡锦涛在中共中央政治局 2007 年 7 月 26 日进行的第四十二次集体学习时强调：“我们要重温我们党领导人民军队和全国各族人民为民族独立、人民解放而浴血奋战的伟大历程，弘扬崇高革命精神和优良革命传统，激励全党全军全国各族人民在中国特色社会主义伟大道路上继续奋勇前进。”历史证明，在革命时期，红色文化为马克思主义思想的传播和获得大众的认同发挥了十分重要的作用，在当下及未来仍然是推进马克思主义大众化重要而富有成效的载体。

三、红色文化与马克思主义大众化相互依存相互促进

红色文化与马克思主义中国化相生相伴且共同促进。马克思主义大众化是红色文化产生的前提和来源，红色文化既是马克思主义中国化的产物和结晶，又是进一步推进马克思主义中国化的精神动力及有效资源。从井冈山革命根据地来看，之所以被称为中国革命的“摇篮”，就是因为它是马克思主义中国化、大众化的典范，即形成了“农村包围城市，武装夺取政权”的中国式革命道路的共识及实践，催生了《中国的红色政权为什么能够存在?》《星

① 李水弟，傅小清，杨艳春．历史与现实：红色文化的传承价值探析［J］．江西社会科学，2008（6）：159-162.

② 钟秀利，杨艳春，罗春洪．试析红色文化的政治价值：执政文化的视角［J］．求实，2007（11）：31-33.

星之火，可以燎原》《井冈山的斗争》等红色文化的经典著作，为进一步推进马克思主义大众化提供了理论依据并树立了光辉典范，为遵义会议摆脱照抄照搬苏联模式的“左”倾错误和中国工农红军长征产生了重大影响。从遵义会议来看，它是中国共产党人开始独立自主地运用马克思主义基本原理解决中国革命等重大问题的转折，标志着中国共产党政治上走向成熟，掀开了马克思主义中国化、大众化的新篇章，鼓舞革命先烈们一往无前。“长征在极其危急的情况下凸显了马克思主义中国化的必然性和紧迫性；确立了马克思主义中国化的代表毛泽东的历史地位；初步确立了马克思主义中国化的精髓实事求是的指导地位；找到了马克思主义中国化的关键在于独立自主；丰富和发展了党的群众路线并成为马克思主义中国化的生长点。长征主要是从实践上清算了教条主义，为延安时期实现马克思主义中国化第一次历史性飞跃扫清了道路，积累了经验，奠定了基础。”① 长征精神，既是马克思主义中国化、大众化的产物，又是宣言书、宣传队、播种机，进一步促进了马克思主义的中国化和大众化。正如胡锦涛《在纪念红军长征胜利 70 周年大会上的讲话》指出的那样：“红军长征，推动我们党更加深入地思考中国革命问题、特别是党的思想理论指导问题，逐步形成了以实事求是、群众路线、独立自主为基本点的一系列思想理论成果，有力推动了毛泽东思想的形成和发展，有力推动了马克思主义中国化的历史进程，使我们党在科学理论指导下找到了夺取中国革命胜利的正确道路。”② 就延安精神的培育和弘扬工作来看，它既是中国化马克思主义大众化的产后物，同时又为之提供强大的精神动力，为马克思主义中国化的实践优化了文化土壤，为马克思主义中国化的实践提升了大众整体素质。③ 在延安整风运动中，毛泽东号召全党反对主观主义以整顿学风、反对宗派主义以整顿党风、反对党八股以整顿文风的《改造我们的学习》《整顿党的作风》和《反对党八股》等就是马克思主义大众化的力作，对推进马克思主义大众化产生了重大影响。延安整风打破了党内对苏联经验和对共产国际的迷信，打破了党内存在的“唯书”“唯上”的思维模式，把全党从教条主义的束缚中解放出来。延安整风运动为马克思主义大众化的发展开创了新局面，为马克思主义大众化奠定了思想基础、理论基础、实践基

① 高凤林，马启民．长征是马克思主义中国化的转折点［J］．社会科学家，2007（1）：26-29.

② 胡锦涛．在纪念红军长征胜利 70 周年大会上的讲话［J］．求是，2006（21）：5.

③ 刘力波．马克思主义中国化与延安精神的培育和弘扬［J］．中央社会主义学院学报，2009（6）：77-81.

础、经验基础。总之，马克思主义大众化造就的红色文化是进一步深入推进马克思主义大众化的巨大动力，反过来又促进红色文化的繁荣和发展。所以，马克思主义大众化与红色文化是相生相伴并相互促进的。这无论是过去，还是现在，乃至将来，都将始终如此。

四、弘扬红色文化与推进马克思主义大众化的根本目的

今天，我们之所以要弘扬红色文化并不仅仅是因为其具有巨大的经济效益及能够为党的执政合法性提供某种证明，而是因为其所蕴藏的革命奉献精神及其价值诉求不但没有过时，反而在新的历史条件下彰显出巨大的时代意义。我们大力推进马克思主义大众化的目的也并不仅仅是停留在如何推进马克思主义中国化的理论及其最新成果为大众认知的操作化层面，也不是仅仅为了谋求执政党的合法性或既得利益集团的私利，而是要坚持马克思主义的价值诉求以谋求中华民族的伟大复兴和最广大人民群众的根本利益。即使在今后，我们无论如何弘扬红色文化、无论如何大力推进马克思主义大众化，根本目的都不是用以说明执政党地位的现实合理性乃至永久合法性，它只能说明执政党过去领导人民进行革命之所以取得胜利的根本原因及由革命党转变为执政党的历史合法性，更不能把其纯粹当作达到与其根本目的不一致的某种工具或手段。弘扬红色文化和大力推进马克思主义大众化并不必然意味着我们就能够居功自傲、坐享其成，甚至精神懈怠，也并不必然意味着我们就能够心安理得地坐享革命先烈们浴血奋斗牺牲所换来的成果，而是要吸取苏联解体的惨痛教训，牢记“党的先进性和党的执政地位都不是一劳永逸、一成不变的，过去先进不等于现在先进，现在先进不等于永远先进；过去拥有不等于现在拥有，现在拥有不等于永远拥有”①。

今天，我们之所以要弘扬红色文化，之所以要大力推进马克思主义大众化，最根本的目的就在于使全党及每一个党员都要牢记全心全意为人民服务的宗旨，坚定理想信念，艰苦奋斗、勇于牺牲、甘于奉献，把自己的思想和行为统一到为人民服务中来。“在世情、国情、党情发生深刻变化的新形势下，提高党的领导水平和执政水平、提高拒腐防变和抵御风险能力，加强党的执政能力建设和先进性建设，面临许多前所未有的新情况新问题新挑战，执政考验、改革开放考验、市场经济考验、外部环境考验是长期的、复杂的、严峻的。精神懈怠的危险，能力不足的危险，脱离群众的危险，消极腐败的

① 中共中央关于加强和改进新形势下党的建设若干重大问题的决定［J］. 党建研究，2009（11）：5.

危险，更加尖锐地摆在全党面前，落实党要管党、全面从严治党的任务比以往任何时候都更为繁重、更为紧迫。”① 这就要求我们必须倍加珍惜并秉承和弘扬革命先烈们的遗志及精神价值追求，进一步增强忧患意识、公仆意识，坚决反对形式主义、官僚主义、享乐主义、奢侈浪费、贪污腐败。“90 年来党的发展历程告诉我们，来自人民、植根人民、服务人民，是我们党永远立于不败之地的根本。”② 因此，我们“要高度重视并切实做好新形势下群众工作，坚持问政于民、问需于民、问计于民，真诚倾听群众呼声，真实反映群众愿望，真情关心群众疾苦，依法保障人民群众经济、政治、文化、社会等各项权益。只有我们把群众放在心上，群众才会把我们放在心上；只有我们把群众当亲人，群众才会把我们当亲人”③。我们唯有始终谋求最广大人民群众的根本利益，始终关心民众疾苦并大力解决各种民生问题，始终密切联系群众和消除各种官僚主义，始终坚持以人为本并不断强化服务理念，始终坚持立党为公、执政为民的宗旨意识，红色文化的精神才会得到真正弘扬，马克思主义大众化的根本目的才会得到真正实现，进而才能不断把中国特色社会主义事业推向前进。

（本文系国家社科基金项目（11BKS025）、教育部重大项目（11JZD001）研究成果，载自《理论月刊》2012 年第 4 期。）

① 胡锦涛．在庆祝中国共产党成立 90 周年大会上的讲话［J］．求是，2011（13）：6.
② 胡锦涛．在庆祝中国共产党成立 90 周年大会上的讲话［J］．求是，2011（13）：8.
③ 胡锦涛．在庆祝中国共产党成立 90 周年大会上的讲话［J］．求是，2011（13）：6.

坚持和弘扬中国共产党百年奋斗历史经验

汪　勇

中国共产党成立一百年来，团结带领广大人民进行伟大奋斗，在进取中突破，于挫折中奋起，从总结中提高，在夺取新民主主义革命伟大胜利、完成社会主义革命和推进社会主义建设、进行改革开放和社会主义现代化建设、开创中国特色社会主义新时代的艰难历程中取得了伟大成就，并积累形成了坚持党的领导、坚持人民至上、坚持理论创新、坚持独立自主、坚持中国道路、坚持胸怀天下、坚持开拓创新、坚持敢于斗争、坚持统一战线、坚持自我革命等宝贵历史经验。这些宝贵的历史经验，既是中国共产党领导团结人民经过百年努力共同创造的十分珍贵的精神财富，也是我们在全面开启建设社会主义现代化国家新征程中取得新的伟大成就必须倍加珍惜并始终坚持的重要法宝；既是我们党和人民不惜流血牺牲前赴后继取得伟大成就的历史见证，更是我们实现第二个百年奋斗目标——中华民族伟大复兴中国梦的重要条件。

中国共产党百年奋斗形成的宝贵历史经验，虽然是党百年来团结带领广大人民进行伟大实践的积累并为取得的伟大成就所印证，但对我们全面开启建设社会主义现代化强国和实现中华民族伟大复兴的新征程而言也仅仅是必要而非充分条件，即并不必然意味着这些经验就会自然带来社会主义现代化强国建设的成功和中华民族伟大复兴中国梦的实现。我们总结百年伟大历史成就，并不是为了从成功中寻求慰藉，更不是为了躺在功劳簿上、为回避今天面临的困难和问题寻找借口。我们总结百年历史经验，是要弄清楚我们为什么会成功，弄明白未来如何继续成功。古今中外的史实说明，过去先进且取得了成功不等于现在和未来依然先进并仍然会继续成功。过去积累的成功经验，并不必然完全自动适用并保证未来会继续成功。我们党领导人民历经百年艰苦奋斗，之所以取得举世瞩目的伟大成就，就在于始终坚持积累形成的宝贵历史经验，我们完全有理由因此而自豪，但绝不能因此而自满，不能认为有了这些宝贵的历史经验就可以躺在过去的功劳簿上面对未来。

面对新的伟大征程，我们唯有不忘初心、牢记使命，珍惜来之不易的成绩，对党领导团结人民经过百年流血牺牲奋斗积累形成的宝贵历史经验倍加珍惜，长期坚持并结合时代实践的发展，适时贯彻落实到治国理政所有具体工作的细处、实处、深处。特别是要勇于把自我革命全面推向深入，始终铭记生于忧患、死于安乐，常怀远虑、居安思危，持续不断地深化全面从严治党，永葆党的先进性和纯洁性，把自身建设得更加坚强有力；始终牢记“满招损，谦受益”和“两个务必”，始终保持谦虚谨慎、不骄不躁、艰苦奋斗、踏实进取；始终坚持和发扬党的百年历史的宝贵成功经验，绝不能在根本性问题上出现颠覆性错误，绝不能让历史的周期律再一次重演；绝不为任何风险所惧，不为任何干扰所惑，劈波斩浪、一往无前，以“咬定青山不放松”的执着奋力实现既定目标，以“行百里者半九十”的清醒不懈推进中华民族伟大复兴。

（该文载于《贵州日报》2021 年 12 月 29 日第 9 版）

弘扬长征文化　传承长征精神

汪　勇

红军长征是中国共产党和中国工农红军及中国人民谱写的壮丽史诗，是人类发展史上绝无仅有的伟大壮举，是中华民族伟大复兴历史进程中高高耸立的巍峨丰碑。长征不仅是中国共产党和红军的宣言书、宣传队和播种机，更是中国共产党伟大革命精神的充分彰显。贵州，作为中央红军长征途中活动时间最长、活动区域最广、发生重大事件最多的省份之一，不仅是长征文化资源的富集地，也是长征精神的主要发源地。《贵州省长征国家文化公园条例》的颁布对于更好地保护、建设、利用、管理好贵州的长征文化和弘扬长征精神无疑具有十分重要的意义，不仅对贵州全面建成小康社会有着重要而积极的推动作用，对努力开创百姓富、生态美的多彩贵州新未来同样意义重大。

我们要把长征文化和长征精神作为贵州青年思想政治教育的重要资源。用什么样的文化和精神来培育青年，青年就会形成什么样的世界观、人生观和价值观。不少青年接受了长征文化的熏陶和长征精神的教育之后深受触动，成长成才并奋斗在各条战线上，为服务地方经济社会的发展而做出了积极贡献。我们要继续深入地把长征文化和长征精神融入新时代青年的培育工作，要把长征文化和长征精神转化为富有吸引力的优秀思想政治教育资源，积极探索其与思想政治教育的匹配性和关联度，科学有机地“嫁接”到青年的思想政治教育内容和环节中，使广大青年深入领会并积极内化长征文化和长征精神，始终坚持努力奋斗成为时代新人。

我们要把长征文化和长征精神作为贵州党员领导干部培训的重要内容。长征文化和长征精神不仅是中国共产党和中国工农红军的革命文化和革命精神，也是新时代党员领导干部培训不可或缺的重要内容和必备的素质。每一代人有每一代人的长征路，每代人都要拿好“接力棒”，走好自己的长征路。新时代的贵州党员领导干部只有不断接受长征文化的熏陶和长征精神的武装，才能担当起团结带领贵州广大人民迈向新的伟大征程的历史责任。我们要把坚定革命理想和信念，不怕任何艰难险阻，不惜牺牲和紧密团结，同人民群众生死相依、患难与共、艰苦奋斗的长征文化和长征精神，作为党员领导干部教育培训的重要内容并内化于其心，外化于其行，恪尽职守，走好新时代的长征路。

我们要把长征文化和长征精神作为发展红色旅游的重要资源。随着经济社会的发展和广大人民生活水平的提高，红色旅游不仅成为广大人民群众生活的重要组成部分，而且是弘扬红色文化和传承革命精神的有效途径。我们要充分重视长征文化和长征精神在红色旅游中的地位和作用，采取多种有效形式进行开发和挖掘，形成独具特色的长征旅游线路，使广大游客在重走长征路的过程中，切身感知、体验中国共产党和中国工农红军把全国人民和中华民族的根本利益看得高于一切，为了救国救民，不怕牺牲，进行长征的艰辛与不易，从而坚定对中国共产党的信任，坚定走中国特色社会主义道路的信心，使红色政权和红色江山代代相传。

我们要把长征文化和长征精神作为推进乡村振兴的重要力量。党的十九大报告指出，农业农村农民问题是关系国计民生的根本性问题，必须始终把解决好“三农”问题作为全党工作重中之重，实施乡村振兴战略。我们在打赢脱贫攻坚战、全面建成小康社会后，要在巩固拓展脱贫攻坚成果的基础上，做好乡村振兴这篇大文章。在乡村振兴战略的实施中，无论是坚持党的全面领导、政府的推动引导，还是坚持群众主体、激发内生动力；无论是聚力做好脱贫地区巩固拓展脱贫攻坚成果同乡村振兴有效衔接的重点工作，还是健全农村低收入人口常态化帮扶机制和着力提升脱贫地区整体发展水平等，都是不易之事，都需要弘扬艰苦卓绝的长征文化和秉承不屈不挠的长征精神，不断把乡村振兴战略落到实处，使其为共同富裕奠定坚实基础。

我们要把长征文化和长征精神作为推进高质量发展的重要动力。坚持以高质量发展统揽全局，努力开创贵州新未来，同样需要锲而不舍的长征文化的涵养和坚韧不拔的长征精神的鼓舞。坚持高质量发展不是轻而易举、敲锣打鼓和轻轻松松的事。坚持以高质量发展统揽全局，需要弘扬坚持不懈的为国为民的长征文化和秉承不怕牺牲的长征精神，不断增强责任感、使命感、紧迫感，保持奋发进取、迎难而上、越是艰险越向前的良好精神状态，并将其转化为推动高质量发展的强大政治动力、精神动力和工作动力；需要弘扬长征文化和秉承长征精神，全面把握高质量发展的总体要求，紧扣重点任务，完善工作思路，落实工作重点，提升工作水平，不断提高政治能力、战略眼光、专业水平，以实干实绩做出新时代的贡献。

在全面建成小康社会背景下和站在新的历史起点上，我们唯有高度认真负责地把《贵州省长征国家文化公园条例》中对保护、建设、利用、管理好贵州的长征文化的要求落到实处，大力弘扬长征精神，我们才能更好地坚持以高质量发展统揽全局，奋力续写新时代贵州高质量发展新篇章，努力开创百姓富、生态美的多彩贵州新未来。

论红色文化传承利用路径的优化

李亚① 汪勇

［摘　要］ 红色文化是中国共产党带领中国人民将马克思主义与中国实际相结合进行革命、建设和改革的过程中积淀起来的先进文化。传承利用红色文化有利于构筑中国精神、凝聚中国力量，为实现中华民族伟大复兴提供前行动力。优化红色文化传承利用路径，要彰显红色文化价值优势，扩大传承利用的领域；要加强红色文化内涵阐释，清晰传承利用的意蕴；要重视红色文化内容整合，提升传承利用的效果；要创新红色文化传播途径，拓展传承利用的形式。

［关键词］ 红色文化；传承利用；路径优化

红色文化是中国共产党带领中国人民将马克思主义与中国实际相结合进行革命、建设和改革的实践过程中积淀起来的先进文化，蕴含着丰富的革命精神和厚重的历史文化内涵。传承利用红色文化有利于构筑中国精神、凝聚中国力量，为广大人民群众在党的领导下不断奋斗实现中华民族伟大复兴提供前行动力。习近平总书记曾数次踏上红色圣地接受红色文化洗礼，指出要“把红色资源利用好、把红色传统发扬好、把红色基因传承好”②，对传承利用红色文化提出了具体要求。

一、彰显红色文化价值优势，扩大传承利用的领域

传承利用红色文化要全方位挖掘红色文化的政治、经济、文化、社会和生态价值，扩大传承利用的领域，为实现中国特色社会主义事业总体布局、实现中华民族伟大复兴的中国梦、全面建设社会主义现代化国家增添动力，

---

① 李亚，女，贵州师范大学马克思主义学院，博士研究生。

② 把红色资源利用好［N］. 山西日报，2023-04-18（11）.

使红色文化在发挥其自身价值的过程中得到广泛传承，焕发新的活力。

（一）发挥红色文化的政治价值，巩固红色政权不褪色

习近平总书记指出，“红色江山来之不易，是千千万万革命前辈用鲜血换来的。我们要牢记红色政权是从哪里来的，始终铭记缅怀革命先烈”。“广大党员、干部要不断接受红色传统教育，巩固升华理想信念，坚定走中国特色社会主义道路，奋力实现‘两个一百年’奋斗目标，告慰革命先烈。”① 我们要牢记习近平总书记的教诲，积极主动接受红色文化洗礼，珍惜革命先烈的奋斗成果，保证红色政权永不褪色。

红色文化对于巩固中国共产党执政基础和维护中国共产党执政地位有重要作用，有利于推动国家政治稳定，保证红色政权永不褪色。对于中国共产党而言，一方面要依托红色文化，宣传和传播党的政治思想和执政理念，巩固党的执政基础，推动国家政治稳定；另一方面要利用红色文化涵养党内政治建设，净化党内政治生态，推动党内政治文化健康发展，进一步提升执政能力，巩固执政地位。对于广大群众而言，一方面要主动接受红色文化熏陶，增强公民政治认同感，提升政治素养，把牢政治方向；另一方面要自觉接受红色文化洗礼，规范自己的政治行为，在重大原则问题和大是大非面前坚定政治立场，以实际行动做中国共产党的忠实拥护者。

（二）挖掘红色文化的经济价值，助推乡村振兴与繁荣

实施乡村振兴战略推进乡村繁荣与发展，是党的十九大作出的重大决策部署②，是全面建设社会主义现代化国家的重要环节。要实现乡村振兴与繁荣就要解答好“振兴引擎是什么”的问题。就这一关键问题，习近平总书记指出，产业兴旺是乡村振兴的根本出路和重要引擎。

红色旅游产业和红色文化产业是拉动我国乡村经济文化发展的两大重要引擎，其释放的产业效能不容忽视。发展红色旅游产业，首先，要依托地方特有的红色文化资源开发红色旅游，将红色文化资源及其蕴含的重要精神内涵融入地方红色旅游开发，促进乡村红色旅游产业的内涵式发展；其次，按照“红色文化+旅游+农业”融合发展的思路，推进红色旅游与农村生活体验相结合，打造“文旅农”融合的产业新模式；最后，将红色旅游产业带来的经济效益反哺于民，使周边乡村人民的生活质量得到改善。发展红色文化产

① 张晓松，朱基钗．牢记红色政权是从哪里来的［EB/OL］．新华网，2019-09-17.

② 习近平．决胜全面建成小康社会　夺取新时代中国特色社会主义伟大胜利：在中国共产党第十九次全国代表大会上的报告［J］．党建，2017（11）：24.

业，一是要广泛运用小说、戏剧、影视、绘画、音乐等艺术形式，打造具有地方红色文化特色的艺术作品；二是要不断开发红色文化创意产品，丰富红色文化产品内容，进一步刺激红色文化消费，拉动乡村经济文化发展。

（三）突出红色文化的文化价值，提高国家文化软实力

文化软实力集中体现了一个国家基于文化而具有的凝聚力和生命力，以及由此产生的吸引力和影响力，在当今世界是综合国力的重要因素之一。习近平总书记强调，提高国家文化软实力关系“两个一百年”奋斗目标和中华民族伟大复兴中国梦的实现。

提高文化软实力必须根植于自己国家的历史文化，放在我国就是要充分利用中国特有的红色文化，发挥红色文化的文化价值，提高文化自信，增强文化软实力。红色文化的根本属性是文化，具备文化的传承功能和导向功能。一方面，红色文化能够传承包括“红船精神”“长征精神”“大庆精神”在内的红色精神，能够传承这些红色精神背后蕴含的思想内核，如坚定的理想信念、无私奉献的高尚情操、艰苦奋斗的优良品质、强烈的爱国主义情怀等。传承和弘扬中国特有的先进文化，提高文化自信，增强国家文化软实力。另一方面，红色文化能够依托红色文物、红色遗迹、红色故事等载体以及这些载体蕴含的思想精神，引导大众形成积极健康的思想观念、价值取向和精神面貌，为提升国家文化软实力筑牢思想根基。

（四）汲取红色文化的社会价值，构建社会主义和谐社会

构建社会主义和谐社会是中国特色社会主义事业的有机组成部分，关系到最广大人民的根本利益，关系到党的执政基础的持续稳固，关系到国家的长治久安。因此，必须把构建社会主义和谐社会摆在突出位置，为中国特色社会主义伟大事业向纵深发展奠定坚实的社会基础。

红色文化能够满足社会需要，促进社会发展和进步，提升社会成员道德品质，为构建民主法治、公平正义、诚信友爱、充满活力、安定有序、人与自然和谐相处的社会主义和谐社会提供养分。一方面，红色文化具有丰富的价值意蕴，能够推动社会政治、经济、文化和生态等多方面的发展和进步，为构建社会主义和谐社会积蓄物质力量和精神力量，满足社会在物质方面和精神方面的需要，促进社会物质文明和精神文明共同进步，保证社会沿着正确的发展方向不断前进。另一方面，红色文化具有深刻的精神内涵，能够推动社会成员形成良好的思想政治道德观念，为构建社会主义和谐社会提供正确的道德评价体系，对社会成员不符合道德要求的思想和行为进行纠正，帮助社会成员形成符合社会发展要求的思想道德品质。

（五）发掘红色文化的生态价值，促进生态文明建设

随着我国经济社会发展不断深入，生态文明建设的地位和作用日益凸显。从可持续发展看，生态文明建设关系到中华民族的永续发展；从人民的美好生活需要看，生态文明建设关系到党的使命宗旨；从经济发展方式看，生态文明建设关系到我国经济高质量发展和现代化建设；从全球环境问题看，生态文明建设关系到中国的大国生态责任担当。

由于中国革命实践的特殊性和中国地理环境的特点，红色文化资源中的重大事件遗迹、重要会议遗址、重要机构旧址、重要人物旧居等不可移动文物大部分都位于相对偏远的乡村、深山以及江河湖畔，与当地特有的自然环境共生共存、和谐相处。这使得红色文化自形成之始就具有独特的生态价值。发掘红色文化的生态价值，促进生态文明建设，使我国生态文明建设迈上新台阶。一方面，要利用红色文化及其资源进行生态教育，帮助广大人民树立生态意识，形成正确的生态观念。只有让生态观念的种子内化于心，才能使人们自觉承担起保护自然环境的责任，进而外化于行，促使人们以实际行为来履行这种责任。另一方面，在传承利用红色文化的过程中引导人们走生态发展之路，包括在开发红色文化资源、发展红色文化产业以及促进红色旅游等方面都必须坚持以生态优先、绿色发展为导向的高质量发展新路子。

二、加强红色文化内涵阐释，清晰传承利用的意蕴

红色文化是在中国革命、建设和改革的过程中逐渐积淀起来的宝贵财富，蕴含着丰富的精神内涵。要加强红色文化内涵阐释，清晰传承利用的意蕴，为奋斗在各领域的广大人民提供同不良思想作斗争的强大思想武器。

（一）树立坚定的理想信念

理想信念是人们对未来的向往和追求，是人们的政治立场和世界观在奋斗目标上的集中体现。为了实现社会主义和共产主义，为了推翻剥削和压迫，为了实现人民幸福和国家富强，一代又一代的中国共产党人和中国人民投身于中国革命、建设和改革事业当中。坚定的理想信念贯穿于中国革命、建设和改革事业的始终，是党和国家带领全国人民在不同阶段完成各项事业最终取得胜利的重要法宝。

随着社会的飞速发展，各种不良现象和违法行为涌现，如贪污腐败、不思进取、腐化堕落、坑蒙拐骗等，究其根本都是因为思想出了问题。缺乏正确的思想引领或思想引领的力度不够，导致一部分人丧失理想信念或理想信

念不坚定，进而做出了错误的行为。习近平总书记指出，"理想信念是事业和人生的灯塔，决定我们的方向和立场，也决定我们的言论和行动"①。因此，解决这些问题要正本清源，从源头上进行清理，引导全体社会成员自觉把为国家谋富强、为民族谋复兴和为人民谋幸福作为奋斗目标，坚定理想信念不动摇，做共产主义远大理想和中国特色社会主义共同理想的坚定信仰者和忠实实践者。

（二）发扬伟大的爱国主义精神

爱国主义是个人和集体对祖国的一种积极和支持的态度，是对自己家园、民族和文化的归属感、认同感、尊严感与荣誉感的统一。习近平总书记指出："爱国，是人世间最深层、最持久的情感，是一个人立德之源、立功之本"②。中国共产党和中国人民始终怀揣着伟大的爱国主义精神一路奋勇拼搏才迎来了美好的今天。

在现代社会经济全球化的影响下，个人的爱国主义精神和民族国家的爱国主义教育遭到了一定程度的弱化。就个人层面而言，经济全球化所推崇的"地球人"话语体系消解着人们对爱国主义的认知；就国家层面而言，在经济全球化的时代背景下，国家的界限越来越模糊，爱国主义教育难以引起共鸣。但必须清楚地看到，经济全球化归根结底是各个国家之间经济利益的竞争，只有保持屹立不倒的国家主权才是确保国家利益和人民利益的稳固基石。《新时代爱国主义教育实施纲要》指出，要继承革命传统，弘扬革命精神，传承红色基因，结合新的时代特点赋予新的内涵，使之转化为激励人民群众进行伟大斗争的强大动力。③ 所以，必须加强爱国主义教育，激发人民的爱国主义精神，引导广大人民为实现中华民族伟大复兴的中国梦而不懈奋斗。

（三）涵养无私奉献的高尚道德情操

无私奉献是为国家和人民的利益贡献自己且不计个人得失的一种道德情操，是一种真诚的、自觉自愿的付出。它既是一种最高层次的道德要求，也是全体社会成员应努力达到的一个道德目标。革命战争年代和社会主义建设、改革时期，无数革命战士、先进分子和普通百姓抛弃幸福家庭、牺牲个人利益，为国家和人民奉献了自己的全部。

---

① 习近平在党的十九届一中全会上的讲话［J］. 当代江西，2018（1）：8.

② 习近平在北京大学师生座谈会上的讲话［EB/OL］. 人民政协网，2018-05-03.

③ 中共中央 国务院印发《新时代爱国主义教育实施纲要》［EB/OL］. 求是网，2019-11-12.

随着市场经济的深入发展，越来越多人忘记了无私奉献的高尚情操，错误地认为现如今讲奉献已经不合时宜，对无私奉献的人产生不理解，甚至进行嘲讽。社会上弥漫着极端个人主义、利己主义、拜金主义等不良思想，道德滑坡现象频发。对于这些错误的思想和行为必须及时纠正，否则会逐渐降低人们心中的道德标尺，造成整个社会道德水平的下降，最终导致国家的道德生活陷入极大混乱。因此，要加强公民道德建设，把无私奉献的高尚道德情操作为公民道德建设的重要内容，引导全体社会成员形成甘于奉献、乐于奉献、无私奉献的良好道德品质。

（四）保持艰苦奋斗的优良品质

艰苦奋斗是一种不怕艰难困苦、奋发图强、艰苦创业的顽强斗争精神，是中华民族和中国共产党的优良传统，是中国共产党领导中国人民克服种种困难和障碍最终取得中国革命、建设和改革事业胜利的重要精神力量。可以说，中国革命、建设和改革的历史就是一部艰苦奋斗史。

然而，随着人民的物质生活水平的不断提高，一些人的价值观念发生了偏差，认为现如今社会不再需要艰苦奋斗。消费主义、享乐主义、奢靡之风横行，铺张浪费的不良现象泛滥，这种趋势放任不管是极度危险的。习近平总书记强调："党和政府带头过紧日子，目的是为老百姓过好日子，这是我们党的宗旨和性质所决定的。不论我们国家发展到什么水平，不论人民生活改善到什么地步，艰苦奋斗、勤俭节约的思想永远不能丢"①。所以，站在新的历史起点上，必须继续发扬艰苦奋斗的优良品质，为全体社会成员提供正确的价值导向。这既是新形势下面对新条件、破解新困局、解决新难题的需要，也是端正党风、清理政风、重塑民风的必然要求。

三、重视红色文化内容整合，提升传承利用的效果

传承利用红色文化要充分考虑地方红色文化资源的特点和现实情况，针对性地对地方红色文化内容进行整合，为进一步发展红色文化产业、促进红色文化宣传和加强红色文化教育奠定良好的现实基础，提升了红色文化传承利用的效果。

（一）推进红色文化内容"基地式"整合，进一步提升集中性

推进红色文化内容"基地式"整合，要根据地方红色文化资源特点和现

① 习近平参加内蒙古代表团审议［EB/OL］. 新华网，2019-03-05.

实情况，建立大中小型不同规模的和国家级、省级、市级、县级等不同级别的红色基地。推进红色文化内容“基地式”整合要注意以下几点，为“基地式”整合奠定基础，充分发挥红色基地的作用。

第一，在基地主体工程建设方面，应集中呈现基地的红色文化内涵，要结合红色基地的文物、历史、建筑、遗址、遗迹的特点，设计并建立具有基地红色文化内涵的红色展馆、红色演播大厅、红色墙裙、红色走廊、红色陈列室、红色农场等。第二，在基地配套设施建设方面，如道路设施、水电设施、通信设施、安保设施、休闲娱乐设施、餐饮住宿设施等，应按照实用性与艺术性相结合的原则，尽可能体现基地的红色文化内涵。第三，以红色基地为依托开展红色教育，包括策划红色基地游学活动、举办红色基地研修培训、开放红色基地展览展示、组织红色生活体验等，通过这些方式在实践中落实思想政治教育，对广大党员干部、学生和群众进行精神洗礼，实现立德树人的总任务。

（二）推进红色文化内容“线路式”整合，进一步增强连续性

推进红色文化内容“线路式”整合，一方面要深化利用已有的、较为成熟的红色线路，如足迹遍及江西、福建、广东、湖南、广西、贵州、云南、四川等 11 个省份的红军长征线路；另一方面要积极打造新兴的红色线路，如贯穿“上海—张家界—韶山—长沙”的毛主席故乡线路，连接“北京—西安—洛阳—郑州”的红色古都线路。推进红色文化内容“线路式”整合要重视以下几项工作，为“线路式”整合奠定基础。

第一，围绕这些红色线路积极开展线路上各个“点”的遗址遗迹、纪念设施、文物藏品的排查梳理，为“线路式”整合提供优质的内容。第二，围绕红色线路打通交通脉络，集合铁路、公路、水路以及自驾游、骑行等多种交通方式，打造兼具便利性和观赏游玩性的交通线路。第三，以红色线路为基础进行统一规划，开展统一标识、统一保护标准、统一配套设施的整体建设，形成风貌统一协调的连续性红色文化线路。第四，根据红色线路的文物保存状况、环境风貌、开发程度、社会影响评价等综合情况，推出精品红色线路，开展“重走长征路”“寻访毛主席故乡”“重游红色古都”等大型活动。

（三）推进红色文化内容“主题式”整合，进一步突出特色性

结合地方红色文化资源的实际情况，对与红色文化相关的文物、素材等内容，按照一定的主题进行整合，围绕选定主题，突出地方红色文化的特色性。具体来说，可以从以下两方面对红色文化内容进行“主题式”整合。

一方面，以重大历史事件为基础，对辛亥革命、五四运动、抗日战争等重大历史事件以及这些重大历史事件中涵盖的具体事件进行主题整合。首先，要围绕相应主题开展遗址遗迹、纪念设施、文物藏品的排查梳理；其次，要按照主题鲜明、特色突出的要求，多领域渗透红色文化内容，比如，修建抗日战争主题公园，策划抗日战争主题系列展示展览，组织抗日战争主题人物评选活动，开展抗日战争主题文艺作品、影视作品大赛等；最后，将评选出的优秀主题作品在全国宣传，扩大其影响力和教育范围。另一方面，以片区划分为基础，对大型红色遗址遗迹群、革命老区等红色文化资源富集地按照统一规划、统一设计、集中连片的原则进行主题整合，如涵盖瓦窑堡会议遗址、洛川会议遗址、南泥湾革命旧址、枣园革命旧址等在内的延安片区，包括遵义会议遗址、苟坝会议遗址、娄山关战斗遗址等在内的遵义片区，要量身打造延安红色文化主题、遵义红色文化主题，在各自的主题之下，具体开展当地红色文化传承利用相关工作。

四、创新红色文化传播途径，拓展传承利用的形式

传承利用红色文化要综合运用各种传统与现代、静态与动态的传播手段，创新红色文化传播途径，进而拓展传承利用的形式，生动、直观、形象地将红色文化的物质和非物质形态呈现在受众面前，做到见人、见物、见精神。

（一）融合运用新兴媒体，增强红色文化传播技术的时代性

近几年，随着信息传播技术不断发展，应运而生的各种新兴媒体不胜枚举，如网络、博客、播客、微博、微信、QQ、网络电视、数字电视、手机媒体等。这些新兴媒体以其迅速快捷、时效性高、内容丰富的特点广受年轻人喜爱。

传承利用红色文化要紧跟时代步伐，注重提升传播技术的时代性，融合运用各种新兴媒体，不断开发和创新传播技术，以此提升传播活力、增强传播效果。目前，各种新兴媒体都依赖于互联网技术发生作用，因此，融合运用新兴媒体传播红色文化，一方面要以互联网为中心融合其他新兴媒体进行优势整合，创新传播方式，如网络直播、网络短视频、微信平台、微博等；另一方面要大力推进“互联网+红色文化资源”的传播模式，利用互联网对红色文化资源进行全景式、立体式、延伸式的宣传展示，引发全网关注、全民关注，最大限度扩大受众覆盖面，在网络平台点亮“红色文化”关键词，让红色文化更具影响力。

（二）深化应用传统媒体，加强红色文化传播手段的主导性

新兴媒体的迅速发展对传统媒体造成了巨大的影响和冲击，但传统媒体在受众心目中仍然占据重要地位。较之于新兴媒体，传统媒体具有较高的地位和权威性、官方性强、内容优质、可信度高的优势。这使得传统媒体在今天这样一个多元化媒体共存的时代，仍然起到引领舆论的关键作用。

深化应用传统媒体，发挥传统媒体的独特优势，引导红色精神成为社会主流价值观、红色文化成为社会主流文化。深化应用传统媒体包括两方面内容：一方面，要进一步深化应用报刊、广播、电视、户外四大传统媒体。具体包括设置中央和地方的红色电视频道；开设专门的红色广播电台；创办各个级别的红色报刊；利用设置在户外的一些媒体表现形式宣传红色文化，如路牌、阅报栏、地铁、场馆广告牌、楼顶广告牌、出租车、公交车等。另一方面，要结合新技术新手段，进一步深化创新传统媒体的表现形式，如地铁数字屏幕、楼顶和场馆数字广告牌、电子阅报栏以及网络报刊、数字电视、网络电视等。

（三）综合利用现代展示技术，提升红色文化传播内容的感染性

全息影像技术、互动投影技术、沙盘活化技术、AR（增强现实）、VR（虚拟现实）、虚拟漫游、环幕影院等现代展示技术的发展和普及，为红色文化展览和展示提供了新手段，为提升红色文化传播内容的感染性开辟了新思路。

红色文化展览展示要在传统的听解说、看实物、观图片的展览手段的基础上，综合运用各种现代展示技术以提升红色文物、红色遗迹、红色故事等红色文化资源的展示水平，生动呈现革命战争年代和社会主义建设时期的那些可歌可泣的红色故事，让红色文化在各类展示中“活”起来。一方面，要利用现代展示技术打造“沉浸式”参观体验，通过特定场景还原让受众身临其境，切身体会那些动人的情感、伟大的精神和不可磨灭的意志，增强红色文化展示的表现力，提升红色文化传播内容的感染性。另一方面，要利用现代展示技术打造“互动式”参观体验，通过互动环节设计和互动游戏让受众参与其中，在自我实践中自觉地接受红色教育，进而增强红色文化传播内容的感染性，更好地传递红色精神。

（本文载于《老区建设》2021 年第 4 期。）

用数字化让贵州红色文化资源鲜活起来

汪勇　王敏①

中国共产党在领导人民长期革命斗争的实践中形成的红色文化资源，不仅具有重大的政治价值、教育价值，而且还具有重大的经济价值、品牌价值，是中华民族的宝贵精神财富。因此，习近平同志指出，“无数革命先烈留下的优良传统是永远激励我们前进的宝贵财富，任何时候都不能丢”②。贵州是中央红军长征途中活动时间最长、活动区域最广、发生重大事件最多的省份，全省 88 个县（市、区）中 68 个留下了红军长征的光辉足迹，革命遗址和红色遗存星罗棋布，红色资源丰富多样，长征精神和遵义会议精神更是彪炳史册、永放光芒。习近平同志在贵州调研时就强调，“要充分利用红色资源，开展党的优良传统教育和理想信念教育，激励广大党员干部结合新的时代特点发扬革命传统、培育和践行社会主义核心价值观，更好地团结带领各族群众为实现全面建成小康社会目标而奋斗”③。这些重要论述为我们传承和弘扬贵州革命传统、保护和利用贵州红色资源指明了努力方向、提供了基本遵循。

贵州红色资源是贵州不可再生和不可多得的重要文化资源，必须采取有效措施，用心呵护、科学保护，严防自然损毁和人为破坏，着力解决保护不力、管理不善等问题。我们要切实采取科学有效的措施加强贵州红色文化资源的数字化保护，让这些资源得到永久保护、挖掘利用和传播弘扬并使之鲜活再现和发扬光大。贵州红色文化资源的数字化就是通过现代数字摄影、三维信息获取等数字化信息获取与处理技术，把贵州各种红色文化资源进行采集、整理、归类，并对相关的文字、图像、声音、视频及三维数据信息进行记录、编辑、整理和再现，转化为数字化的文档、图片、动漫、音视频等加

① 王敏，男，贵州师范大学博士生，衡阳师范学院马克思主义学院副教授。

② 习近平．不能丢失红色旅游的底色［EB/OL］．央视网，2016-07-23.

③ 张广智．让红色资源成为发展支撑［N］．人民日报，2015-10-09（7）.

以保存并通过各种网络终端平台等使人们能够远程清晰、全方位立体地观看和分享贵州红色文化资源。《关于实施革命文物保护利用工程（2018—2022年）的意见》也明确提出要“融通多媒体资源”，“建立革命文物大数据库”，“让革命文物活起来”。推进贵州红色文化资源的数字化保护和传承，不仅能够有效弥补贵州红色文化资源保护传承的不足，而且还能够使这些宝贵有限的资源充分“活起来”。

贵州红色文化资源可以利用数字化进行采集和保存，即可以运用现代数字化的3D打印、全息投影、AR（增强现实）、VR（虚拟现实）等技术手段、方式从宏观、微观、三维等全方位把贵州现存的红色旧址、器物、文献、人物、事件、文艺、建筑、精神等红色文化资源，或传统技术保存下来易发霉、老化、蜕变、失真的贵州红色文字资料、红色录音、红色照片、红色录像等红色资源，通过数字文档化、图片化、音频化、媒体化等方式采集并记录下来，然后进行分类整理，使贵州红色文化资源能够及时得到更好的保护。

贵州红色文化资源可以利用数字化实现恢复和再现，即可以利用多媒体、借助虚拟现实等数字化技术和设备，对贵州红色故事，已经损坏或消失的红色旧址、红色文献、红色人物、红色建筑等红色文化资源进行复原并在虚拟世界中对其演变进行模拟，重造“体验型”贵州红色资源馆，复原和再现一个全面而完整的意义空间；对贵州红色文化中的红色音乐、红色事件、红色精神等非物质文化资源进行真实再现，建立包括红色文字、红色声音、红色图像、红色视频、红色虚拟现实在内的贵州非物质文化红色资源数据库、贵州多媒体红色文化资源数字博物馆等，使其能够在数字化中真实鲜活再现。

贵州红色文化资源可以利用数字化进行展示和传播，即借助数字化技术和数字媒介平台，建设贵州红色文化资源网站、数字频道、电子栏目、微信、微博、客户端、APP公众号推送等，实现线上线下互动多种途径进行传播；结合互联网数字媒体消费习惯和创新直播、短视频、大V代言等形式及图文攻略与人物专访等手段，融通多媒体资源推进全景式、立体式、延伸式展示宣传“互联网+贵州红色文化资源”；通过传统媒体、自媒体、社交媒体、主流媒体等全媒体渠道，从历史、文化、旅游等多角度进行切入，引发全网关注，点亮“贵州红色文化”关键词；利用数字化打破时间、空间限制，讲好贵州红色故事，激活贵州革命历史，最大限度实现贵州红色文化资源更好的展示并为广大民众利用、共享和传播，同时让贵州红色文化资源更具感染力和影响力，更好地走进大众的内心深处，彰显其在新时代的价值。

贵州红色文化资源可以利用数字化实现产业化发展，促进经济社会发展，即运用数字技术融合出版与印刷、广播电视、音像、电影、动漫、游戏、互联网等多媒体形态，对贵州红色文化资源进行储存、传播和利用、再制造、再生产，推动贵州红色文化资源的数字化产业发展，主要包括建立和完善数字出版、动漫、游戏、网络视听等多领域、多平台文化产品信息跟踪平台，利用贵州红色文化资源创作音乐、微故事、微电影、微纪录、微视频及其他传播，将贵州红色故事改编成数字动漫、红色战役改编成数字游戏、红色歌曲改编成数字音乐、红色事件改编成数字视频产业等方式，实现贵州红色文化资源动漫化、网络视听化、网络文学化、网络游戏化、“两微一端”化等平台化，实现贵州红色文化资源数字产业化发展，并助推贵州红色旅游发展、脱贫攻坚、干部培训，进而实现同步小康。

（本文系贵州省文化单列重大课题“18GZZB21”研究成果，载于《贵州日报》2019 年 2 月 25 日。）

民族地区利用数字网络媒介传播红色文化的策略思考

谭天① 汪勇

［摘 要］民族地区红色文化在我国整个红色文化体系中占据着重要地位，且具有得天独厚的资源优势和区域特色。但受自身地理条件和社会经济发展水平等限制，民族地区传播红色文化的力度和进程相对而言较为不足和迟缓。随着数字网络传播技术的快速发展与广泛运用，民族地区运用数字网络媒介传播红色文化的局限性和滞后性更加凸显。为此，如何应用数字网络技术推动传播转型升级已成为民族地区推动红色文化传播和促进经济社会发展的重要课题。

［关键词］民族地区；红色文化；数字网络媒介；传播策略

民族地区红色文化是中国共产党以马克思主义为指导思想，团结带领广大少数民族人民在艰苦卓绝的革命斗争、建设实践和改革开放伟大历程中形成的宝贵精神财富。民族地区红色文化在我国整个红色文化体系中不仅占据着重要地位，而且具有得天独厚的资源优势和区域特色。如果说我国的红色文化是马克思主义与中国实际紧密结合的产物，那么，民族红色文化则是马克思主义与中国实际特别是民族地区实际深度融合的产物。② 它谱写了共产党人团结各民族万众一心、自强不息、顽强奋进的壮丽史诗，体现了少数民族文化和中华优秀传统文化、马克思主义文化的相生相息。习近平总书记多次强调："要把红色资源利用好、把红色传统发扬好、把红色基因传承好。"③ 但由于地理位置、历史渊源和产业结构等因素，受自身区域条件和社会经济

① 谭天，女，贵州师范大学马克思主义学院 2021 级思想政治教育专业博士研究生。

② 刘鹤．论贵州民族红色文化研究的发展路径［J］．遵义师范学院学报，2015，17（6）：1-5.

③ 姚亚平．传承红色基因滋养精神家园［N］．人民日报，2015-02-15（5）．

发展水平限制，民族地区传播红色文化的力度和进程相较其他地区往往较为弱化和迟缓。随着数字网络时代的全面来临，“数字化”“网络化”烙印日趋清晰和深刻，民族地区运用数字网络媒介传播红色文化的局限性和滞后性却日益凸显，部分民族地区甚至出现传播难、效益差、流失大的恶性循环。置身于数字网络传播环境，面对越来越庞大的网民群体，民族地区要实现红色文化更快、更广、更好的传播，就必须搭乘“数字中国”“网络强国”的快车，以富有时代感的方式传递具有历史传承性和民族鲜明性的红色文化，在保护传统和创新发展中做深历史文化、做强民族文化、做亮红色文化。

一、利用搜索引擎促进红色文化推广

民族地区的红色文化资源体量庞大，且都是不可再生和不可多得的宝贵资源。但由于民族地区大多处于革命老区、贫困山区和边疆地区，地理位置偏僻、交通条件不便且财力物力不足，故本土红色文化推广较为困难。基于关键词匹配机制的搜索引擎不仅解决了人们搜索信息的难题，也为人们检索民族地区红色文化搭建了广阔有效的平台，而随着搜索引擎连接的价值链条越来越长，用户对搜索引擎的依赖性越来越大，民族地区利用其推广红色文化的成功率也将越来越高。

民族地区要充分研究和利用搜索引擎，有效发挥其关键词匹配的信息检索机制作用和运转中枢的功能，制定红色文化外部推广和内部优化的可行性方案。在外部推广上，各级红色文化宣传战线要拓展多种平台、同一平台多种门类的红色文化搜索，推进地方红色信息、红色词条查询的丰富性和多元化，及时更新和完善搜索引擎传播的有关本地红色文化的各类信息。如定期对百度百科、互动百科等词条中的红色文化简介及相关知识进行补充和更正①，在百度知道、知乎、天涯等基于搜索的互动问答主流平台中积极发布和回应红色文化有关话题。在内部优化上，民族地区红色圣地的宣传和旅游部门要根据搜索引擎自然优化原理，通过合理调整网站结构、内容和代码等实现站内优化，重点利用信息发布、反向链接等手段丰富红色文化信息源，提升搜索引擎排名，使红色文化有关网站页面的流量及转化率持续增长。如各级各部门要广泛报道红色文化主题活动，介绍红色文化资源内容和其中承载的精神内涵，并且通过向高质量目录网站提交收录申请，主动和同类型网站

---

① 张海燕，史蓓蕾．新媒体时代胶东红色文化的传播策略［J］．青年记者，2015（20）：73-74.

互换友情链接等方式，提高网页的指向面和访问量。同时，由于搜索引擎的运用模式偏好有盈利的商业信息，民族地区网络监管部门要矫正搜索引擎商业化导致的内容偏好，为诸如教育、文化、学术等处于弱势的信息提供一个被显示的平台，从而打开公众获得本地红色文化资讯的大门，为本土红色文化的崛起创造渠道条件。①

二、通过数字博物馆打造红色家园

数字博物馆是运用数字技术将参观环境制成3D模型，以三维立体方式完整呈现于网络上的博物馆。历经多年的探索实践，目前，我国的数字博物馆发展已颇具规模，并日益成为保护和传播历史文化的重要手段。但纵观民族地区数字博物馆建设情况，许多地区尚处于起步阶段，在建设和发展红色纪念类数字博物馆方面仍具有较广阔空间。如贵州、青海两个多民族省份还未构建省市级系统性的红色文化数字博物馆；宁夏回族自治区图书馆虽已构建“红色记忆多媒体资源库”，但仅限于馆内访问。民族地区红色文化承载着中国革命和民族发展的历史印记，通过数字博物馆打造红色家园共同体，是民族地区引领文化前进方向、维系社会稳定和谐、促进民族团结统一的应有之义。

民族地区构建红色文化数字博物馆，首先要对地方已建成的红色文化实体博物馆、革命英雄纪念馆等进行数字化处理，把馆内收藏的各种革命遗存、革命事迹、革命英雄人物的材料、文献、图片、音频、视频等资源进行数字化加工与整合，特别是将大量散布于偏僻农村得不到有效管理的革命遗址采取有效措施进行抢救性的数字化保护。然后要通过对内部网络、导览及数据库管理系统、信息化展示设施等的构建，实现馆内空间、各种藏品的全方位展示及相关信息资料的快捷检索。其次，红色文化数字博物馆的构建不单局限在民族地区现存的实体展馆，还应该应用于未建成的物质和非物质展馆以及未纳入展馆但有价值的红色资源。民族地区要对本地红色文化资源进行全面搜索和整理，通过建立一个基于网络数据库的红色文化数字博物馆，开发设计一个内容充实、结构合理、功能完备的红色文化数字展馆，为民族地区红色文化资源的有力传播和全面共享以及一站式服务提供有力支撑。最后，民族地区可将区域内的红色文化、民俗文化、历史文化、生态文化等地方特

① 赵鹏．搜索引擎对信息传播的影响及其法律规制［J］．比较法研究，2018（4）：188-200.

色文化资源系统整合，探索构建一个多位一体的特色文化数字生态博物馆，将本土传统文化与红色文化一并开发、协同运用，为民族地区的人们创造一套“共同的文化符号”。①

三、立足门户网站守住红色阵地

数字网络传播媒介发展至今，红色文化专题网站及政府高校门户网站的红色文化专栏仍是民族地区宣传红色文化的官方网络阵地。但由于民族地区观念意识守旧、建设资金不足、工作人员技术欠缺等，其红色文化网站的建设效果相较其他发达地区始终不尽如人意。民族地区要想守住宣传红色文化的网络阵地，就必须重新审视存在问题，突破网站流量低、流传难的困境，重视红色文化网站的建设与维护，尽快建立和完善红色文化网络信息资源库，重点打造一批布局合理、功能完备、特色鲜明的红色文化网站。

创建和升级红色文化网站，第一，离不开人财物力的有效支持；第二，有赖于网站自身内容、结构和界面的优化改良。在加大人财物力投入上，民族地区地方政府及有关部门要将红色文化专题网站建设列入重要议事日程，建立由政府主导、各企业行业共同参与的投资模式，打破本地资金、人才和技术环境条件的制约。在网站内容、结构和界面的优化改良上，一是在内容上要体现“全”和“用”。地方政府及相关部门要将闲置的红色文化资源和已掌握的权威地方历史资料全部转化为数字化信息。网站运营者要选择性地提供贴近地方群众和生活实际的红色信息，创新性地挖掘其时代价值和社会效用。二是在结构上要体现“广”和“动”。红色文化专题网站及专栏在设置子栏目时既要包括新闻、图片视频等基础栏目，更要注重本土红色记忆、红色地标等亮点栏目，同时还要增设革命之友、经验之谈等互动栏目。三是在界面上要体现“美”和“红”。界面设计是一个网站整体特色的外在表征，赏心悦目的界面观感是它的吸睛石和奠基石。红色文化专题网站及专栏在页面设计中，既要审视其美观感受及协调程度，体现“美”，又要利用其红色符号和红色色调，突出“红”，彰显血与火的革命象征。除红色文化专题网站外，民族地区也应重视特色文化品牌网站的红色文化专栏建设。如在构建“多彩贵州”“七彩云南”“文化广西”等品牌网站时，要将红色文化专栏作为重点栏目推出，让红色文化成为其绚丽文化体系中浓墨重彩的一笔。

---

① 孙权．北京都市空间与历史文化记忆：数字时代的首都博物馆［J］．华南师范大学学报（社会科学版），2019（2）：24-30，191.

四、依托网络视听平台提升红色热度

近年来，我国网络视听媒介发展迅猛，网络音视频服务已成为数字网络媒介产业新的增长点。截至 2019 年 6 月，我国网络视频用户规模达 7.59 亿，占网民整体的 88.8%。① 显而易见，依托网络视听平台传播信息是大势所趋。但由于观念意识守旧、动作相对迟缓，民族地区目前尚未抓住该媒介给传播本地红色文化带来的机遇。在网络视听媒介发展的浪潮中，民族地区想要提升红色文化的传播热度，使红色文化走出山区、迈向未来，就必须把占据网络视听平台作为传播的突破方向，特别是要把网络视频、音频播放平台和网络文学阅读平台作为突破口。

网络视频播放平台包括直播平台、短视频平台和长视频平台。直播平台以斗鱼、熊猫 TV 等为代表。民族地区可以开通红色文化官方直播间，邀请相关专家学者向广大网友讲述当地革命故事、追忆本土革命先烈，或是邀请知名主播直播地方革命纪念馆、革命纪念地之旅，通过直播场域营造本地红色文化与无数网民的“共同在场”。短视频平台以抖音、秒拍等为代表。民族地区相关部门及专家学者可注册红色文化官方账号或个人账号入驻短视频平台，通过发布地方红色文化信息、发起地方红色圣地打卡行动、输出地方红色题材素材等，提高本地红色文化热度。网络长视频平台以优酷、腾讯视频为代表，一方面，民族地区要将红色作品从传统电视频道转向网络长视频平台，破除若干民族地区红色题材影视作品难以与其他地区争夺播放资源的现象；另一方面，要打开红色作品呈现模式，尝试以微电影、真人秀、访谈节目等类型栏目进行展示，同时避免低俗文化对红色文化的冲击。网络音频平台是以 QQ 音乐、喜马拉雅 FM 等为代表，网络文学阅读平台以掌阅及知名小说网站为代表。两者的传播策略与网络长视频平台有异曲同工之妙。一方面要广泛地将民族地区的优质红色歌谣、红色文学作品收录其中；另一方面要创新地对其进行改编创作，实现红色作品与网络音频、网络文学平台有机结合。如西藏自治区就可应用直播间讲述汉藏军民共同抗击英军入侵、中国共产党团结带领西藏人民和平解放西藏等鲜活故事，通过短视频平台打卡青（川）藏公路、西藏和平解放纪念碑等遗址，创作或翻拍《欢腾的西藏》《红河谷》等红色影视，以及《翻身农奴把歌唱》《先遣连》等红色歌曲，并利用长视

① 中国互联网络信息中心．第 44 次中国互联网络发展状况统计报告［R/OL］．中央网络安全和信息化委员会办公室，2020-10-12.

频和网络音频平台广泛推广。

五、驱动网络社交软件释放红色能量

不同于其他数字网络媒介，以微信、微博、QQ 为代表的网络社交软件在数字网络时代初期就爆发出强大的传播能量和作用，成为民族地区普遍使用的即时通信工具。随着数字技术和互联网技术的快速发展，网络社交软件更是超越即时通信功能，成为集交流功能和推送功能于一身的媒介工具。时代发展催生了网络社交平台这片日渐肥沃的传播土壤，但民族地区暂且未能跟上网络社交软件发展进程，亦未能适时跟踪传播技术革新和满足受众需求变化。以新疆维吾尔自治区为例，该自治区尚未开设区级和地州市级红色文化主题官方微博和微信公众号，有关红色物质文化遗产的官方微信公众号也仅有阿拉尔市文物局和新疆维吾尔自治区博物馆，其他以红色加市县名称命名的社交公众号则以发布本地区新闻为主。

民族地区想要在网络社交平台这片沃土上生根发芽，就必须研究各类网络社交软件的运行机制，在此基础上驱动网络社交软件基于人际传播的强大功能。一是要充分驱动网络社交软件的交流功能。民族地区要通过创建红色文化社交平台为各族人民打造平等共享的交流空间，在与各族人民的交流中获悉人民的主流声音和热点话题，激发全民学习红色文化的斗志和热情。二是要充分驱动网络社交软件的推送功能。民族地区要加强和改进红色文化有关社交公众号的建设和运营工作，及时为用户提供有关该地红色文化的阅读信息和学习资源。就微博来说，重在信息推送的数量，民族地区要快速地捕捉社会热点，宽泛发布本土红色资讯，开展有奖知识问答、线索征集等活动。就微信公众号而言，重在信息推送的质量，民族地区有关微信公众号可以用图文并茂的形式，每日向公众推送一则红色小故事，或是回顾先烈的英雄事迹，或是介绍红色圣地等。同时，在民族地区各地的民族传统节日和重要纪念日，如民族团结宣传月、民族团结纪念日等，可因势利导加大各类网络社交平台对红色文化和民族文化的宣传力度，寻找民族地区与红色文化的共振点。

六、凭借互动体验场景盘活红色之旅

红色旅游是民族地区传播和发展红色文化的重要活动载体，通过红色旅游能够为人们展现更为直观的红色物质文化和精神文化。① 但由于开发起步晚、发展基础薄、资源整合困难等，民族地区红色旅游产业与发达地区相比仍存在较大差距。而 VR、AR、3D 全息技术孕育的互动体验式场景为民族地区发展红色旅游提供了新方向和新机遇。作为一种全新的全景交互式信息传播场域，互动体验场景能突破时空限制，打破民族地区传统红色旅游“看”“听”“走”的主要体验方式，更好地满足人们对于红色文化学习和消费的多样化需求，成为民族地区盘活红色之旅的变革性力量。

将互动体验场景应用到民族地区的红色旅游中，就是要依托 VR、AR、3D 全息技术的全方位感官立体化运用，打造沉浸式、可互动的观感体验，真实再现民族地区的红色革命场景，为用户提供体验式参观游览、革命历史知识学习、革命传统精神教育等服务。民族地区可以将具有较高价值的红色文化遗址遗迹打造为红色文化体验区，并投入互动体验设施建设。② 如贵州地区可搭建红军路途体验馆，以虚拟与现实、动态与静态相结合的形式还原红军在贵州的伟大征程，让体验者身临其境地重走长征之路；云南地区可构建麻栗坡烈士陵园虚拟馆，为观众设计和开发网民在线留言、虚拟红色导游讲解、在线向英雄敬礼和献花等互动项目；广西地区可创建血战湘江主题游戏馆，让玩家在“枪林弹雨”中亲自参与一场革命武装斗争，使他们在虚拟场景中感受中国共产党的艰辛历程和革命先烈不畏牺牲的崇高革命精神和爱国主义信仰。需要注意的是，民族地区在借助互动体验场景时要避免建成酷炫技术堆积的“科技馆”、娱乐至上的“游戏厅”。③ 互动体验场景介入民族地区传统红色旅游的真谛，是为了让用户远程实时参观红色文化遗迹，同时使受众更真切地寻找红色文化足迹，更深刻地领悟红色文化精神，进而真正实现民族地区经济发展与文化繁荣的统一。

（该文载于《遵义师范学院学报》2021 年第 2 期。）

---

① 杨明珠．红色文化如何搭“数字中国”快车［J］人民论坛，2019（10）：130-131.

② 徐国红．利用遵义本土红色资源对青少年进行革命传统教育的思考［J］遵义师范学院学报，2017，19（6）：126-128.

③ 梁军．视觉重构让红色文化数字化传播鲜活起来［J］人民论坛，2019（21）：136-137.

新时代民族地区红色文化传承价值的四维探析

王敏① 汪勇

[摘 要] 民族地区红色文化是中国共产党领导团结各少数民族群众，在血雨腥风的革命战争年代，为实现人民解放与民族独立，进而推进中国社会发生根本性变革所创造的革命文化，是承载着共产主义崇高理想和中华民族伟大复兴不懈追求的先进文化，是红色文化的重要组成部分。在中国特色社会主义新时代，民族地区红色文化展现出巨大的时代价值，这表现在它既具有增进各少数民族的国家认同与民族团结的政治价值，又具有强化民族地区红色记忆与精神传承的文化价值，还具有创新民族地区社会治理与助推社会和谐的社会价值，也具有促进民族地区经济发展和脱贫攻坚的经济价值。新时代，我国少数民族地区应大力弘扬和传承本地区红色文化，让其传承价值闪耀伟大新时代。

[关键词] 新时代；民族地区红色文化；传承价值

党的十八大以来，习近平总书记先后多次到延安、井冈山等红色革命圣地参观考察，反复强调要让红色记忆代代相传，让红色精神放射出新的时代光芒。无数革命先烈留下的优良传统是永远激励我们前进的宝贵财富，任何时候都不能丢。② 他在党的十九大报告中又着力强调要继承革命文化，传承红色基因。2018 年，中共中央办公厅、国务院办公厅印发了《关于实施革命文物保护利用工程（2018—2022 年）的意见》。这一系列重要论述与重大决策都让红色文化的保护传承问题，尤其是民族地区红色文化的保护传承问题，成为新时代理论界和实务界重点关注的时代课题。所谓民族地区红色文化，

---

① 王敏，男，贵州师范大学博士生，衡阳师范学院马克思主义学院副教授。

② 习近平：不能失去红色旅游的底色［EB/OL］. 央视网，2016-07-23.

又称“少数民族红色文化”①，或“民族红色文化”②，是指中国共产党领导团结全国各少数民族群众，在革命战争年代开展伟大革命斗争所留存在广大少数民族地区的革命遗迹、遗址、遗物及其背后所蕴含的革命精神。由于新时代是决胜“两个百年目标”的关键时期，加快广大少数民族地区经济社会发展又是实现新时代目标的关键因素。因此，分布在我国广大少数民族地区的丰富的民族红色文化就凸显出了十分重大的时代价值。它既能在政治上不断提升和强化各少数民族的国家认同与民族团结意识，又能在文化发展上提供红色记忆与传承精神；它既能创新民族地区的社会治理、助推社会和谐，也能在经济上有效促进民族地区脱贫攻坚和经济可持续发展。在推进中国特色社会主义伟大事业、实现中华民族伟大复兴的征程上，我们必须将民族地区红色文化不断发扬光大，强有力地推进民族地区的全面发展。

一、增进民族地区国家认同和民族团结的政治价值

作为一种文化形态，包括民族地区红色文化在内的中国红色文化是中国共产党领导全国各族人民所共同创造的、政治性特征十分突出的先进文化。由于红色文化是在马克思主义指导下中华优秀传统文化土壤里生长出来的无产阶级革命文化，它不仅天然地继承了中华传统文化中的优秀基因，而且丰富和拓展了整个中华民族的文化体系和文化宝库。历史地看，中国共产党领导各族人民共同创造的红色文化本身就是各少数民族强烈的政治认同与国家认同的鲜明体现，也是各民族间共同交往和携手革命的友谊见证。在中国特色社会主义进入新时代的今天，发展不平衡不充分的问题，已经成为影响各少数民族群众对国家认同和民族团结的最大制约因素。高度重视、充分挖掘、弘扬传承民族地区红色文化，能极大地增进民族地区群众的国家认同与民族团结。

第一，能有效增进民族地区群众的国家认同。国家认同是指一个人确认自己属于哪个国家以及这个国家究竟是怎样的国家的心灵性活动，主要包括政治性国家认同与文化性国家认同。其中，政治性国家认同即政治认同，是最为核心也最为关键的认同内涵，包括对国家制度、政党制度、意识形态等的认同；文化性国家认同即文化认同，是基础性的认同内涵，包括对国家和

---

① 于春梅，季诗诗，李文睿，等．少数民族红色文化资源的保护和传承［J］．理论观察，2018（4）：111-113，177.

② 唐碧君．贵州红色文化传承现状及建设思路［J］．改革与开放，2017（20）：139-140.

民族的历史、文化传统的认同。习近平总书记也多次强调，要不断增强民族认同、文化认同和国家认同，要“不断增进各族群众对伟大祖国、中华民族、中华文化、中国共产党、中国特色社会主义的认同”①。在这方面，包括各少数民族群众在内的全体中华儿女共同创造了历史悠久、光辉灿烂的中华文化，特别是反映近代各民族团结奋斗、夺取革命成功的中国红色文化，是一种典型的“五个认同”教育的民族叙事，又是一种能有效增进各少数民族群众国家认同的文化资源。

第二，能极大增进民族团结。对于广大少数民族地区而言，散布其间的红色文化资源是中国共产党领导团结各族群众进行伟大斗争的历史见证。红军为贫苦老百姓打天下得到了少数民族同胞的理解与支持……各少数民族积极为红军筹粮、带路、抢救伤员、提供情报等，这种军民鱼水情深深锻造了独具特色的民族红色文化。换言之，中国共产党在广大少数民族地区，宣传了革命思想，撒播了红色火种，促进了民族团结，书写了英雄事迹。各族群众也纷纷参与红色文化的这一生发过程，所留存下来的人、事、物、魂等区域红色文化资源，成为各民族团结奋斗、和谐交往的时代叙事与历史见证，也因此成为铸造中华民族共同体意识的重要历史资源与价值资源。习近平总书记曾指出：“实现中国梦必须凝聚中国力量。这就是中国各族人民大团结的力量。”② 中国特色社会主义新时代，保护传承好民族地区红色文化，是开展民族团结进步教育的重要资源与载体，能极大地促进我国各民族像石榴籽一样紧紧地拥抱在一起，确保中华民族在团结奋进中凝聚起磅礴力量，铸牢中华民族共同体意识，为实现中华民族伟大复兴中国梦提供强大主体力量。

二、强化民族地区红色记忆和精神传承的文化价值

红色文化作为一种特殊的文化现象和思想意识形态，是中国共产党在血与火的革命战争年代领导各族人民创建的革命文化，是中国共产党立足近代救亡图存使命的探索大潮，将马克思主义的革命种子，深植于中华优秀传统文化的肥厚土壤中，并广泛汲取了域外优秀文化养分而发芽生根、成长结出来的思想文化果实。从本质上说，民族地区红色文化之魂是马克思主义，民族地区红色文化之根是包括各少数民族自身特色文化在内的中华优秀传统文化。民族地区红色文化的脉络结构，构成了我国少数民族地区所特有的红色

① 习近平．习近平谈治国理政：第 4 卷［M］．北京：外文出版社，2022：263.
② 习近平．习近平谈治国理政：第 1 卷［M］．北京：外文出版社，2014：40.

文化记忆与精神特质。文化记忆是一个国家、民族和社会群体赖以生存的根脉。这种红色文化根脉是需要不断传承的，它既意味着一种记忆的强化，也是一种精神的传承。既是一种文化自信的底气，更是一种文化传承的责任。简而言之，红色文化的精神与根脉传承价值表现在以下两方面。

第一，红色文化已成为国人对马克思主义指引中国革命走向胜利的历史文化记忆与集体共识。在中国特色社会主义新时代的今天，全球化进程所带来的文化竞争与价值观较量态势的日趋激烈，错综复杂的国际政治局势与外部环境条件，国内不平衡不充分发展的社会现实，特别是我国少数民族地区发展相对滞后的现实境遇，让红色文化面临着被淡忘、消解和逐渐边缘化的社会记忆危机，这严重地影响和危及了马克思主义在意识形态领域中的指导地位。国际共产主义运动的实践经验和苏共亡党亡国的历史教训告诉我们："如果失去对思想意识形态历史源头的历史文化记忆，再宏伟的事业也会成为无源之水、无本之木，最终会前功尽弃，难逃失败之命运。"① 因此，不断弘扬和传承民族地区红色文化，对于强化新时代包括各少数民族在内的全体中华儿女的红色文化记忆与集体共识，无疑是有着十分重要的价值与意义的。

第二，深植于悠久灿烂中华文明的民族地区红色文化提供了文化自信的底气与精神传承的责任。世界几大文明古国都出现了大幅度的文明断层，甚至文明消逝。只有红色文化贯穿其中的中华文明，是世界上唯一没有中断的文明。其原因就在于各民族共同创造和传承至今的源远流长的中华民族精神和高度包容性与开放性的中华民族文化，以及在文化演进过程中所表现出来的高度自觉性与主动传承性，从而使得中华文化生生不息、连绵不绝。两千多年前，中华先民建立了统一的多民族国家，虽历经千百年的王朝国家政权更迭，但各民族的融合发展、共生共荣的历史传统却始终没有中断，各民族热爱和平、反对分裂的文化传统始终占主流地位。正如孙中山所指出的："中国是一个统一的国家，这一点已牢牢地印在我国的历史意识之中，正是这种意识才使我们能作为一个国家而被保存下来。"② 所以，民族团结和国家统一就是民族地区红色文化的根脉，只有留住了民族地区红色文化的根脉，才能够守住国家之魂与民族之魂。

---

① 胡继东．论红色文化的社会记忆建构：基于符号学的视角［J］．广西社会科学，2018（2）：179-183.

② 孙中山．孙中山全集：第六卷［M］．北京：中华书局，1985：528-529.

三、创新民族地区社会治理与助推和谐的社会价值

党的十九大报告提出，要“建设平安中国，加强和创新社会治理，维护社会和谐稳定，确保国家长治久安、人民安居乐业”①。我国少数民族地区的平安和谐与安定有序，是新时代平安中国建设与社会治理创新的基本要求与内在意涵，保护和传承好民族地区红色文化是推进民族地区社会治理创新与平安和谐稳定的重要举措。换言之，民族地区红色文化具有推进民族地区社会治理与和谐稳定的社会价值，即以红色文化促共同发展，以共同发展促社会和谐，以社会和谐促社会善治。

一是有利于整合民族地区的价值分歧并提供了社会治理创新的价值动力。民族地区红色文化是各少数民族在中国共产党领导下救亡图存的时代潮流中所形成的政治文化和民族文化。民族地区红色文化资源及其蕴含的红色精神，蕴含着丰富的人生智慧与伦理道德，如忠诚爱国、家和业兴、讲信修睦、重情崇义、艰苦朴素的社会公平和公正观念等，让民族地区红色文化资源具有强大的价值生命力和社会整合功能，对协调人们之间的矛盾冲突与利益分配、重构社会价值体系、修复失范的社会秩序等都起着十分重要的作用，也是重构新时代和谐民族关系与区域社会善治的原动力，对维护少数民族地区和谐平安及区域安全稳定都有着巨大作用。

二是有利于引领民族地区的时代主流和社会风尚。民族地区红色文化蕴含着爱国主义、集体主义、社会主义与共产主义的因素，以及无私奉献、艰苦奋斗、自强不息、群众观念、为人民服务等核心理想信念，这些崇高的革命理想主义和革命乐观主义是形塑中国各族人民群众世界观、人生观和价值观的重要工具，是引领革命战争年代各种社会思潮的精神武器，也是引领中国革命胜利和各族人民翻身做国家主人的行动向导。在文化多元化新时代的今天，民族地区红色文化仍然是引领时代前进的主流文化，是激励人们坚定共产主义理想和信念的动力与源泉，对于丰富人们的精神世界、传播正能量、弘扬主旋律、引领社会风尚等方面都起着基础性和决定性的作用。因此，以民族地区红色文化为依托，加强对民族地区人民群众的思想道德教育和社会主义核心价值体系建设，可以更好地发挥民族地区红色文化在引领时代主流和社会新风尚等方面的导向作用。

---

① 习近平．决胜全面建成小康社会　夺取新时代中国特色社会主义伟大胜利：在中国共产党第十九次全国代表大会上的报告［M］．北京：人民出版社，2017：23.

三是有利于发挥促进民族地区社会和谐稳定的导向与黏合作用。"一个没有共同信仰的社会，就根本无法存在……要为了使社会成立，尤其是为了使社会欣欣向荣，就必须用某种主要的思想把全体公民的精神经常集中起来。"① 民族地区红色文化如同导航仪与黏合剂，不仅指引着民族地区社会发展的基本方向，又黏合着民族地区社会发展的历史合力。在社会思想观念多样、价值取向多元的新时代，尤其需要发挥民族红色文化这个共有精神支柱和共同理想信念在区域社会治理中的导向与黏合功能，只有坚持在一体多元、求同存异、尊重差异、包容多样的前提下继承和弘扬共同的理想信念，才能形成昂扬向上的精神面貌与和睦团结的精神纽带，才能提升各少数民族群众的认同感、获得感、幸福感与社会凝聚力，进而推动我国少数民族地区社会和谐稳定与安定有序的实现。

四、促进民族地区经济发展和脱贫攻坚的经济价值

新时代，我国社会主要矛盾已经转化为人民日益增长的美好生活需要和不平衡不充分的发展之间的矛盾，我国广大少数民族地区面临如何加快区域经济发展与决胜脱贫攻坚的重大难题与时代课题。分布在广大少数民族地区的丰富红色文化资源，不仅是一种思想文化资源，而且是社会主义市场经济条件下一种重要的经济资源，还是满足人民日益增长的美好生活需要并促进社会均衡充分发展的一种有效手段，是富含经济效益与社会效益的"文化富矿"。正所谓物质矿产资源越挖越少，而"文化矿产"资源却越挖越厚。民族地区红色文化这座"文化富矿"所具有的发展区域经济和决胜脱贫攻坚的经济价值是十分巨大的。

一方面，民族地区红色文化资源为当地的经济社会发展提供了精神动力和意识形态保障。首先，民族地区红色文化能为地区经济发展提供精神动力。恩格斯指出："就单个人来说，他的行动的一切动力，都一定要通过他的头脑，一定要转变为他的意志的动机，才能使他行动起来。"② 所以，民族地区红色文化资源所蕴含的先进意识可以促使当地人用艰苦奋斗、自力更生、勇攀高峰的精神来激发和调动其积极性、主动性和创造性，以促进民族地区社会生产力的发展，促使当地人民用永不放弃、勤奋进取、勇于创新的精神来

① 托克维尔．论美国的民主［M］．董果良，译．北京：商务印书馆，1988：541.

② 中共中央马克思恩格斯列宁斯大林著作编译局．马克思恩格斯文集：第4卷［M］．北京：人民出版社，2009：306.

提高劳动生产技术与劳动生产率以提高社会生产力发展的速度与水平等。其次，民族地区红色文化资源因其具有鲜明的意识形态属性，倡导用马克思主义科学的世界观和方法论指导人们的实践活动，特别是它所蕴含的以爱国主义为核心的民族精神，以敢于革命斗争为重点的拼搏精神等，为民族地区的经济社会发展提供了意识形态保障与行动指南。

另一方面，民族地区红色文化资源是现代国民经济结构中重要的文化产业资源和旅游资源。第一，红色文化具有良好的知名度和品牌效应，欠发达民族地区所遗留下来的丰富多彩的民族红色文化资源，既是宝贵的精神财富，也是发展红色旅游和红色文化产业的重要资源。第二，由于民族地区大多处于欠发达的边远山区，那里山清水秀、生态优美、风景宜人，这本身也是民族地区所独有的绿色资源与生态优势，是能直接转化为经济资源和经济优势的。用习近平总书记的话说，“绿水青山就是金山银山”①。第三，民族地区本身也具有丰富多彩的少数民族特色文化，如节庆文化、服饰文化、饮食文化、歌舞文化等，这种“人无我有”的民族特色文化也是一种重要的文化资源和经济优势。因此，对于民族地区而言，可以采用以红色为主的、“绿配红”与“特配红”相结合的发展思路，将红色文化、绿色生态文化和民族特色文化等结合起来，走“红色文化+”的产业发展路子，寓思想教育于文化娱乐和观光游览中，既有利于传播中国共产党和中国特色社会主义先进文化，又有利于把红色资源转变为经济资源，从而推动民族地区的经济发展，帮助各少数民族脱贫致富、共赴小康。事实上，新时代人民美好生活需要的重要内容就是美好精神文化需要，就是绿色生态需要和旅游休闲需要。民族地区红色文化资源正是满足新时代人民美好生活需要的重要途径，是深入开展脱贫攻坚、保证全体人民在共建共享发展中有更多获得感的重要手段。

用习近平总书记的话说：“我们的事业方方面面，千万不能漠视少数民族事业这一重要方面。这是一个原则，基于这个原则，我们有必要深刻地思考关于促进少数民族共同繁荣、富裕的几个问题，我们的出发点和归宿是要巩固民族大团结的基础。”② 因此，在中国特色社会主义进入新时代的今天，在全国各族人民共同奋战全面建成小康社会的今天，我们必须高度重视和认真对待我国的民族工作和民族问题。新时代我国民族工作与民族问题也理应从

① 绿水青山就是金山银山：关于大力推进生态文明建设［EB/OL］. 中国共产党新闻网，2016-05-09.

② 习近平 . 摆脱贫困［M］. 福州：福建人民出版社，1992：115.

文化尤其是从民族地区红色文化这个角度来思考，从民族地区红色文化这个角度切入我国民族工作与民族问题的核心视域，科学挖掘散布于我国各民族地区红色文化的新时代保护传承价值。毕竟，民族地区红色文化既能极大地增进少数民族的政治认同与民族团结，又能助力传承民族地区的红色基因与红色记忆，既能不断推进民族地区的社会和谐与安定有序，又能促进民族地区经济发展与脱贫攻坚。因此要大力保护传承和弘扬民族地区红色文化，让民族地区红色文化辉映伟大新时代。

（本文系贵州省文化单列重大课题（18GZZB21）研究成果、贵州师范大学研究生创新基金课题“贵州长征文化资源的整理与传承研究”（YC（2018）032)、贵州省教育厅高校人文社科研究基金硕士点项目“贵州高校红色文化资源育人研究”（2019SSD014）的阶段性成果，载于《观察与思考》2020 年第 6 期。)

红医精神的研究现状与走向

柴颖[①] 汪勇

[摘 要] 当下，对“红医精神”的研究尚处于起步阶段，虽然形成了一些理论和实践的成果，为“红医精神”的深入研究提供了较好的支撑，但是与实际需求相比仍存在一些不足，需要再继续深化和拓展。为此，要注意对“红医精神”进行历史性的梳理和科学性的研究，在追溯形成“红医精神”的历史轨迹的同时要把握“红医精神”与“红色精神”“革命精神”和“马克思主义人道主义精神”之间的关系，以此厘清“红医精神”的实质。

[关键词] 红医精神；研究；综述

近年随着红色文化研究的不断深入，学界开启了对红色医生的关注和研究，尤其是对“红医精神”的内涵与价值的研究初显成效。从研究意义上来说，对“红医精神”的关注有利于红色文化的传承与发展。这不仅延展了红色文化的研究深度，拓宽了红色文化资源的研究广度，增强了对“红色精神”的研究厚度，而且能够为所有医务工作者、医学院校的教师提供最直接、最有效、最具感染力的思想政治教育资源。但目前学界对“红医精神”的研究仍处于起步阶段，研究成果不充足的同时甚至对“红医精神”概念的研究都尚未达成共识，这极大影响了“红医精神”的深入研究。因此，梳理“红医精神”的研究现状，对进一步加强“红医精神”的理论研究和实践探索具有十分重要的意义。

① 柴颖，女，讲师，贵州师范大学马克思主义学院，博士研究生。

一、“红医精神”研究的主要内容

（一）有关“红医精神”的记载

对于“红医精神”的记载始于革命战争时期对“红色医生”“军队医生”的记述，散见于红军医学教育史、红军卫生工作史、军事医学史以及革命卫生工作回忆录中。毛泽东于1931年首次提出培养“政治坚定，技术优良的红色医生”的办学目标。1932年朱德在红军卫生学校的开学典礼中提到红色医生“要满怀阶级感情，要有艰苦奋斗、舍己救人、救死扶伤的工作精神，同时还必须具备科学知识和精湛的医疗技术”①。1987年出版的《中国工农红军卫生工作历史简编》记录了红军从南昌起义开始到抗日战争期间，作为红军中的一股特殊力量的红色医生为保障革命取得胜利的奋斗历程。1994年出版的《中国解放区医学教育史》详细记载了红色医生从无到有再到为革命事业做出巨大贡献的历史过程。2001年出版的《中国人民解放军医学教育史》不仅完整梳理了中国共产党在土地革命时期、抗日战争时期、解放战争时期培养医学生的历史，而且在丰富的史料中再现了政治坚定、技术优良、救死扶伤的“红医精神”的实质。另外，在一些对红色医生的回忆录中如《红色医生傅连暲》《军队医疗事业的奠基人贺诚》《贺诚与红色卫生学校》也体现了当年红色医生为革命事业抛头颅洒热血的革命热情以及舍己救人、无私奉献的革命人道主义精神。

（二）有关“红医精神”的概念界定

孙海涛认为，“红医精神是在中国共产党领导中国革命的伟大实践历史中形成的，是党的先进文化的重要组成部分，是党的性质、宗旨及优良作风的生动体现”②。王锋旗等认为，“红医精神形成于革命战争时期，蕴含着中华民族精神的内涵与特质，伴随着中华民族前进的脚步，又被赋予了中国革命、建设与改革新的时代内涵……表现为生命至上、一心救护的人本精神，坚定信仰、舍生忘死的献身精神，自力更生、博极医源的探索精神，博采众长、兼收并蓄的包容精神”③。郑宏颖认为，“红医精神是具有中国特色的红色医

---

① 赣南医学院苏区卫生研究中心．中央苏区医学教育资料汇编［C］．北京：解放军出版社，2015：69.

② 孙海涛．红医精神文化传承与高校党风廉洁常态化建设：以中国医科大学为例［J］．世纪桥，2017（4）：73-75.

③ 王锋旗，万永勇，汪行舟．红医精神立德树人的实践之路［J］．江西教育，2018（22）：17-19.

疗精神。它是基于马克思主义理论，并在中国革命与建设的医疗卫生实践中发展、成熟的产物，是马克思主义与中国国情相结合的结晶。在中国革命时期，红医精神对革命事业的成功进行起到了重要的医疗辅助作用。同时，红医精神的产生、发展和成熟也是与中国革命历程交织在一起的，它在医疗领域中体现着中国革命精神的深刻内涵”①。汪行舟认为，“‘红医精神’是苏区时期中国共产党领导广大军民在医疗卫生实践中形成的，为广大红色医务工作者认同的价值取向、道德规范和精神气质，是苏区精神在医疗卫生战线的具体体现，也是无数红色医务人员在革命战争中用生命铸就的医魂”②。

（三）有关“红医精神”主要内容的把握

黄惠运认为，在救死扶伤的革命斗争中，培育形成了“救死疗伤，卫生防疫，革命人道，军民融合”为主要内涵的“红医精神”。③ 赣南医学院的一些学者们认为，“‘红医精神’主要内涵有：生命至上、一心救护的人本精神，坚定信仰、舍生忘死的献身精神，自力更生、博极医源的探索精神，博采众长、兼收并蓄的包容精神”④。

（四）有关“红医精神”当代价值的认识

黄娜娜等从文化、社会、教育三方面论述了红医精神在医学生教育过程中的时代价值。⑤ 还有一些学者认为，红医精神形成于革命战争时期，蕴含着中华民族精神的内涵与特质，伴随着中华民族前进的脚步，又被赋予了中国革命、建设与改革新的时代内涵。

（五）有关医学生“红医精神”培育的研究

赣南医学院从 2017 年开始，通过激活红色基因并将其融入对医学生培养的全过程，形成了以“听”“说”“讲”“做”为四字攻略的医学生思想政治教育的新路子。王锋旗、万永勇认为，通过凝练红医精神内涵形成内化于心、外化于行的育人模式。2019 年 5 月于中国医科大学召开的“红医精神教育联盟”大会上明确提出要将“红医精神”融入高校思想政治教育中，不断创新思想政治工作的理念思路、内容形式、方法手段，积极探索以“红医精神”

---

① 郑宏颖．论中国革命时期的红医精神［J］．文化创新比较研究，2019，3（15）：12-15.

② 汪行舟．四字攻略激活红医精神［J］．江西教育，2017（Z2）：52.

③ 黄惠运．井冈山时期的红军医疗卫生事业［J］．求索，2019（2）：173-181.

④ 弘扬“红医精神”创新思政教育：赣南医学院“红医精神”育人的探索与实践［J］．学校党建与思想教育，2017（9）：97.

⑤ 黄娜娜，王未强．浅析红医精神在医学生教育中的时代价值［J］．成都中医药大学学报（教育科学版），2017，19（3）：15-18.

为主题的理论与实践相结合的思想政治工作新模式，大力提升高校人文素养，为社会培养和输送更多中国好医生的育人目标。

二、对“红医精神”研究现状的分析评价

以上研究无论在历史梳理还是在育人模式探索上都取得了一定的成效，这都是“红医精神”进一步研究的理论支撑。但与“红医精神”本身所蕴含的思想和精神实质相比，仍有很多方面需要继续深挖。特别是对“红医精神”的概念、内涵、价值、意义等还需进一步确定，增强“红医精神”的相关理论积淀。目前，就“红医精神”的理论研究存在以下三方面的不足。

（一）内容指向不明确

任何事物的发生、发展都依托于特定的历史环境和历史条件，所以“红医精神”的发生和发展同样也是在特定的历史环境和条件中形成的。要科学地研究“红医精神”就必须准确地标注出“红医精神”发生的时间坐标，这样才能使“红医精神”的研究具有科学的实证性和历史的准确性。目前，就研究的内容来看具有以下三个不明确。

第一，内涵与外延的研究存在扩大的倾向。一些学者并没有对“红医精神”发生的时间进行明确判定，笼统地认为红医精神形成于中国革命的实践中。这样的界定使得“红医精神”的概念不具科学性，失去了“红医精神”在红色文化研究领域中的特殊性。

第二，主要内容的不确定性。郑宏颖认为“红医精神”体现着革命精神；黄娜娜、王未强认为“红医精神”体现为长征精神；赣南医学院的一些学者们认为“红医精神”内含着人本精神、献身精神、探索精神和包容精神；黄惠运认为“红医精神”的内涵是“救死疗伤，卫生防疫，革命人道，军民融合”。

第三，时间上限的不一致。郑宏颖认为，“红医精神”是新民主主义革命时期的产物，即时间上限为新民主主义革命时期；孙海涛、王锋旗认为，“红医精神”形成于革命战争时期；汪行舟认为，“红医精神”是在苏区时期的医疗卫生实践中形成的；黄娜娜、王未强认为，“红医精神”是长征精神的重要组成部分，即“红医精神”始于红军长征时期。

（二）学理支撑尚不充足

“红医精神”的发生、发展寓于中国共产党人为夺取革命事业的伟大胜利的过程中，其具有丰富的精神实质和思想意蕴，对其进行多视角和多层次研

究的同时还需要运用多学科融合的方法进行理论研究。从现有成果来看，其学理性的支撑上存在以下三方面的不足。

第一，中共党史的支撑不足。红色医生为中国共产党夺取革命的伟大胜利做出了重大贡献。“红医精神”作为红色医生在战场上表现出来的革命斗争精神和救死扶伤的人道主义精神的总和，对其研究必须有中共党史作为理论和史料的支撑。只有这样，才能够把握住“红医精神”研究的方向性。但就目前的研究成果来看，大多是就红色医生的培养、红军卫生工作来谈“红医精神”的，少有学理性的深入思考。对“红医精神”的研究，一旦离开中共党史的理论指导，不仅会犯历史性、常识性的错误，而且还会造成难以拿出令人信服的理论研究成果的境遇。因此，要增加“红医精神”理论研究的学术含量，必须从中共党史出发，通过厘清“红医精神”发生、发展的脉络，才能对这一问题有更深入的思考和研究。

第二，思想政治教育理论的支撑不足。“红医精神”是一种优质的思想政治教育资源。2019 年 5 月于中国医科大学召开的“红医精神教育联盟”大会上，明确提出要将“红医精神”融入高校思想政治教育中的工作目标，要不断创新思想政治工作的理念思路、内容形式、方法手段。对“红医精神”的研究，尤其是其当代价值的发挥必须有思想政治教育理论作为支撑。只有这样，才能使“红医精神”的研究具有时代性、亲和力。但就目前研究成果来看，并没有对“红医精神”融入思想政治教育，诸如“谁来融入”“融入什么”“怎么融入”等问题进行思想政治教育的学理性思考。如果缺乏思想政治教育的学理性思考和理论性支撑，很难实现“红医精神”这一红色文化资源在当代的转化、运用。

第三，医学人文教育理论的支撑不足。说到底，“红医精神”还是一种医学人文教育资源。“红医精神教育联盟”大会上提出要“通过大力提升高校人文素养，为社会培养和输送更多中国好医生”的教育目标。然而当前，我国医患关系依然紧张、“物化”的医疗关系依然存在，“红医精神”能够对医学生的培养过程起到良好的导向作用，从而促进该项育人目标的实现。为此，必须有医学人文教育理论作支撑，将“红医精神”植入医学生的人文教育环节中。只有这样，才能使“红医精神”的研究具有实效性。但就目前的研究成果来看，很多研究成果都谈及“红医精神”具有重要的教育意义，尚无从医学人文教育理论的角度来予以学理性的探讨和研究。

（三）研究视域不够开阔

“红医精神”的研究目的就是要运用好这一文化资源，为国家培养和输送一批又一批为祖国奉献、为社会服务的“中国好医生”。因此，对“红医精神”的研究必须站在医学人才的培养角度去认识、研究、深化、发展。目前的研究成果集中体现了以下三个缺乏。

第一，缺乏历史的厚重。“红医精神”的研究不应该只局限于红色医生的教育史和红军的卫生工作史，还应该结合中华优秀传统文化中对医生的培养教育史、中国共产党带领全国各族人民夺取革命胜利的奋斗史以及国际人道主义的救援史。研究的视角应该从红色医生的培养出发，逐步到历史性的纵向扩展和借鉴性的横向延伸来进行。但现有对红色医生的记述依然散落在一些党史资料中，还没有形成对“红医精神”专题性的梳理，使得研究缺乏多维度的历史感且程度较浅显。

第二，缺乏大局的视野。党的十九大召开之后，我国的社会主要矛盾已转化为人民日益增长的美好生活需要和不平衡不充分的发展之间的矛盾。人民在政治、经济、文化各方面的需要均有明显改变。用一种什么样的精神面貌或价值取向让广大医务工作者和医学生面对这种变化？这是对“红医精神”进行研究的根本所在。为此，对“红医精神”的研究必须站在社会主义矛盾已经转变的大背景下去研究、深化、光大。尽管现有的一些研究成果论及了“红医精神”的教育重要性和时代价值，但仍然缺乏寓于时代背景的相关研究。

第三，缺乏战略思维。目前，我国医生总人数已达到450万人次。对医生的职业道德的持续性和医学生人文精神的培育是一个关乎如何培养医学人才系统性、全局性问题。需要系统地、具体地规划；理顺全局与局部、重点与一般、当前与长远的关系；统筹规划，促进全局的发展。因此，对“红医精神”的研究需要在“为谁培养，培养什么样的人（医生），怎么培养”的前提下运用战略思维来立足当下并把握未来。

三、“红医精神”的研究需要厘清两个问题

“红医精神”研究的目的主要是要保护好和利用好这一红色文化资源，从而形成对红医文化的系统性研究。还原“红医精神”的面貌、厘清历史背景，是研究“红医精神”乃至红医文化的起点。因此，要科学梳理“红医精神”的发展脉络，才能准确地把握“红医精神”的当代价值。

（一）要追溯“红医精神”的历史轨迹

1919年五四运动的兴起，开启了中国反帝反封建的新民主主义革命道路。

1921 年诞生于嘉兴湖畔的中国共产党，成了中国新民主主义革命洪流中的一股坚强力量。鉴于当时中国共产党的力量较薄弱，加之国共两党的领导人有较强的合作意愿，1924 年在国民党第一次全国代表大会上形成了“联俄、联共、扶助农工”的革命政策，使得国共合作得以正式形成。但由于国民党内部派别错综复杂的关系加之国民党右派分子提出国民党内“不宜党中有党”的政治倾向，使得蒋介石在担任国民党领导之后提出了“军事北伐，政治南伐”的策略，于 1927 年公开发起了“四一二”反革命政变。面对国民党反共浪潮的席卷，中国共产党人不惧危难，于同年的 8 月 1 日发起的南昌起义中打响了武装反抗国民党反动派的第一枪。自此，中国共产党开启了独立领导武装斗争、创建革命军队的艰难之旅。

南昌起义后，起义部队撤离南昌，南下潮汕。由于天气炎热，加之行军疲劳，使得起义部队伤病人数增加。当时部队中没有健全的救护组织，仅有几名技术水平不高的医官和看护，致使伤病员没有得到及时救治。直到部队到达汀州后，在傅连暲任院长的福音医院内得到妥善救治。在 1927 年 9 月发起的芦溪战斗中，为避免疟疾的传染，特意将伤病员和战士们分开，组建了卫生队专门治疗伤病员。10 月红军抵达茅坪，在攀龙书院旧址以工农革命军第一师第一团卫生队的部分人力物力为基础成立了红军的第一个医院——茅坪医院。1928 年 4 月，南昌起义和秋收起义的部队在井冈山顺利会师以后，“毛泽东对卫生工作非常重视，不仅将卫生工作看成巩固部队战斗力的重要方面，而且还把建设较好的红军医院作为巩固军事根据地的三项措施之一，从而使卫生工作完全脱离了单纯治疗的技术范围，使它和军事、政治斗争结合起来，并为军事、政治任务服务”①。但随着敌军入侵革命根据地，不仅使军队实力受到打击，而且存在医务人员和医药物资缺乏的现象，伤病兵人数增加。1929 年 12 月，在古田会议上总结了自南昌起义以来军队建设过程中的若干经验，为军队卫生工作的顺利开展确定了指导思想。会议决议中讨论了“全军军事政治机关对伤病兵重视不充分”问题，将“优待伤病兵问题”作为决议中的重要内容，并把卫生问题列为士兵政治训练的 19 项内容之一。在古田会议决议的指导下进一步明确了人民军队卫生工作的性质，加强了党对卫生部门的领导，摆正了卫生工作的方向，健全了各级卫生组织机构，使人力、物力不断得到充实和加强。

在《革命卫生回忆录》中，记载了贺诚初到苏区时的一段回忆：在毛主

① 高恩显．中国工农红军卫生工作历史简编［M］．北京：人民军医出版社，1987：6-7.

席的指挥下，前线战斗节节胜利，红军队伍日益壮大，我们医务人员的数量、水平和卫生工作的现状远远不能满足形势的发展和作战的需要。尽管从白军中俘虏过来的一些医生经过教育、改造后扩充了我们的队伍，但人数极其有限，看来这种办法还不是解决问题的长远之计。我们曾经打算办医务学校，培训我们自己的医护人员。毛主席肯定了我们这个建议。”1931 年 9 月，红军取得第三次反“围剿”胜利后，毛泽东在战地对贺诚强调，对“白色医生”要加强政治教育，以实现白色医生由“白”变“红”。1932 年 2 月，中国工农红军军医学校正式成立，贺诚任校长。朱德在开学典礼上对学校全体学员作了《怎样做一个红色医生》的报告，报告中提出：“医疗卫生战线是我们进行革命战争的一条重要战线。军政方面，我们仍有工农红军学校，我们还必须建立各种专业技术学校，要有军医学校，培养我们自己的红色军医。同志们是从各军团派来这里学习的，要十分珍惜这个机会。我们的红色军医应该具有坚定的政治立场，对人民、对伤病员要满怀阶级感情，要有艰苦奋斗、舍己救人、救死扶伤的工作精神，同时还必须具备科学知识和精湛的医疗技术。”最后，贺诚校长宣布了根据毛泽东同志的指示而制定的“培养政治坚定、技术优良的红色医生”的办学方针。1932 年 4 月，成立了中央红色医务学校，原福音医院院长傅连暲担任校长。1933 年 3 月，中国工农红军军医学校更名为中国工农红军卫生学校，并于同年 10 月与中央红色医务学校合并。中国工农红军卫生学校是中央苏区最重要的一所医务学校，是无产阶级医务学校办学方向的一面旗帜，培养了一批又一批政治坚定、技术优良的医务人员到中央苏区的各个战场上。“意义更深远的是中国工农红军卫生学校还是我军无产阶级医务学校大规模发展的奠基石和摇篮，后来以她为基础，中国医科大学等一大批高中等医学院校如雨后春笋，随着一个个解放区的建立，一个个崛起在中华大地上。”①

通过对历史的梳理，不难发现，“红医精神”形成于中央苏区时期，表现为红色医生为革命事业的付出和牺牲。由于在古田会议上军队卫生问题受到重视，使得对红色医生的培养成为党的工作的重要内容。随着中国工农红军军医学校 1932 年在江西兴国正式成立，该校“培养政治坚定，技术优良的红色医生”的办学方针成了培养“红色医生”的发端。朱德在开学典礼中提到红色医生“要满怀阶级感情，要有艰苦奋斗、舍己救人的工作精神，同时还

① 张兴荣，杨亮明，邹嘉明，等．中央苏区几所主要医护学校史略［J］．江西教育科研，1987（6）：58-65.

必须具备科学知识和精湛的医疗技术”① 是对“红医精神”内涵最好的诠释。

（二）要科学区分和正确处理“红医精神”的“源”与“流”的关系

第一，“源”要解决的是“红医精神”的包含问题，也即是要分清“红色精神”与“红医精神”之间普遍与特殊的关系。

“红医精神”是中国共产党带领我国医药卫生工作者在革命中进行卫生实践的历史写照，这一精神发起于中央苏区时期，并延续至长征时期、抗日战争时期和解放战争时期。它体现了红色医生“一切为了革命事业”的大局观念、“一切听从党的指挥”的政治立场、“一切为了伤病员”的工作态度。究其实质，“红医精神”的“源”在于为革命事业不懈奋斗的“红色精神”，即“红色精神”是“红医精神”的一种普遍表达形式，“红医精神”是“红色精神”的一种特殊形式。

红色精神“是中国共产党及其领导的革命队伍在革命、建设和改革开放事业中所形成的伟大革命精神、建设精神和改革精神的总称”②。“红色精神是一种思想体系，贯穿着共产党人对社会发展问题的理性思考。如‘实事求是’的思想路线，‘理论联系实际’的思想作风，‘一切经过试验’的思想方法；‘从群众中来，到群众中去’的工作方法，‘独立自主、自力更生’的政治立场；‘古为今用，洋为中用’的文化态度，‘摸着石头过河’的创新精神；‘集中力量办大事’的战略思想，‘协同创新’的关系思维；‘一方有难，八方支援’的全局观念；等等。”③ 以上所述红色精神的表现，都在“红医精神”中有所体现：一方面，在培养红色医生的卫生学校中，不仅教授学生书本里的知识，还注重临床实践技能的培养。在中国工农红军军医学校中开设了政治、拉丁语、生理学、解剖学、内外科学等十几门课程，并设有临床实习基地专供学员们实践学习。另外，在校的学员们除了要学习医务知识，还要学习军事知识，以便更好地在战地中进行救援和医务工作。这体现了中国共产党人在培养红色医生过程中重视“理论联系实际”的思想作风、“一切经过试验”的思想方法，同时也使得红色医生将这一思想作风贯穿于实际工作当中，形成了“理论联系实际”的工作作风。另一方面，1934 年 1 月，总卫生部根据军委关于“用全力看护伤病兵，争取伤病兵迅速归队”的指示，向全军卫生部门提出了“一切为了伤病员”的口号。这一口号的提出，得到广

---

① 郭秀芝，阎红，宋继光．朱德与中国医科大学［N］．健康报，2011-06-24（6）．

② 黄遵斌．论红色精神与中国梦的内在逻辑［J］．求实，2014（3）：89-92.

③ 丁德科，王昌民．红色精神百年史述论［J］．渭南师范学院学报，2016（10）：8.

大卫生人员的热烈响应和拥护，在救治伤病员的过程中充分发扬舍己救人的无私精神，体现了红色精神中“从群众中来，到群众中去”的工作方法。此外，由于国民党的疯狂“围剿”和战争防线的封锁，从白区购买的医药物资无法送至苏区革命根据地。为此，1931 年“贺诚筹建了红军第一个卫生材料厂，生产出了大量医用棉花、绷带、酒精和一般外科器械、西药、中药”①。这便体现了红色精神中“独立自主，自力更生”的政治立场。最后，在对伤病员的救治过程中，并不只使用西医技术来进行诊疗，尤其是在药品十分匮乏的情况下，大部分是依靠中草药来解决医治问题，这体现了红色精神中“古为今用，洋为中用”的文化态度。此外，贺诚创造性地改良了剂型的中药，如把粉针剂改为片剂，在军中大受欢迎的事例也体现了红色精神中“协同创新”的关系思维。

第二，“流”要解决的是“红医精神”的并列问题，即是要分清“革命精神”“马克思主义人道主义精神”与“红医精神”之间一般与特殊的关系。

一方面，从“红医精神”的发生背景来看，其与革命精神融为一体。“红医”作为一个偏正结构的词组，“红”是“医”的修饰语，该词的独特性便在于“红”。红色，在中国传统的五行色彩学中对应为“火”，生动再现了红色在色彩学中独具的强烈的情感张力。在《中国的红色政权为什么能够存在?》《井冈山的斗争》《星星之火，可以燎原》等文章中，毛泽东把帝国主义及国内买办势力统治的区域称为“白色区域”，把代表各买办势力的地方政权称为“白色政权”，而把共产党领导的区域称为“红色区域”，把红色区域内的工农武装政权称为“红色政权”。因此，红色意味着革命，象征着中国共产党以及中国共产党领导的革命事业。单从词性分析的角度便可直观地将“红医精神”与革命精神具有较大程度的相关性。

革命，用暴力夺取政权，摧毁旧的腐朽的社会制度，建立新的进步的社会制度，是一个推动社会向前发展的过程。革命精神，是中国人民在中国共产党的领导下在革命斗争中所有可歌可泣的精神风貌的总和。红色医生们与全军战士们一样，浴血奋战在一个个枪林弹雨的战场上，精心医治所有伤病员。“红医精神”与“革命精神”同样表现为一种英雄主义精神；自力更生、艰苦创业的精神；坚韧不拔、顽强奋斗的大无畏精神；全心全意为人民服务的精神；为人民鞠躬尽瘁、死而后已的精神；英勇顽强、无私奉献的精神；为振兴中华顽强拼搏的精神。此外，从“红医精神”的发端来看，同样也展

① 王龙．军队医疗事业的奠基人贺诚［J］．炎黄春秋，2007（4）：26-34.

现出一种“在革命根据地的创建和发展中，在建立红色政权、探索革命道路的实践中，无数革命先辈用鲜血和生命铸就了以坚定信念、求真务实、一心为民、清正廉洁、艰苦奋斗、争创一流、无私奉献等为主要内涵”① 的革命精神。

另一方面，从“红医精神”的内容来看，其体现为一种马克思主义人道主义精神。中国共产党作为马克思主义政党，吸收了马克思主义的人道主义思想精髓。人道主义虽然是文艺复兴时期涌现出来的资产阶级强调人的自我价值的思潮，但在马克思看来只有共产主义才能使人性走向真正的复归。与资产阶级的人道主义精神不同的是，马克思主义人道主义思想有两层含义，一层是作为世界观、历史观的人道主义，另一层是作为伦理原则和道德规范的人道主义。

首先，从作为世界观、历史观的马克思主义人道主义来看，只有共产主义才能走向人的复归。也只有共产主义才能实现真正的人道主义，那是一个以扬弃私有财产为中介的人道主义：“正像无神论作为神的扬弃，就是理论的人道主义的生成，而共产主义作为私有财产的扬弃，就是要求归还真正的人的生命即人的财产，就是实践的人道主义的生成一样；或者说，无神论是以扬弃宗教作为自己的中介的人道主义，共产主义则是以扬弃私有财产作为自己的中介的人道主义。只有通过扬弃这种中介——但这种中介是一个必要的前提——积极地从自身开始的即积极的人道主义才能产生。”② 因此，马克思主义的人道主义，以广大无产阶级的被剥削和被压迫为起点，以消除人们的苦难为终点，从真实的人性出发来探索未来现实生活和社会制度的建构。在对红色医生的培养过程中，他们通过学习政治理论知识，逐渐了解了什么是社会主义、什么是共产主义，他们和所有的红军战士一样，为革命事业的顺利进行抛头颅洒热血，为建立没有剥削、没有压迫的共产主义社会而奋斗。

其次，从作为伦理原则和道德规范的人道主义来看，中国共产党在当时实行了社会主义的人道主义（革命人道主义）。正所谓“医者仁心苏万物，悬壶济世救众生”，毛泽东非常重视医学生的培养。1941 年中国医科大学第一期毕业生毕业前，毛泽东将“救死扶伤、实行革命的人道主义”的亲笔题词赠予学生。这种人道主义的精神既是毛泽东对所有医学生工作和学习的要求，

---

① 习近平．习近平在纪念中央革命根据地创建暨中华苏维埃共和国成立 80 周年座谈会上的讲话［N］. 人民日报，2011-11-05（3）.

② 赣南医学院苏区卫生研究中心．中央苏区医学教育资料汇编［M］. 北京：解放军出版社，2015：331.

更是表达了他对医学生未来事业的无限期许。同时也诠释着一种“救人活命”的医学人道主义，“医学的人道主义包括两方面的内容：一是具有‘治病救人’的‘人道’能力，这更多地反映在医学的技术层面；二是作为一种价值观，医学人道主义表现为‘尊重人的价值’，这更多地体现在医学职业道德上”①，这种医学人道主义原则体系具体包括敬畏、尊重、共济。在战场上的红色医生通过学习医学知识，精湛自己的技术，让伤亡的士兵数量尽可能地减少，让士兵的疼痛尽可能减轻。他们同时消除着人们心灵的痛苦和身体的痛苦。正如希波克拉底所言，医务人员“既是肉体的医师，也是灵魂的医师”②。

总之，对“红医精神”的研究需要追溯历史的轨迹，分清“红医精神”与“红色精神”以及“革命精神”“马克思主义人道主义精神”之间的关系问题，以此厘清“红医精神”研究过程中需要注意的一些基本问题。将有利于“红医精神”融入医学生培养的环节，充分发挥其在医学生思想政治教育中的重要作用，增强医学生的人文素养，为社会培养更多中国好医生。

（本文系贵州省文化单列重大课题“18GZZB21”研究成果，载于《红色文化资源研究》2020 年第 2 期。）

参考文献

[1] 王林松，郭秀芝．中国医科大学岁月［M］．沈阳：辽宁人民出版社，2011.

[2] 中共中央马克思恩格斯列宁斯大林著作编译局．马克思恩格斯全集：第 3 卷［M］．北京：人民出版社，2002.

① 李振良，孟建伟．技术与美德之间：西方医学人道主义思想渊源［J］．医学与哲学（A），2013，34（10）：1-4，18.

② 希波克拉底．希波克拉底文集［M］．赵洪钧，武鹏，译．北京：中国中医药出版社，2007：138.

第二篇 02

让红色基因代代相传

“‘一寸山河一寸血，一抔热土一抔魂。’回想过去的烽火岁月，金寨人民以大无畏的牺牲精神，为中国革命事业建立了彪炳史册的功勋，我们要沿着革命前辈的足迹继续前行，把红色江山世世代代传下去。革命传统教育要从娃娃抓起，既注重知识灌输，又加强情感培育，使红色基因渗进血液、浸入心扉，引导广大青少年树立正确的世界观、人生观、价值观。”

——2016 年 4 月 24 日至 27 日在安徽调研时的讲话

“党员、干部要多学党史、新中国史，自觉接受红色传统教育，常学常新，不断感悟，巩固和升华理想信念。革命博物馆、纪念馆、党史馆、烈士陵园等是党和国家红色基因库。要讲好党的故事、革命的故事、根据地的故事、英雄和烈士的故事，加强革命传统教育、爱国主义教育、青少年思想道德教育，把红色基因传承好，确保红色江山永不变色。”

——2019 年 9 月 16 日至 18 日在河南考察时的讲话

传承红色基因　培育时代新人

汪　勇

红色基因只有融入时代新人的血液，才能孕育滋养时代新人实现代代相传。时代新人只有积极秉承红色基因并不断发扬光大才能够担当起实现中华民族伟大复兴的时代重任。

一、用红色基因孕育滋养时代新人实现代代相传

红色基因必须代代相传，才能保证不忘初心、牢记使命，才能保证红色政权永不褪色，才能保证红色事业兴旺发达。红色基因作为中国共产党不懈追求形成的宝贵资源，只有融入时代新人血液，孕育和滋养时代新人并成为其内心坚守和行动自觉的法则并传承和发扬光大，才能真正实现代代相传。

红色基因要融入时代新人的血液和孕育滋养时代新人，第一，要把红色基因研究好、阐释好，不断揭示红色基因密码，丰富并营造形成有利于培育时代新人的资源、环境和氛围。第二，要把红色基因宣传好、讲解好，不断增强其科学性、吸引力和说服力，激发时代新人的兴趣和爱好，使他们愿意了解、愿意倾听、愿意接受。第三，要把红色基因作为培育时代新人不可或缺的学习内容并使其在思想政治上接受洗礼、深受教育并高度认同。第四，讲清楚传承红色基因的时代意义，使时代新人接受并内化为自己心灵深处的追求和自觉的行动。第五，讲明白传承红色基因对时代新人自身成长时代价值，使其愿意担负起传承的责任并积极主动地使红色基因发扬光大。总之，传承红色基因就是要用红色基因滋养时代新人的心灵、净化时代新人的灵魂、提升时代新人的境界，使其汲取前进的力量；用党领导人民进行革命斗争的光荣历史和伟大功绩感召时代新人，用革命先烈的英勇事迹和崇高精神激励时代新人，就是要把红色火种播进时代新人的心中，成为他们前行的动力，使红色基因鲜活起来而实现血脉永续。

二、培育时代新人积极传承红色基因推进伟大事业

作为时代新人，一定是能够担当起推进伟大事业和实现伟大梦想的时代重任而做出自己应有努力和贡献的主人。因为红色基因的形成及其传承与追求就是为了谋求中国最广大人民的根本利益和幸福，就是为了实现中华民族伟大复兴梦想。推进伟大事业和实现伟大梦想不是轻而易举、敲锣打鼓、轻轻松松就能实现的，必须有能够不懈努力和艰苦奋斗，乃至不惜流血牺牲的时代新人勇于拼搏才能实现。时代新人要不负时代使命，就必须在思想上和行动上秉承红色基因的规定性并化为自己的行动指南。培育时代新人，就是要使其能够产生积极主动地探寻红色基因的形成及发展的浓郁兴趣、爱好及深厚情感，锻炼自己的坚强意志，形成行动自觉，在此基础上积极、主动、自觉地沿着革命先烈用鲜血铸就的红色事业努力前行，追逐自己的梦、国家的梦和民族的梦。

培育时代新人积极传承红色基因，就是要使其在思想政治上接受红色革命的洗礼，始终秉承革命先辈遗志，坚持先烈用鲜血和生命浇灌形成的“开天辟地、敢为人先的首创精神，坚定理想、百折不挠的奋斗精神，立党为公、忠诚为民的奉献精神”①，不断增强“四个意识”、坚定“四个自信”、做到“两个维护”，始终忠诚于马克思主义、忠诚于人民、忠诚于党，实现自己与红色基因二者的神形合一。唯有如此，经过培育的时代新人，才能够积极主动地传承好红色基因并内化为自己坚守的追求和行动的自觉，才能最终在推进伟大事业和实现伟大梦想的过程中勇于展现自己的人生价值和做出应有的贡献。

三、形成传承红色基因与培育时代新人的共生机制

传承红色基因离不开时代新人的培育，培育时代新人离不开红色基因的传承。两者的融合共生实现神形统一，是推进伟大事业和实现伟大梦想的保证。

红色基因作为精神力量，凝结着中国共产党百年来为中国人民谋幸福、为中华民族谋复兴的奋斗史诗，集中体现了中国共产党人带领中国人民推进伟大事业时所展现的优秀品格，是新时代秉承中国共产党的优良传统，反对

① 习近平在瞻仰中共一大会址时强调 铭记党的奋斗历程时刻不忘初心 担当党的崇高使命 矢志永远奋斗［J］. 党建，2017（12）：5.

和克服官僚主义、形式主义，提高新时代党的战斗力、增强党的免疫力、强化党的创新力的重要保证；是培育时代新人的宝贵资源和有效形式，即用革命的理论武装时代新人、鼓舞时代新人，并使其在中国共产党坚强有力的领导下齐心协力、团结一致推进红色事业发展的力量。

培育时代新人，就是要保证红色事业后继有人，就是使时代新人能够弘扬红色基因，永葆红色事业的本色，推进伟大事业和实现伟大梦想。中国特色社会主义进入新时代，我们必须整合力量，形成有利于传承红色基因和培育时代新人的融合共生机制，推进二者的深度融合和共生共长。我们必须从教育、制度、文化、实践、领导等各方面多元助力，综合平衡协调和整合各方面的积极力量，最大限度地激发和调动各方面的主体能动性，采取各种有效途径和形式，努力实现用红色基因孕育、滋养时代新人，实现代代相传与培育时代新人积极传承红色基因的融合共生和良性发展的科学有效机制，既保证红色基因实现代代相传，又培育时代新人推进伟大事业、实现伟大梦想。

（本文系贵州省文化单列重大课题“18GZZB21”研究成果，载于《贵州日报》2020 年 7 月 8 日。）

赓续共产党人的精神血脉

汪勇　谭天①

习近平总书记在党史学习教育动员大会上发表的重要讲话指出，通过党史学习教育，全党同志要做到学史明理、学史增信、学史崇德、学史力行。

党史学习教育同其他学习教育一样，要学有所获、学有所成，就必须经历由浅入深、相互促进、共同发展的“知、情、意、行”4个层次。党史学习教育不同于其他主题的学习教育，是政治性很强的学习教育，必须奏好“知、情、意、行”的四重奏，使全党做到明理、增信、崇德、力行。

坚持“知”，准确掌握中国共产党的历史发展进程和创新理论，做到学史明理。党史学习教育要坚持实事求是的思想路线，树立正确的党史观，坚持以党的六届七中全会和十一届六中全会通过的两个历史问题决议为依据，坚决反对道听途说，反对以讹传讹，反对历史虚无主义，始终坚持实事求是，完整、准确地学习和掌握党的历史。党史既是一门历史学科，又是一门政治性极强的理论学科。要提升对党的认知水平，首先就要深入地学习党的历史，正确了解掌握近代以来中国阶级阶层关系变化及中国社会的演变状况，了解掌握中国共产党率领中国人民浴血奋战、顽强拼搏、前赴后继、艰苦创业的伟大业绩，了解掌握中国共产党自诞生以来就历经磨难、越挫越勇，不断实现自我革命而浴火重生的自身发展历史，正确认识和科学评价党史中的重大事件、重要会议、重要人物，准确把握党史发展的主题主线和主流本质，认真总结历史经验，深刻理解中国革命和建设及党的自身建设的发展规律。其次，要准确地学习党的理论。要深刻了解掌握马克思主义基本原理与中国革命和社会主义建设实际相结合的理论产物，即毛泽东思想、邓小平理论、“三个代表”重要思想、科学发展观，特别是习近平新时代中国特色社会主义思想，认识马克思主义的真理力量和实践力量，认识中国化马克思主义既一脉

---

① 谭天，女，贵州师范大学马克思主义学院博士研究生，铜仁学院教师。

相承又与时俱进的理论品质。实践证明，只有理论上成熟，才能实现政治上成熟，才能不断提高政治判断力、政治领悟力、政治执行力。在全党开展党史学习教育，就是要坚持实事求是、明辨是非，以全面、准确、客观地掌握党的历史，了解党、认识党，克服不足发扬优点。

运用“情”，努力激发革命理想高于天的坚定信念和必胜信心，做到学史增信。习近平总书记指出，“我们党的一百年，是矢志践行初心使命的一百年，是筚路蓝缕奠基立业的一百年”①。中国共产党的历史就是一部革命先烈用鲜血、汗水、勇气、智慧和力量铸就的历史。贵州省是多支红军长征经过的地方，留下了许多惊天动地的教育人、激励人的生动鲜活的教材：遵义会议、四渡赤水，有红六军团一百余名战士在石阡卧牛山集体跳崖牺牲的英雄壮举，有历经磨难仍痴心不改、对革命理想不懈追求的邓恩铭、王若飞、周逸群、旷继勋、林青等贵州籍烈士。因此，在党史学习教育中，要通过参观革命遗址、寻访红色足迹、重温历史记忆等多种方式，晓之以理、动之以情，做到以理服人、以情动人，使党员特别是生长在改革开放环境下的青年党员进一步坚定共产党人的初心使命、理想信念。

深化“意”，积极锤炼对党和人民无限忠诚的坚强意志和高贵品质，做到学史崇德。学习党史就是要通过正确认知中国共产党建党百年的苦难与辉煌，了解中国共产党披荆斩棘、砥砺奋进的光辉历史，从而进一步坚定对党和人民的赤诚忠心。学习党史就是要牢固树立江山就是人民，人民就是江山的党性理念，领悟百年党史就是一部党与人民心连心、同呼吸、共命运的伟大历史，懂得人心向背关系到党的生死存亡，从而坚持一切为了人民，一切依靠人民，始终把人民放在心中的最高位置，把人民对美好生活的向往作为奋斗目标。学习党史就是要培育对党无限忠诚的政治品质。习近平总书记在2021年3月1日中央党校（国家行政学院）中青年干部培训开班式的讲话中指出，我们党一路走来，经历了无数艰险和磨难，但任何困难都没有压垮我们，任何敌人都没能打倒我们，靠的就是千千万万党员的忠诚。对党忠诚，必须一心一意、一以贯之，必须表里如一、知行合一，任何时候任何情况下都不改其心、不移其志、不毁其节。学习党史就是要进一步继承革命传统，保持艰苦奋斗的优良作风，积极传承红船精神、井冈山精神、长征精神等一系列中国革命的精神遗产，并不断使其发扬光大。

落实“行”，把学习教育的成果转化到实际行动中去，做到学史力行。开

① 习近平．在党史学习教育动员大会上的讲话［EB/OL］．中国政府网，2021-03-31.

展党史学习教育的关键在于学以致用、知行合一，将认知、情感、意志转化为实际行动。今年正值中国共产党百年华诞的历史时刻和“两个一百年”奋斗目标交会的关键节点，正值世界处于百年未有的大变局、全面开启建设社会主义现代化强国和实现中华民族伟大复兴的新征程，前进的道路仍然面临诸多挑战。因此，我们必须认真学习、总结、运用党在各个历史时期应对风险挑战的成功经验，深刻理解党的创新理论，用习近平新时代中国特色社会主义思想武装头脑，树立大历史观，善于抓住和利用好各种历史机遇，在世界风云中探索历史规律，不断提升应对风险和挑战的本领。通过党史学习教育，就是要把党的团结和统一视为宝贵生命，坚决做到“两个维护”，坚定不移地向党中央看齐，在思想上、政治上、行动上同以习近平同志为核心的党中央保持高度一致。我们必须增强斗争精神，要迎接各种风险困难，就要从伟大斗争出发，不断增强斗争意识、丰富斗争经验、提高斗争本领；必须增强自我革命的自觉，保持自我革命的定力，努力把党建设得更加坚强有力；必须胸怀全局、立足实际，立足本职工作，永远把党和人民的利益放在首位，永远保持党的优良传统，说实话、办实事，不走过场、不搞形式、不要官僚，以务实的工作作风为社会经济发展作出贡献。新时代的中国共产党人，面对日益加快的知识更迭和改革发展的艰巨任务，既要学习科学文化知识，更要加强党的历史与理论学习，不断提高党性修养，以神圣的使命感和责任感积极传承红色基因，赓续共产党人的精神血脉，使党的事业薪火相传、永葆青春！

（本文系贵州省文化单列重大课题“18GZZB21”研究成果，载于《贵州日报》，2021 年 3 月 17 日。）

论党史学习教育的“知情意行”

柴颖[1]　汪勇

[摘　要] 历史是最好的教科书，学史明理，要从中国共产党的历史沉淀中明晰马克思主义基本原理、从中国共产党的历史辩论中明晰历史虚无主义的诡辩歪理、从中国共产党的历史成就中明晰“没有共产党就没有新中国”的道理。学史增信，可以从中国共产党对旗帜道路重大选择的坚定执着中、形势危急的重大转折中、对重大挫折的科学态度中增进“四个自信”。学史崇德，要能够从中国共产党的理想信念中明大德、从中国共产党的宗旨意识中守公德、从中国共产党人的意志品质中严私德。学史力行，应该从中国共产党人民至上的工作宗旨中学会毕力躬行、从中国共产党实事求是的思想路线中学会竭力而行、从中国共产党理论联系实际的优良作风中学会亲力实行。

[关键词] 党史学习；明理；增信；崇德；力行；知情意行

历史是一个民族安身立命的基础，也是一个国家、一个政党盛衰兴亡的真实记录。“我们党的一百年，是矢志践行初心使命的一百年，是筚路蓝缕奠基立业的一百年，是创造辉煌开辟未来的一百年……回望过往的奋斗路，眺望前方的奋进路，必须把党的历史学习好、总结好，把党的成功经验传承好、发扬好。”[2] 要把党的历史学习好，不能只是静态地学习历史知识，还要活学活用，以“知情意行”为逻辑，做到学史明理、学史增信、学史崇德、学史力行。

一、知：薪火相传，明血脉之理

“知”是进行党史学习教育的起点。只有知史，才能鉴今。习近平总书记

---

① 柴颖，女，讲师，贵州师范大学马克思主义学院博士研究生。

② 习近平．在党史学习教育动员大会上的讲话［J］．求是，2021（7）：6.

在党史学习教育动员大会上明确指出："学习党的历史，是坚持和发展中国特色社会主义、把党和国家各项事业继续推向前进的必修课，这门功课不仅必修，而且必须修好。"① 不论是教授这门"必修课"的老师，还是聆听这门课的学生，都必须知道这门"必修课"所讲授的知识点，尤其是其中的重点与难点。

（一）从中国共产党历史沉淀中明晰马克思主义

介绍马克思主义基本原理的《马克思研究专号》的出版、《共产党宣言》的译制与传播，使马克思主义理论犹如一阵春雨滋润干涸已久的中华大地。在马克思主义理论的指导下，中国共产党带领全国各族人民从救亡图存到百业待兴再到欣欣向荣，从踌躇不前到拨乱反正再到坚定道路。百年沧桑巨变，尽显真理伟力。只有不断探索时代发展提出的新课题、回应人类社会面临的新挑战，才会一次次获得理论指导实践的伟大成就，才能写就改变中国、影响世界的伟大史诗。理论指导实践，实践也在催生理论。毛泽东思想、邓小平理论、"三个代表"重要思想、科学发展观的确立，无一不在充实和丰富马克思主义思想理论宝库。站在新的历史方位上，马克思主义中国化最新理论成果习近平新时代中国特色社会主义思想应运而生，是马克思主义在中华大地上写下的又一精彩篇章。

（二）从中国共产党历史斗争中明晰历史虚无主义诡辩歪理

随着改革开放的不断发展，中华民族离实现伟大复兴中国梦越来越近，但一些别有用心的人却企图用历史虚无主义蛊惑人心：一是否定中国共产党执政的法理依据和思想根基；二是有意歪曲历史，不择手段恶搞英雄人物；三是摧毁革命和建设年代党领导中国人民形成的特殊精神品格；四是否定中国选择走社会主义道路的客观性和正确性。灭人之国，必先去其史。我们要与历史虚无主义进行针锋相对的斗争，加强党史学习，领悟党史中蕴含的党领导中国人民实现从民族独立到民族富强的思想理论、奋斗目标、纲领路线和历史事实，增强防范历史虚无主义的免疫力。

（三）从中国共产党历史成就中明晰"没有共产党就没有新中国"

新中国成立以来，在中国共产党的坚强领导下，中国人民实现了从站起来到富起来再到强起来的伟大飞跃。踏浪前行的中国向世人昭示了一个道理：没有共产党就没有新中国。如果没有中国共产党的领导，我们难以结束旧中国四分五裂的局面，实现国家统一和民族团结；难以夺取国家政权，实现人

① 习近平．在党史学习教育动员大会上的讲话［J］．求是，2021（7）：5.

民当家作主；难以保持经济高水平、高质量增长，实现全面小康；难以抵御外敌干扰，实现国家主权和领土完整。正是因为有了中国共产党的领导，新中国才能在重大风险挑战面前屹立不倒，也才有能力在变局、风波和危机中一定乾坤。站在新的历史方位，面对纷繁的世界局势，正是因为有了中国共产党的领导，中国才能以强劲的姿态面对疲乏的世界经济、频发的局部冲突和加剧的全球问题。忆往昔峥嵘岁月稠；学习党史，方知伟大成就的来之不易。

二、情：曙光破晓，增发展之信

“情”是在认知基础上产生的一种内化的心理体验。在党史学习教育过程中，全面系统地梳理与分析党曾经的重大历史事件，深刻洞察中国共产党在面临重大选择、重大转折、重大挫折中展现出的执着、定力、态度，必将有利于我们从灵魂深处厚植爱党爱国情怀，进一步坚定中国特色社会主义道路自信、理论自信、制度自信、文化自信。

（一）从中国共产党对旗帜道路的重大选择中坚定“四个自信”

中国特色社会主义不是从天上掉下来的。正是由于中国共产党人敢于“用无产阶级的宇宙观作为观察国家命运的工具”来指导实践，在革命时期选择了一条“农村包围城市”的革命道路，才使马克思主义在中国落地、生根、发芽。正是由于中国共产党人坚持使用马克思主义这一强有力的“批判的武器”，才使得我们在社会主义建设和改革的重大选择中没有走上改旗易帜的邪路。加强党史学习教育，深刻领会中国共产党是如何选择马克思主义理论、如何结合中国实际走出了一条不同于西方的中国道路，是如何发展完善和实现中国特色社会主义不断飞跃等有关重大选择的，进一步坚定“四个自信”。

（二）从中国共产党于形势危急之际的重大转折中坚定“四个自信”

艰难困苦，玉汝于成。二万五千里长征初遇险阻，在面临全军覆没的危急关头，共产党人紧急召开遵义会议，挽救了红军，挽救了党。“文化大革命”结束之后，党和国家的各项事业亟须走向正轨和重振。在冲破了严重的思想束缚之后，中国共产党人奋起追赶，以顽强奋勇拼搏的精神，实施了举世瞩目的改革开放这一重要举措。加强党史学习教育，深刻领会中华民族伟大复兴从来都不是轻轻松松、敲锣打鼓就能实现的。每每遇到历史的重大转折，中国共产党总能在历史的制高点上保持高度清醒以廓清思想迷雾。中国特色社会主义道路，就是中国共产党带领中华儿女历尽千辛万苦、付出各种代价脚踏实地走出的“人间正道”。

（三）从中国共产党在遍布荆棘的重大挫折中坚定“四个自信”

回顾新民主主义革命史，《关于若干历史问题的决议》的通过，是革命遭受“左”倾主义错误后一次深入且有效的经验总结与自我反思。回顾社会主义建设史，面对“文化大革命”带来的历史重创，我们要用什么样的方式来修正错误，这事关中国共产党能否走出挫折阴影、回归正确历史发展轨道。回顾改革开放史，《关于建国以来党的若干历史问题的决议》实事求是地对毛泽东同志给予了客观评价，充分阐述了毛泽东思想的历史意义，为我们正确对待党的这段历史给予了有益指导。加强党史学习教育，深刻领会正是由于我们党始终保持清醒的头脑，持续性地开展批评与自我批评，才在一次次重大挫折中以科学的态度坚持真理、革除病症、总结经验、解决问题。历史总是向前发展的，不论发生过什么重大挫折、出现过什么困难与挑战，只有在重大挫折中汲取经验，才能汇聚奋勇前进的信心与力量。

三、意：蓝图绘就，崇修德之道

“意”作为个人直接经验的主观感知，是“情”的进一步升华，可分为通过客观实践所获取的个体意识和通过客观存在所获取的表现为道德、艺术、哲学等的社会意识。进一步而言，作为社会意识范畴内的道德意识往往有三个来源，一是谓之超越的道德意识，一是谓之社会的道德意识，一是谓之内在于道德主体本身的道德意识。道德意识的三个来源，与共产党员“明大德、守公德、严私德”的要求不谋而合。明大德，就是要铸牢理想信念、锤炼党性修养；守公德，就是要强化宗旨意识，为人民服务；严私德，就是要严格约束自己的操行，做到克己奉公。

（一）从中国共产党的理想信念中明大德

作为建构和维系中国共产党人精神家园的基础，理想信念往往被喻为中国共产党的政治灵魂。由此，“明大德”即是对广大党员及领导干部筑牢理想信念和提升党性修养的进一步明确。历史是鲜活的、生动的、具体的。学史崇德，就要在中国共产党百年道路探索中涌现出的伟大人物、革命先辈、英雄模范的人生故事、奋斗故事中，深切感受“头可断，血可流，革命意志不能丢”的坚定，“为有牺牲多壮志，敢教日月换新天”的气概，“大道之行，天下为公”的追求，“党让去哪就去哪，打起背包就出发”的担当，不断检视、完善、坚定自己的理想信念。

（二）从中国共产党的宗旨意识中守公德

得民心者得天下，失民心者失天下。中国共产党为什么“行”，根本原因就在于中国共产党始终与人民心心相印，争取人民的拥护支持。所以，大德在民，“守公德”就是要守护人民这个大德，以不断强化的宗旨意识，时刻做到为人民服务。从踏上政治舞台的那一刻起，中国共产党始终为人民幸福和民族复兴不懈奋斗，实现了中华民族的命运由被动变主动，从艰难困苦不可逆转地走向伟大复兴。100 年来，无论我们遭遇怎样的风浪和挑战，无论世界形势和时代任务如何变化，中国共产党始终主动把握历史，坚定地朝着正确的方向航行。学史崇德，就是要牢记党的初心使命，在不断深化对党的性质和宗旨的认识的同时，保持对人民的赤诚之心，始终把人民放在心中的最高位置，把人民对美好生活的向往作为奋斗目标，努力汇聚 14 亿中华儿女的磅礴之力，推动中华民族走向伟大复兴。

（三）从中国共产党人的意志品质中严私德

私德有别于公德，主要指中国共产党人的个人操守和行为方式，主要包括个人品德、作风以及在处理亲友关系等方面的道德规范。“严私德”要求中国共产党人严格约束自己的行为，正确处理人际关系，做到坦荡为人、谨慎交友，把家风建设摆在重要位置。100 年来，中国共产党人正是做到了严己、律己、克己，才赢得了广大人民的信任，才能在人民的支持下创造了中华民族发展史和人类社会进步史上一个个不平凡的奇迹。学史崇德，就要主动向党的自身建设史学习，做到慎独、慎初、慎欲。在永葆党的先进性和纯洁性的同时，踏踏实实做人、认认真真做事、清清白白做官。

四、行：初心不忘，力兴邦之行

“行”是认知、情感、意识的最终落脚点。从积累党史知识到萌发爱党爱国情怀再到坚定理想信念、坚持人民至上、保持廉洁自律意识，仍需要从中国共产党的历史中汲取有关“行”的养分。

（一）从中国共产党“人民至上”工作宗旨中学会毕力躬行

江山就是人民，人民就是江山。从“鱼儿离不开水，瓜儿离不开秧”到“不拿群众一针一线”再到与群众“一块苦、一块过、一块干”，说明中国共产党人始终与人民在一起，愿意为人民利益和幸福而奋斗不息。一部党史，就是一部人民至上的奋斗史。坚持人民至上，要求中国共产党人不断提升为人民服务的水平和能力。习近平总书记指出：“干部要怀着强烈的爱民、忧民、为民、惠民之心，心里要始终装着父老乡亲，想问题、作决策、办事情都要想一想是不是站在人民的立场上，是不是有助于解决群众的难题，是不是有利于增进人民福祉，不断增强人民群众获得感、幸福感、安全感。”① 坚持人民至上，要求中国共产党人提高为人民排忧解难的能力，不断提升自我革命意识，始终牢记为人民服务的初心使命。坚持人民至上，还要深刻认识“立足新发展阶段，贯彻新发展理念，构建新发展格局”所带来的机遇。此外，要积极适应中国特色社会主义的时代特征，勇于实践、敢于实践，持之以恒地团结带领中国人民奋力夺取新的伟大胜利。

（二）从中国共产党实事求是思想路线中学会竭力而行

作为马克思主义的思想精髓和中国共产党的思想路线，实事求是是党带领人民实现中华民族伟大复兴的重要法宝。在党的历史中，中国共产党实事求是地选择了“农村包围城市、武装夺取政权”的革命道路；在革命形势危急之际，实事求是地选择了毛泽东思想作为行动指南；在抗日战争全面爆发时期及由战略防守转入战略进攻的解放战争时期，根据战略局势作出了科学研判，实事求是地制定了争取民族独立和人民解放的战略方针；《关于建国以来党的若干历史问题的决议》，实事求是地对有关重大问题作出了历史评价。一部党史，就是一部实事求是的探索史。实事求是思想路线坚持了马克思主义立场，运用了马克思主义观点和方法，发扬了一切从实际出发、解放思想、与时俱进的优秀品质，在这一思想路线的指导下，我们党不断检视初心、践行使命。

（三）从中国共产党理论联系实际优良作风中学会亲力实行

党史学习教育要想取得实效，不能局限在“本本”里，而要将“本本”与实际相结合，始终做到“纠正脱离实际情况的本本主义”。其实，这也提醒我们在党史学习教育中要学会将理论与实际相联系，时刻反对唯理论学习的“本本主义”。一部党史，就是一部理论联系实际的工作史。延安时期毛泽东写下《改造我们的学习》，提出了改造全党学习方法、学习制度的任务，批判了理论和实际相脱离的主观主义，号召全党要重视和遵循“理论和实际统一”。“我们党的历史反复证明，什么时候理论联系实际坚持得好，党和人民

① 习近平在中央党校（国家行政学院）中青年干部培训班开班式上发表重要讲话［EB/OL］. 新华网，2019-03-01.

事业就能够不断取得胜利；反之，党和人民事业就会受到损失。"① 开展党史学习教育，要充分发扬理论联系实际的学风，做到自觉学、主动学、带着问题学，从党史中总结经验、汲取智慧，努力把学习成效转化为工作成效。

（本文系国家社会科学基金青年项目课题"习近平总书记关于中华优秀传统文化思想研究"（课题编号：17CKS016）阶段性成果。）

参考文献

［1］学党史悟思想办实事开新局，以优异成绩迎接建党一百周年［N］．人民日报，2021-02-21（1）．

［2］习近平．在党史学习教育动员大会上的讲话［M］．北京：人民出版社，2021.

［3］习近平．在纪念马克思诞辰200周年大会上的讲话［M］．北京：人民出版社，2018.

［4］毛泽东．毛泽东选集：第4卷［M］．北京：人民出版社，1960.

［5］习近平．习近平谈治国理政：第3卷［M］．北京：外文出版社，2020.

［6］习近平．在全国劳动模范和先进工作者表彰大会上的讲话［M］．北京：人民出版社，2020.

［7］中共中央文献研究室．建党以来重要文献选编（1921—1949）：第七册［M］．北京：中央文献出版社，2011.

［8］江泽民．论党的建设［M］．北京：中央文献出版社，2001.

① 立志做党光荣传统和优良作风的忠实传人 在新时代新征程中奋勇争先建功立业［N］．人民时报，2021-03-02（1）．

红色文化资源融入高校思想政治教育的路径

胡杨① 汪勇

[摘 要] 红色文化资源是中国共产党人运用马克思主义基本原理指导中国革命实践和社会主义现代化建设过程中形成的宝贵资源，是马克思主义与中国革命和社会主义建设实践相结合的物化形态和精神留存。红色文化资源具有精神激励、价值引领的重要思想政治教育价值。新时代背景下，应将红色文化资源融入高校思想政治教育主渠道，在实践中引导大学生深刻感悟红色文化内核，充分运用网络和新媒体传播和弘扬红色文化，充分发挥红色文化资源的思想政治教育力量。

[关键词] 红色文化资源；思想政治教育；价值论

红色文化资源是中国共产党领导广大人民群众在马克思主义理论指导下，在实现国家独立、民族解放、国家富强和中华民族伟大复兴的历史征程中所创造并保存下来的一种物质与精神形态共存的特殊的宝贵资源。

红色文化资源的内涵非常丰富，包括了物质形态、精神形态、制度形态和信息形态四个层面的内容。红色文化资源的物质形态，主要以战争遗迹遗址、人物塑像、革命先烈旧居、革命纪念馆（碑、塔）、烈士陵园、博物馆、展览馆等形式存在。红色文化资源的精神形态主要指中国共产党领导全国人民在革命、建设和改革时期求索和追寻的政治信仰、理论知识、价值取向和道德观念等。它是对红色文化内核的高度凝练，如新民主主义革命时期的“红船精神”“长征精神”“苏区精神”，社会主义建设和改革时期的“大庆精神”“雷锋精神”“九八抗洪精神”“航天精神”等。红色文化资源的制度形态，是指党在历史发展各个阶段的纲领、路线、方针、政策等一系列的规范体系和行为模式，涵括了创建、推行和保护红色文化的各种规章制度以及政

① 胡杨，男，贵州师范大学马克思主义学院，博士研究生。

策法规，其实质是中国制度力量的一种体现，如《中国共产党章程》《井冈山土地法》《三大纪律八项注意》等。红色文化资源的信息形态，主要包括革命报刊书籍，领袖人物和革命先烈的经典著作、书信以及诗词，红色歌曲，革命标语，革命人物传记和回忆录，红色访谈资料，等等。

红色文化资源内涵的四个层面相互联系、相互作用、相互渗透，是一个有机整体。红色文化资源的物质形态和信息形态是红色文化存在、赓续、发展和传播的物质基础，也是红色文化资源精神形态的物化体现。红色文化资源的制度形态是繁荣和发展红色文化的制度保障，是红色文化最根本的管理力量。红色文化资源的精神形态是红色文化的核心，红色文化若是抽离了红色精神，便失去了灵魂，只剩下毫无说服力的躯壳。因此，在传承和弘扬红色文化的过程中，我们既要重视对红色文化资源物质形态和信息形态的开发和保护，也要重视对红色文化资源制度形态的研究和规范，更要重视对红色文化资源精神形态的凝练和教育。

红色文化资源因其深刻的内涵和意识形态特性而具有重要的精神激励和价值引领功能。每一处革命遗迹、每一份革命文物、每一种红色精神，都是一部“生意盎然的教科书”，具有宝贵的教育价值。积极开发和利用好红色文化资源，发挥好它“资政育人”的功能，是新时代开展思想政治教育工作的重要抓手。当前，在红色文化资源思想政治教育功能的发挥上存在着一些问题，如侧重理论灌输、忽视价值观念的建构、教育形式单一、对新媒体在教育过程中的作用重视不够等。要发挥好红色文化资源的思想政治教育功能，可以从以下三方面着手。

第一，将红色文化资源融入高校思想政治教育主渠道。思想政治理论课是大学生思想政治教育的主渠道，要将红色文化资源充分融入思想政治理论课教学之中。其中的关键节点之一，就在于把红色文化资源转化为优秀的教育资源，打造富有吸引力的思想政治理论课课堂。这要求教育工作者进行教育内容和教育方式的双重创新。首先，在教育内容的创新上，教育工作者要深刻掌握现有教材体系的框架，深入把握不同红色文化资源的独有内核和价值表征，积极探索红色文化资源与思想政治教育教材体系之间的匹配性和关联度，将不同的红色文化资源科学地“嫁接”到不同的章节之中。以红色文化资源促进大学生深入领会教材内容，积极内化红色精神。其次，在教育方法的创新上，教育工作者可以将叙事教学法和案例教学法相结合，将现实体验和虚拟体验相结合，还可以开展名家讲坛、组织专题报告会、播放影音资料等，提高思想政治理论课的亲和力和获得感。通过教学内容和教育方式的创新，将红色文化资源科学地转化为大学生的优质精神食粮。

第二，以实践为抓手引导大学生深刻感悟红色文化资源的精神内核。实践是检验真理的唯一标准。要把红色文化资源广泛融入大学生的实践活动之中。大学生的实践活动主要包括社会实践和校园实践。要把红色文化资源的精神内核融入实践教育情境，激发大学生内心的体悟。首先，在社会实践活动方面，可以以团队或个体的形式组织大学生前往革命纪念馆（碑、塔）、革命先烈旧居、革命旧址等参观学习，让大学生在身临其境中提升精神境界。目前，不少红色圣地都已经成为爱国主义教育基地，高校要依托好这些教育基地开展好现场教学，使大学生在重温历史的过程中陶冶情感，形成正确的世界观、人生观、价值观。其次，在校园实践活动方面，应灵活创设“红色情境”，将红色文化资源融入校园文化活动、校园环境建设和校园重大事件之中。如开展红色文艺演出或红歌大赛，打造红色校园景观（雕塑、建筑、画像等），建设红色纪念馆（不少高校本身就拥有不少红色文化资源，要充分挖掘校史上的英雄人物和感人事迹），在开学和毕业典礼中融入红色文化教育等。将红色文化资源融入大学生实践活动的本质，是让大学生在追寻“红色记忆”中增强对红色文化的认同感，在感悟和体验红色文化的过程中获得心灵的成长与精神的升华。

第三，充分运用网络和新媒体传播、弘扬红色文化。可以说，当今的大学生都是“数字原住民”，他们的成长与发展和互联网密不可分，“事事有网、时时有网”已经成为他们生活的常态。网络已经成为大学生思想政治教育的重要场域。将红色文化资源有机地融入网络，要求高校加快红色网站的建设进度，加大红色文化在网络和新媒体中的渗透力度。高校要在网络阵地和新媒体阵地上旗帜鲜明地高唱主旋律，弘扬正能量。将红色文化资源融入网络和新媒体中，必须注意三方面的问题。首先，摒弃形式主义。有些新媒体工作者对红色文化的宣传过于生硬和政治化，缺乏生活气息；有些新媒体工作者则仅仅是为了完成政治任务，完全丧失了弘扬红色文化的动力和能力。破除形式主义的禁锢，要充分运用贴近生活、贴近群众、贴近学生的语言和素材，将红色文化内容以受教育者喜闻乐见的形式进行表达，才能获得“走心”的效果。其次，坚持内容至上原则。新媒体只是一个载体，真正能够打动人心的还是红色文化资源本身的内容。将红色文化和家国天下的思想相结合、和大学生关注的热点话题相结合，继而创造出有历史厚度、情感温度和思维高度的高质量作品，才能更好地满足新时代大学生内在精神世界的发展需要。最后，重视形式搭配。再好的网络文化作品，也需要精致的“包装”。缺乏好的形式，再好的内容也难以达到预期的效果。我们要善于运用大学生亲切熟悉的技术和方式来表达和宣传红色文化，让红色文化更加贴近大学生的学习生活实际。如可以利用计算机技术将红色文化资源制作成微电影、打造微课堂，既能避免思想政治教育教学的冗长枯燥，又能以新颖的形式直击大学生的心灵。只有做到内容和形式的科学结合，贴近大学生的学习生活实际，才能真正发挥出红色文化资源的思想政治教育力量。

（该文载于《学校党建与思想教育》2020 年 4 月。）

参考文献

［1］毛泽东．毛泽东选集：第 1 卷［M］．北京：人民出版社，1991.

［2］中共中央文献研究室．毛泽东文集：第 7 卷［M］．北京：人民出版社，1999.

［3］中共中央马克思恩格斯列宁斯大林著作编译局．列宁选集：第 1 卷［M］．北京：人民出版社，1972.

［4］中共中央马克思恩格斯列宁斯大林著作编译局．列宁专题文集：论无产阶级政党［M］．北京：人民出版社，2009.

思政课教师如何讲好中国抗战故事

田仁芳[①]　熊兰[②]　汪勇

[摘　要] 在思政课教学中讲好中国抗战故事有利于促进青年学生对爱国主义的认知与理解，培育拥护中国共产党领导和中国社会主义制度的建设者与接班人。讲好抗战故事，应坚守推进民族复兴、维护国家统一和民族团结、致力于维护世界和平与发展的价值取向；应讲好抗战中的爱国、团结、自强、国际故事，培育立志为中国特色社会主义奋斗终身的有用人才；应以强烈的爱国情怀、较高的政治觉悟、独特的个人魅力扎实推进思政课教学的生动性、具体性、感染性与深刻性，真正落实培根铸魂、立德树人的根本任务。

[关键词] 思政课教学；中国抗战故事；中国精神

在思想政治理论课（以下简称“思政课”）教学中讲好中国抗战故事，有利于加强爱国主义教育，弘扬抗战中蕴含的中国精神，增强教学的针对性和可接受性。教师在思政课教学中讲好中国抗战故事应围绕为谁培养人、培养什么样的人、怎样培养人这一关键问题展开。

一、思政课教师为什么要讲好中国抗战故事

（一）推进民族复兴

我国推进社会主义现代化强国建设，奋力实现中华民族伟大复兴，关键在于培育社会主义的建设者与接班人，培育一代又一代拥护中国共产党领导和中国社会主义制度、立志为中国特色社会主义奋斗终身的有用人才。在思政课教学中，要结合教学内容，通过抗战事实探讨、理论辩证分析，阐明进

---

① 田仁芳，女，贵州师范大学马克思主义学院硕士研究生。

② 熊兰，女，贵州师范大学马克思主义学院硕士研究生。

行现代化强国建设与实现中华民族伟大复兴是切实关乎国家命脉、党之根本与人民幸福的根本遵循。

“意识形态工作是党的一项极端重要的工作。”① “加强高校意识形态阵地建设是一项战略工程、固本工程、铸魂工程，事关党对高校的领导，事关全面贯彻党的教育方针、事关中国特色社会主义事业后继有人。”② 社会思潮云集，价值观念纷呈，多种社会意识形态在校园内传播，潜移默化地影响着一代又一代的学生，社会主义意识形态阵地受到前所未有的冲击。教师讲好中国抗战故事，是巩固社会主义意识形态阵地的需要。

学校是思想政治教育的主阵地，思政课是思想政治教育的主渠道，教师是人类灵魂的工程师，肩负着为党和国家培养社会主义建设者和接班人的重任。学生是党和国家、民族的希望与未来，其思想状态和价值观念直接关系到我国社会主义现代化建设的历史与未来。

思政课教师要在加强学生的政治意识、责任意识、阵地意识、本领意识的基础上，在教学中讲好中国抗战故事，以故事精神与民族精神、时代精神相比较，让学生深入了解无数中国革命先驱的抗战精神和中华民族的“骨血”与“骨气”，增强学生的民族自豪感与自信心。同时，让学生认清我国在现代化建设、民族复兴道路上面临的各种思潮的挑战，增强学生对社会主义的认同，激发其为中国梦努力奋斗的动力和活力。

（二）维护国家统一与民族团结

国家统一与民族团结是实现中华民族伟大复兴的基本保证，是中国历史不可逆转的大趋势。纵观中国的历史长河，无论秦朝、汉朝、唐朝，还是元朝、清朝，这些朝代在盛世时期都有一个共同的特点，即都处于国家统一和民族团结的阶段。而当这些朝代走向衰败的时候恰恰是统一的局面被打破的时期。国家统一，各方面容易形成合力；民族团结，则能够整合资源发挥最大效用。相反，国家四分五裂，就会衰败或遭受外族攻击。

在思政课教学中讲好中国抗战故事，让学生深入把握我国领土完整和各民族统一抗战的实情，领会抗战故事中民族平等、团结、互助等精神是国家真正实现长治久安的重要保障；理解党和人民为维护国家统一、民族团结的方针与政策，让学生成为国家统一、民族团结的支持者与拥护者。

---

① 习近平．习近平谈治国理政：第1卷［M］．北京：外文出版社，2014：153.

② 张雷声．加强高校意识形态阵地建设关键在教师［N］．光明日报，2015-02-13（3）．

（三）致力于世界和平与发展

在党的十九大上，习近平同志强调“始终把为人类作出新的更大的贡献作为自己的使命”①。中国人民在实现中华民族伟大复兴的同时，也在追求世界发展。正如马克思指出的：“不同民族之间的分工消灭得越是彻底，历史也就越是成为世界历史。”② 当前世界交往日益密切，政治、经济、文化都交织在一起，中国不可能脱离世界而独立存在与发展，同理，世界也需要中国。

思政课教师讲好中国抗战历史与世界反法西斯历史之间的联系，阐明世界是一个整体，和平安宁才是人类的福气，和平才有利于人的全面自由发展、人类的可持续发展。深刻领悟人类命运共同体的世界意义，帮助学生正确认识到国与国之间要走出一条相互尊重、公平正义、合作共赢的新路子，从而在学生中、社会中形成人人都致力于维护世界和平发展的新风气，让世界更加和平安宁，让人类生活更加幸福美好。

二、思政课教师讲好中国抗战故事主要讲什么

中国抗战中的爱国、团结、自强、国际故事，把中国和世界紧紧联系在一起。讲好这些故事，是多维度展示中华民族风骨的重要内容，是思政课教师全方位把握中国精神的核心要义，是学生全面理解与树立爱国、团结、自强、国际意识的应有之举。

（一）讲好抗战爱国故事

习近平同志指出：“爱国主义自古以来就流淌在中华民族血脉之中，去不掉，打不破，灭不了。”③ 中国之所以能够抗战胜利关键在于全国各族人民对祖国的忠诚与热爱，是抗战的灵魂，是中国人民经历风霜、迫害与侵略仍然勇赴国难、不屈不挠的精神支柱。可见，爱国主义教育在任何时期都至关重要。

爱国故事蕴含“忠贞报国、勇赴国难”的精神。这些故事包括杨靖宇、左权、彭雪枫、赵登禹、张自忠等杰出将士为国献身的故事，狼牙山五壮士、刘老庄连、东北抗联八位女战士等众多英雄群体抵御外敌、不屈不挠的故事；包括国共合作抵御外敌、全民族抗战的奋斗历史；包括《血战台儿庄》《地道

① 习近平．决胜全面建成小康社会　夺取新时代中国特色社会主义伟大胜利：在中国共产党第十九次全国代表大会上的报告［M］．北京：人民出版社，2017：57-58.

② 中共中央马克思恩格斯列宁斯大林著作编译局．马克思恩格斯选集：第1卷［M］．北京：人民出版社，2012：168.

③ 习近平．在纪念五四运动100周年大会上的讲话［N］．人民日报，2019-05-01（2）．

战》《亮剑》《鸡毛信》等爱国主义影视作品。其中蕴含战争年代英勇就义、献身抗日、宁死不屈、毁家纾难等的爱国情怀，展示了爱国故事的巨大魅力和教育价值，增强了思政课教师讲好抗战爱国故事的信心。

（二）讲好抗战团结故事

抗战团结故事即指故事中蕴含的万众一心、共御外辱的团结精神。原始社会中人们的生产生活都在一起，通过吼叫，可以吓退吃人的狮子、老虎等猛兽，而个体是无法抵御外来者侵略的，团结才能够整合各方面资源、产生更加强大的力量。

“中国共产党高举抗日民族统一战线的旗帜，坚决维护、巩固、发展统一战线，坚持独立自主、团结抗战，维护了团结抗战大局”①，是旧中国在武器技术落后、战略手段传统的劣势下反败为胜，赢得抗战胜利的关键法宝。同理，“只有在集体中，个人才能获得全面发展其才能的手段，也就是说，只有在集体中才可能有个人自由”②。

中国抗日战争14年的发展进程中充满了数量众多、感人肺腑的团结故事。思政课教师要从长期的学科建设中总结经验、获得启示，借深厚的历史学识讲清楚抗战团结故事，需要把握中国在历史发展重大关头、转折时期、演进节点上，中国共产党的领袖、干部、党员是如何带领人民反对侵略、改变命运的故事；需要把握中国在民族危亡时期如何打破局面，冲出半殖民地半封建社会樊笼的故事；需要把握国共两次合作、全民族抗战的历史脉络与差异性，体现中华各民族团结一致向前冲与反对妥协、分裂、倒退的精神，促进学生与学生之间团结互助感情，增强对其他民族的认同感，领悟“一国两制”、民族区域自治制度的正确性，帮助学生走正确的互帮互助道路。

（三）讲好抗战自强故事

现在的中国是无数革命者、先驱者奋斗出来的。毛泽东同志指出：“中国的青年运动有很好的革命传统，这个传统就是‘永久奋斗’。……现在传下来了，以后更要继续传下去。”③

从鸦片战争到五四运动，从国共第一次合作到长征故事；从全民族抗战到新中国成立，朱德的扁担、八角楼上的灯火、陈树湘的战斗、腊子口的冲

① 习近平．习近平在纪念中国人民抗日战争暨世界反法西斯战争胜利75周年座谈会上的讲话［N］．人民日报，2020-09-04（2）．

② 中共中央马克思恩格斯列宁斯大林著作编译局．马克思恩格斯选集：第1卷［M］．北京：人民出版社，2012：199.

③ 中共中央文献研究室．毛泽东文集：第2卷［M］．北京：人民出版社，1993：190.

锋、平型关的杀敌等历史故事。这些时间节点与故事串起来的是人民、民族、党和国家的探索与苦难、奋斗与辉煌，体现的是中华民族坚韧顽强、不畏艰险的自强精神。

思政课教师讲好自强故事，要厘清抗战中为了达到推进革命、取得胜利、战胜敌人的指归，全国各族人民、党和国家不畏艰险、不怕牺牲、前仆后继的故事，有针对性、目的性地开展思政教学工作；要客观引导学生正确地看待抗战过程中的“成”与“败”，辩证地看待中国与日本，以及与西方国家之间的关系，运用马克思主义的方法论分析问题，寻求解决问题的思路和方法；要把自强故事讲好、道理讲清楚。教师应立足于学生的成长实践，结合抗战自强故事，对比分析、总结经验、深挖原因，积极回应学生关切的问题，从而帮助学生树立自强不息的意识并培养与之相对应的行为，使学生与时俱进，做时代新人。

（四）讲好抗战国际故事

无产阶级政党本身就是一个国际组织，肩负着解放全人类的历史使命。中国共产党在成立之初就明确提出了实现共产主义的目标，具有国际主义精神。中国通过遏制和消灭日本帝国主义在中国的武装侵略势力，帮助其他国家进行反法西斯侵略的斗争来完成她的世界使命。实践证明，中国以巨大的民族牺牲支持了世界反法西斯战争的东方主战场，体现了休戚与共、互助协作的国际精神，极大地改变了世界的政治版图，从而激发了世界上其他被压迫民族和人民的斗争，争取早日解放，具有世界历史的重要意义。

思政课教师讲好苏联对中国的物资支援、美国“飞虎队”冒险为我国开辟驼峰航线等国与国之间互帮互助的故事，以及加拿大医生白求恩、印度医生柯棣华来华救死扶伤等爱好和平与正义的国际友人的故事，引导学生在中国与其他国家的关系上体会中国倡导“和平共处五项原则”和构建“相互尊重、公平正义、合作共赢”新型国际关系的重要性，深刻领悟我国提出“构建人类命运共同体”的伟大历史意义；帮助学生正确认知中国共产党与国际上其他党派的区别，增强对中国共产党的认同感，坚定走中国特色社会主义道路的信心与决心；讲好抗战中中国对其他国家的援助故事，引导学生树立大局意识，成为世界和平发展的维护者与支持者。

这些故事都是一种精神的体现，都是一种情怀的表达，都是一种信仰的坚守，都是伟大成就的源泉。思政课教师讲好抗战故事，培育爱国、团结、自强的有用人才，增强对中国的认同感与归属感。

三、思政课教师讲好中国抗战故事的实践理论

习近平同志强调思政课是立德树人的关键，上好思政课，教师是关键。

（一）爱国情怀是关键

学校教育作为影响学生世界观、人生观、价值观形成的主渠道，直接影响着学生成为什么样的人。“思政课要引导学生立德成人、立志成才。只有打动学生，才能引导学生。教师在课堂上展现的情怀最能打动人，甚至会影响学生一生。”① 增强学生对祖国的认同感，在学生中厚植爱国主义，需要思政课教师先有深厚的爱国主义情怀。中华民族和中国人民在抗战时期抵御外侮、宁死不屈的爱国故事，是一股强大的精神力量和重要教育内容。

第一，思政课教师应广泛深入地了解九一八事变、卢沟桥事变、南京大屠杀、狼牙山五壮士等体现爱国主义精神的故事，把握战争爆发的根源，体会所遭受的深重灾难与不屈不挠的反侵略过程，以及中国抗战对世界反法西斯战争取得胜利所做出的贡献。要组织思政课教师领悟抗战故事与革命先烈感人事迹中蕴含的抗战精神，对彰显革命精神和爱国主义精神的抗战故事进行系统学习，自觉将其内化到教师的价值观体系中，打牢教师的爱国主义理论根基。

第二，培养思政课教师的爱国情怀，关键在于广泛开展大量的实践活动。组织教师开展与抗战相关的调研活动，走进中国抗战革命根据地了解抗战历史，参观博物馆、先烈故居，缅怀革命先烈；对经历过抗日战争的老战士及其家属进行慰问，倾听老战士们的亲身经历，以最直接的方式激发思政课教师的爱国情怀。让教师在实践活动中受到抗战精神潜移默化的影响，增强爱国主义情怀，自觉、主动承担起传承抗战精神和中国精神的使命。

（二）政治觉悟是基础

习近平同志强调：“让有信仰的人讲信仰，善于从政治上看问题，在大是大非面前保持政治清醒。”② 思政课具有鲜明的政治属性。政治立场是思政课教师坚定马克思主义立场和人民立场、拥护党的领导和热爱教育事业的根本决定因素。因此，思政课教师要拥有坚定的政治方向、鲜明的政治观点和敏

① 习近平．思政课是落实立德树人根本任务的关键课程［J］．实践（党的教育版），2020（9）：4-11.

② 习近平用新时代中国特色社会主义思想铸魂育人　贯彻党的教育方针落实立德树人根本任务［N］．人民日报，2019-03-19（1）．

锐的政治嗅觉，掌握教育的发展和变化趋势，增强思想政治教育的预见性。

第一，教师自身要加强政治理论学习。研读马克思主义经典著作、马克思主义中国化的理论成果，善于用历史唯物主义和辩证唯物主义来分析和解决问题；深入研究国史、党史，尤其是在抗战时期艰苦奋斗的历史，了解党的领导智慧，只有在中国共产党的领导下才能真正实现人民当家作主，从而更加拥护中国共产党的领导。

第二，利用多种途径对思政课教师展开培训。邀请相关领域的专家开办讲座，对国内国际的形势和热点问题进行分析，加强对思政课教师的形势与政策教育；除了线下培训，也可以利用网络平台对思政课教师进行线上培训，还可以给思政课教师提供到国外访学交流、到国内双一流高校进行访问的机会，拓宽他们的视野，以此增强他们对中国特色社会主义的认同感。

第三，实践锻炼是强化思想政治理论学习的有效途径。建立相关的实践基地，组织思政课教师到实训基地进行参观和实训、参加社会服务、进行调查研究等，在实践过程中锻炼教师利用政治理论解决实际问题的能力。

（三）个人魅力是核心

道德的力量是无穷的。思政课教师肩负着重大的使命和责任，其专业素养、道德品质、感染力和号召力等个人魅力直接决定着思政课的实效，加强教师的师德建设对落实立德树人的根本任务起着至关重要的作用。

第一，思政课教师要打牢自己的专业知识，树立终身学习的理念，始终处于学习状态。不仅要爱学习，还要善于学习，随着时代的变化不断更新知识结构；应刻苦钻研思想政治专业知识，提高自身专业技能，严谨治学，提高科研能力和水平；广泛汲取相关领域的知识，博采众长，拓宽视野；同时要提高自身教学水平。在讲解抗战故事时，教师要以专业的知识和精湛的教学技能来吸引、感染学生，使学生在教学中受到抗战精神的感化和教育。

第二，思政课教师要做到自律修身，以德育人。高尚的人格魅力更能吸引学生，因此，思政课教师要在日常的生活和工作中养成良好的习惯，不断提高自身的道德修养，自觉养成高尚的品行，提高人格魅力，以身作则、言传身教、自省自律。

第三，思政课教师要自觉践行道德规范，将其内化于心、外化于行，形成高尚的师德师风，以人格魅力感染学生，以润物细无声的方式滋润学生，以乐于奉献、淡泊名利、清正廉洁的优良品格引导学生。教师要做守正创新的探索者。新时代的思政课教师，如果一味地因循守旧、闭门造车，只会被时代淘汰。思政课教师要树立创新思维，具备一定的创新能力，通过各种平台参加创新类的实践和比赛，在活动中培养创新思维和创新能力。

思政课教师讲好抗战故事，应具备强烈的爱国主义情怀、较高的政治觉悟以及独特的个人魅力，把爱国情、强国志、报国行自觉融入实现中国梦的伟大奋斗之中，更好地发挥立德树人功能。

（该文载于《洛阳师范学院学报》2021 年 7 月第 7 期。）

贵州高校运用红色文化资源育人研究

汪 勇

红色文化资源是中国共产党团结带领人民在波澜壮阔的伟大斗争中创造的以马克思主义中国化为核心的历史文化结晶，集中反映了中国共产党和革命先辈的思想意识、精神风貌、道德品质和优良作风。作为积淀着中华民族最深层次的精神追求，代表着中华民族独特的精神标识，红色文化资源的价值绝不仅仅体现在新民主主义革命时期，其所蕴含的中国共产党的优良传统和精神品质穿越历史时空的隧道，在实现中华民族伟大复兴中国梦的新时代背景下继续发挥着重要作用。大学生是中国特色社会主义事业的建设者和接班人，肩负着实现中华民族伟大复兴的时代责任和历史使命。红色文化资源作为中国革命胜利的精神动力和民族文化发展的时代硕果，俨然已成为大学生坚定理想信念、增强文化自信、弘扬中华民族精神和时代精神的重要组成部分。

党的十八大以来，习近平同志在多个场合强调，要把红色资源利用好、把红色传统发扬好、把红色基因传承好。因此，利用红色文化资源育人意义重大。从国家层面来讲，它有助于拓展高校思想政治教育的形式，维护党的执政地位，为中国特色社会主义现代化建设培养合格的建设者和接班人，同时也有利于红色文化资源的传承与弘扬，唤醒人民群众心中的“红色记忆”；从大学生层面来讲，它有助于提高大学生的思想道德素质，助力良好行为习惯的养成，促进大学生形成正确的世界观、人生观和价值观。贵州作为孕育和成就中国革命的一片红色热土，这片热土上的大学生、这片热土上的高校更加有责任把红色资源保护好、利用好，让红色文化资源在贵州高校的大学生中弘扬好、传承好，发挥好红色文化资源育人的价值，实现好红色文化资源育人的目的，更好地为社会主义事业培养合格的建设者和可靠的接班人。

一、红色文化资源与高校育人

随着科研队伍的不断壮大和学术成果的不断呈现，红色文化资源的研究已经逐渐成为国内学术界的热点。虽如此，目前学术界对于“红色文化资源”的内涵界定、衍生原因、升华发展及种类构成仍然处于“百家争鸣”的态势，并没有形成统一的认知，这对于科学合理地开发和利用红色文化资源是一种障碍，也不利于红色文化资源的后继科研工作者进行深入的研究与探讨。高校利用红色文化资源开展育人实践，必须首先从理论层面廓清红色文化资源的基本概念等范畴。本文以“红色文化资源”的概念界说为出发点，分别对红色文化资源的特征、表现形式以及功能进行阐述，同时也积极论证红色文化资源与高校育人的内在联系，助力提升“红色文化资源”在高校育人中利用的科学认知。

（一）红色文化资源

研究贵州高校的红色文化育人资源，首先需要全面分析并准确掌握红色文化资源的内涵、特征和表现形式，以便为后续研究的开展奠定良好的基础，为探索实现红色文化资源育人提供理论依据。

1. 红色文化资源的内涵

学术界对于红色文化资源内涵的争论此起彼伏。有学者认为，“红色文化资源是我党我军和我国各族人民在长期的革命斗争中形成的历史遗存，它体现了我党我军的革命精神和优良传统，是中华民族的优秀文化资源，是实现中国梦的精神财富和力量源泉”。① 也有学者认为，“红色文化资源是中国人民在马克思主义理论指导下，在中国共产党领导下，在理论与实践过程中所创造并遗留下来的、以精神与物质形态存在的一种特殊文化形态。它有物质和非物质两大类型”。② 目前，对于“红色文化资源”这一概念，还未出现政府官方或者权威读本所下的定义。本文立足于学术界现有的研究基础，尝试对红色文化资源的概念提出浅显的观点——“红色文化资源是中国共产党领导广大人民群众在马克思主义理论指导下，在实现民族解放、国家富强和中华民族伟大复兴的历史征程中所创造并保存下来的一种物质与精神形态共存

---

① 范玉刚. 红色文化资源的内涵阐释与产业开发［J］. 百家评论，2015（4）：4-11.

② 渠长根. 红色文化概论［M］. 北京：红旗出版社，2017：94.

的特殊宝贵资源”①。经过对红色文化资源的概念进行辨析，我们对红色文化资源可以产生以下几点基本认知。

第一，关于红色文化资源的诞生。从1840年鸦片战争以来，中国沦为半殖民地半封建社会，饱受帝国主义、封建主义、官僚资本主义三座大山的剥削和压迫，中华民族面临亡国灭种的深重危机，能人志士都在探索救国救民之道。什么主义都试过了，都不管用，正当人们迷惑、彷徨，找不到出路的时候，俄国十月革命为中国送来了马克思主义，让中国的工人运动和无产阶级革命自此有了科学的指导理论，但我们不能教条式地照搬照抄马克思主义和俄国的革命道路，要依据中国革命的具体实际制定相应的革命策略。红色文化资源是在马克思主义指导下，中国共产党率领广大人民群众在革命和建设的实践过程中形成的各种物质和精神财富。也就是说，红色文化资源的诞生源于中国无产阶级革命的需要。一方面，红色文化资源诞生的先决条件是中国的革命和建设的实践，它们是孕育红色文化资源的母体。另一方面，红色文化资源又能够为中国的革命和建设实践提供价值导向、理论支撑和实践佐证。新民主主义革命时期诞生的红色文化资源，是共产党人反对旧统治和“白色恐怖”的理论武器，它验证了马克思所说的“理论一经掌握群众，也会变成物质力量”②，指引着无数仁人志士为了实现共产主义的美好愿景而不懈奋斗。自诞生伊始，红色文化资源作为重要的思想政治教育资源，就为中国的革命和建设发挥了重要的作用。

第二，关于红色文化资源的形成与发展。红色文化资源形成于中国人民陷于苦难的新民主主义革命时期，发展于社会主义革命和现代化建设的各个阶段，虽然呈现出的主题与内涵略有差异，但始终代表着中国最广大人民的根本利益，因此深受人民群众的信任与青睐。对于部分学者仅把红色文化资源限定在新民主主义革命和社会主义建设时期，也就是1921—1978年间，本文持商榷的态度。红色文化资源最为鲜明的特性之一就是与时俱进，它贯穿于中国革命实践和社会主义现代化建设的全过程，并且随着党执政的不断深化和时代的发展而不断丰富其内涵。也就是说，红色文化资源所具备时代性和发展性的特征，它能在改革开放和社会发展的进程中不断衍生出具有时代

---

① 胡杨，汪勇．略论红色文化资源融入高校思想政治教育的路径［J］．学校党建与思想教育，2020（8）：77-78.

② 中共中央马克思恩格斯列宁斯大林著作编译局．马克思恩格斯选集：第1卷［M］．北京：人民出版社，2012：9.

感召力的新内容、新精神、新载体，红色文化资源能够在时间和空间域内无限外延和拓展其内涵。同时，我们应该在理解的基础上继承和发展红色文化资源，这也是事物发展规律中“扬弃”的应有之义。如在革命战争年代，暴力革命、流血牺牲、建立政权则是当时鲜明的时代主题；社会主义建设时期，我们更多要讲的是艰苦奋斗、锐意进取、奋发图强等充满生产力意味的话语；新时代，随着改革开放的深化和社会的持续性变迁，改革创新精神、科学的发展理念、和谐的社会文化、民族复兴的梦想也必须适时融入红色文化资源的要义之中。在“不忘初心、牢记使命”时代号召下，对于红色文化资源，我们更多的要“扬”，而不能“弃”。习近平同志曾经说过：“走得再远、走到再光辉的未来，也不能忘记走过的过去。”① 对于那些不适应时代发展主题的如暴力革命、武装斗争和阶级斗争等红色文化资源，我们不能够忘记，反而要以此训勉自己不忘红色共和国的来之不易。对于顺应新时代发展的如改革创新、提高社会生产力以及追求美好生活等主题，我们更要“内化于心、外化于行”，以实际行动助推红色文化资源的传承与发展。

第三，关于红色文化资源的价值。资源一般包括了自然资源、经济资源、文化资源、人力资源、政治资源以及制度资源六大彼此相互独立、相互影响的资源系统。其中第一种资源是大自然的馈赠，后五种资源被深深刻上了人类劳动的印记，被统称为社会性资源。从宏观层面上看，红色文化资源是庞大的社会性资源中的一种。红色文化资源是中国共产党领导人民群众在政治、经济、文化和教育等社会活动中创造出来的物质财富和精神财富，是可供党和全社会开发利用的优秀资源之一。如红色文化资源可以作为旅游资源发展为第三产业，可以作为优秀的教育资源立德树人、育人铸魂，也可以作为政治资源用于坚定党员干部的马克思主义信仰等。从微观层面来说，结合本课题的研究来看，红色文化资源是极为宝贵的思想政治教育资源。首先，红色文化资源的本质属性是意识形态性。红色文化资源诞生在炮火连天的革命战争年代，其既是中国共产党用以宣传马克思列宁主义、推翻反动统治的理论武器，又是党和率领的人民在不同时期生产、生活以及开展教育活动等的鲜明写照。思想政治教育有别于一般的教育实践，它的育人重点是灌输统治阶级的意识形态，培养出意志坚定且维护阶级利益的后备军。因此，红色文化资源的教育功能与思想政治教育的价值追求具有同一性，红色文化资源内在

① 习近平．习近平在庆祝中国共产党成立 95 周年大会上的讲话［N］．人民日报，2016-07-02（2）．

地从属于思想政治教育的范畴。其次，红色文化资源能够为思想政治教育提供丰富的育人素材。理论层面如红色文化资源中的红色精神只能先依托理论灌输的方式进行传授，但若没有配套的如参观革命圣地、伟人故居或革命纪念馆等实践教学，理论教育的成效会大打折扣。百闻不如一见，榜样教育法和情境教学法是教育客体喜闻乐见的教育方式，它们的优势在于能够让教育客体近距离地感受和体悟。红色文化资源不仅能够为思想政治教育的开展提供精神层面的理论素材，也能够为育人的教学实践提供客观资源层面的帮助。最后，红色文化资源的育人目的与思想政治教育是一致的，都是为了促进人的全面发展，培养合格的社会主义事业的建设者和接班人。无论是“知情意行”还是“德智体美劳”，教育客体要实现全面发展且不可能一蹴而就，必须经过略显漫长的过程。在育人过程中，红色文化资源始终能够春风化雨般地作用于教育客体的内心世界，规范教育客体的言行，激励他们更好地成长为“时代新人”。

2. 红色文化资源的特征

红色文化资源的诞生和发展与中国社会发展的各个历史阶段密不可分，时代和社会发展赋予了红色文化资源鲜明的意识形态性、民族性、时代性、群众性和多样性。

第一，意识形态性。红色文化资源自诞生之日起就是共产党人和无产阶级的精神食粮，正因为它诞生于特定的历史背景之下，并且始终服从并服务于党在不同历史时期的中心任务，所以带有鲜明的意识形态色彩。红色文化资源的意识形态性主要体现在以下三方面：其一，红色文化资源能够从思想层面夯实中国共产党的执政基础。红色文化资源记录了中国共产党艰苦的“创业”历程。伴随着党执政的不断深化，红色文化资源的内涵也更加充盈。回顾中国共产党成立百年的峥嵘岁月，红色文化资源陪伴着共产党人见证了新民主主义革命、社会主义建设以及改革开放等意义深远的伟大历史进程。此外，红色文化资源凝结了中国共产党人和广大无产阶级的价值追寻，承载了党和人民的共同理想。红色文化资源的基因与党的性质、宗旨和使命是相契合的，那就是始终全心全意为人民服务，始终把人民的拥护与支持看作党执政的根基所在。红色文化资源能够展示出党在不同历史时期优良的执政风貌，保持并增强党与人民群众的“鱼水关系”，使人民群众紧密团结在党的领导之下。其二，红色文化资源能够夯实全党、全社会的社会主义文化自信。习近平同志曾指出：“光荣传统不能丢，丢了就丢了魂；红色基因不能变，变了就变了质。”① 红色文化资源中蕴含了马克思主义思想、中华优秀传统文化以及社会主义先进文化，它们共同凝聚起了全体中华儿女的民族自信心和时代自豪感。其三，红色文化资源助推了社会主义核心价值观的培育。红色文化资源是在马克思主义中国化进程中，伴随着中国共产党的诞生而产生的一种兼具民族性、革命性、时代性的崭新形态的中华文化，符合广大人民群众的价值追求，体现了先进文化的价值属性，蕴含了社会主义意识形态的核心理念。

第二，民族性。红色文化资源在其创造的过程中彰显出中华民族伟大的民族精神，同时也是对中华优秀传统文化的丰富与发展，具有鲜明的民族性特征。红色文化资源鲜明的民族性特征主要体现在以下两点：其一，红色文化资源在其创造的过程中彰显出中华民族伟大的民族精神。文化只有在充分彰显民族精神且与时代共同前进的前提下方能显现出强大的生命力。近代以来，中国人民在完成时代所赋予的各项使命的过程中形成了以爱国主义为核心的“团结统一、爱好和平、勤劳勇敢、自强不息”的民族精神。无论是新民主主义革命时期形成的井冈山精神、长征精神、延安精神等，还是在社会主义建设时期形成的红旗渠精神、“两弹一星”精神、抗疫精神等，都是民族精神在不同的社会发展阶段中的具体体现。红色精神与时代精神是相伴相生的。红色精神会随着时代的发展不断产生新的内涵，同时也会不断赋予“十六个字”民族精神以新的表现形式。其二，红色文化资源是对中华优秀传统文化的丰富与发展。五千余年的中华文化源远流长，散发着无穷无尽的魅力，是联结亿万中华儿女和增强民族凝聚力的精神纽带。1921 年中国共产党成立以后，就致力于做好中华优秀传统文化的继承者和传道人，并尽可能地将其融入共产党人的血液之中。“全心全意为人民服务”的思想就吸纳和借鉴了中华优秀传统文化中“民为邦本”的民本思想；锐意进取、开拓创新的改革开放事业借鉴了古人“革故鼎新”的思变精神；党的十六届六中全会提出的“和谐战略”吸收和借鉴了传统文化中“天人合一”的和谐观；习近平同志所说的“我们共产党人的忧患意识，就是忧党、忧国、忧民意识，这是一种责任，更是一种担当”②。是传统文化中“居安思危”的忧患意识的体现。优秀的中华传统文化与红色文化资源相适相融并且成了红色文化资源的坚实

① 习近平．在党的十八届六中全会第二次全体会议上的讲话（节选）［EB/OL］．求是网，2017-01-03.

② 习近平：坚持从严治党落实管党治党责任 把作风建设要求融入党的制度建设［EB/OL］．人民网，2014-07-01.

内核。

第三，时代性。红色文化资源是时代的产物，反映了时代的特征，与时俱进是红色文化资源葆有长久生命力的秘诀，因此具有鲜明的时代性。红色文化资源的时代性主要体现在以下三方面：其一，红色文化资源是时代的产物。上文我们论述到红色文化资源按其诞生和发展，可以划分为新民主主义革命时期、社会主义革命与建设时期以及改革开放以来中国特色社会主义建设时期内所形成的具有不同内涵的红色文化资源。前两个阶段中所形成的红色文化资源记录的是中国共产党领导全国人民开展革命斗争与社会主义建设事业等内容；改革开放以来，红色文化资源在前者的基础上又被时代赋予了新的内涵，共产党领导的人民群众继续为红色文化资源续写新的篇章。其二，红色文化资源反映了时代的特征。以战争为主题的新民主主义革命时期，红色文化资源反映的是武装斗争、暴力革命、流血牺牲等画面；社会主义革命和探索时期以及改革开放至今的这段时期内，和平与发展成为社会发展的主题，任劳任怨、开拓进取、民主法治、和谐发展等主题成为红色文化资源的应有之义。当下，全面建成小康社会和实现中华民族伟大复兴的中国梦是全党全社会的共同追求，红色文化资源也应以人们喜闻乐见的方式表达人民群众对社会发展的美好愿景。其三，与时俱进是红色文化资源鲜明的底色之一。红色文化资源是马克思主义基本原理同中国各项具体实践相结合的产物。中国共产党自建党伊始就扛起了马克思主义的鲜明旗帜，是马克思主义的维护者和践行者。中国共产党创造性地将马克思主义与中国革命、建设的具体实际相结合，相继产生了毛泽东思想和中国特色社会主义理论体系。社会主义步入新时代，在充分把握世情、国情的基础上，习近平新时代中国特色社会主义理论体系应时而生。正因为马克思主义是红色文化资源的灵魂，所以自红色文化资源诞生之日起，与时俱进就成了红色文化资源的职责所系。

第四，群众性。人民群众是不同历史时期红色文化资源的创作主体和传承主体，同时也是红色文化资源的享用者和被服务者，因此红色文化资源具有群众性。红色文化资源的群众性主要体现在以下两方面：其一，人民群众是不同历史时期红色文化资源的创作主体。毛泽东同志在 1945 年的《论联合政府》文中指出：“人民，只有人民，才是创造世界历史的动力。”① 从历史的范畴来看，整个社会的物质财富和精神财富都是人民群众创造的，脱离了人民，红色文化资源便会成为无源之水、无本之木；从红色文化资源的传承

---

① 毛泽东．毛泽东选集：第 3 卷 [M]. 北京：人民出版社，1991：1031.

来看，离开了人民群众的认同、弘扬和传播，红色文化资源就失去了生存和发展的场域。处于不同社会发展阶段的人民群众紧扣时代主题，创造出来的红色文化资源也是代表人民利益和社会发展前进方向的，人民群众是红色文化资源传承和创新过程中最为深厚的力量源泉。其二，人民群众是红色文化资源的享用者和被服务者。从马克思主义发展史的角度来看，马克思、恩格斯最早提出了“为绝大多数人”谋利益的表述，列宁提出了“为千千万万劳动人民服务”的著名论断，毛泽东更是凝练地提出了“为人民服务”的口号。不忘初心、牢记使命。新时代背景下，习近平同志提出了“以人民为中心”的发展思想。以人民为中心的发展思想既是对马克思主义唯物史观的继承与发展，更体现出了中国共产党人的治国理念和执政实践。由此可见，红色文化资源自诞生起就被打上了为社会主义服务和为人民服务的烙印。

第五，多样性。红色文化资源是一个极具开放性和包容性的系统，内涵丰富，形式多样。从宏观的角度，红色文化资源包括物质、精神、制度和信息四种表现形式。从微观的角度来看，其中每一种形态又蕴含了众多子形态。如物质形态的红色文化资源就包括了战争、革命事件及重要会议遗迹遗址、人物塑像、革命先烈旧居、革命纪念馆（碑、塔）、烈士陵园、博物馆、展览馆等内容；精神形态的红色文化资源也可以按新民主主义革命时期、社会主义革命与建设时期、改革开放以来中国特色社会主义建设时期进行划分；制度形态的红色文化资源可以细分为政治制度、经济制度、文化制度以及法律制度等内容；信息形态的红色文化资源主要包括了革命报刊，领袖人物和革命先烈的经典著作、书信及诗词，红色歌曲（舞、剧），革命标语，革命人物传记和回忆录，红色访谈资料，等等，更是不胜枚举。从红色文化资源产生的时间上看，红色文化资源具有的时代性特征会使其随着党执政的不断深化和社会发展的不同阶段产生新的内涵，这些随着时代发展主题和社会主要任务变更而诞生的红色文化资源，就是多样性的表现。从红色文化资源产生的空间上看，由于历史文化和政治地理的差异，不同区域内的红色文化资源具有一定的区域色彩。在中国共产党领导中国革命的过程中，不但锻造出了跨越 14 个省区的伟大的“长征精神”，还产生了许许多多以地方命名的革命精神，如“军民团结、艰苦奋斗”的井冈山精神，“改变作风、提高素质”的延安精神，“谦虚谨慎、戒骄戒躁、艰苦奋斗”的西柏坡精神等。他们虽然都被打上了“红色精神”的印记，但其内涵中的差异也演绎出了红色文化资源的多样性特征。

3. 红色文化资源的表现形式

目前学术界对于红色文化资源的表现形式及其分类亦是众说纷纭，具有代表性的是物质层面和精神层面的二类型说，这种说法较为宏观，能够囊括的红色文化资源也较为丰富，但它的缺陷是过于笼统，不利于学者区分和认知红色文化资源。此外，对于红色文化资源的分类还有物质层面、精神层面和制度层面的三类型说。笔者在认可这类提法的基础上提出了四类型说：物质形态、精神形态、制度形态和信息形态。

第一，红色文化资源的物质形态是指中国共产党及其领导的人民群众在革命、社会主义建设和改革开放的历程中所形成的规模巨大的历史遗存，主要包括战争、革命事件及重要会议遗迹遗址、人物塑像、革命先烈旧居、革命纪念馆（碑、塔）、烈士陵园、博物馆、展览馆等形式存在。物质形态的红色文化资源遍布大江南北，是数量最丰富、规模最庞大且最容易引人注目的红色文化资源。其一，战争、革命事件及重要会议遗迹遗址。自五四运动爆发以来，中国近半个世纪的革命历程中留下了许多遗址、遗迹。如江西修水县秋收起义红军第一师司令部旧址、南昌起义司令部旧址、嘉兴南湖中共“一大”旧址、遵义会议旧址、延安中共“七大”旧址等。其二，人名地点、人物塑像和革命先烈旧居。在漫长的革命斗争、社会建设和改革开放过程中涌现出一大批仁人志士，他们为了民族独立、人民解放、国家富强和人民幸福等事业做出了巨大的贡献，甚至不惜献出了自己宝贵的生命。为了缅怀他们的不朽功勋和光辉业绩，弘扬和传承他们的爱国主义精神，在他们的出生地、战斗地、主要事迹发生地、牺牲地以及长期工作地相继以他们的名字命名相关的城市或是树立雕像。就人名地点来说，如陕西省延安市的志丹县、山西省晋中市的左权县、吉林省白山市的靖宇县等。就人物塑像来说，往往树立于故居、纪念馆、大型广场、公园、校园等具有纪念价值的场所。如为了纪念毛泽东同志和表达对毛主席的崇敬之意的“毛主席塑像”，为了纪念改革开放的历史意义矗立在深圳市莲花山的“邓小平塑像”，等等。革命先烈旧居主要是指革命战争年代的仁人志士曾经生活和工作过的场所。如位于湖南湘潭市韶山村的毛泽东同志故居，位于湖南宁乡市花明楼镇炭子冲村的刘少奇同志故居，位于四川省广安市广安区协兴镇牌坊村的邓小平同志故居，等等。其三，革命纪念馆、博物馆、展览馆以及烈士陵园等历史纪念场所。革命纪念馆、博物馆和展览馆用以纪念革命先烈和警醒世人需要铭记的重大历史事件。如南昌八一起义纪念馆、南泥湾大生产纪念馆、延安革命纪念馆、中国人民抗日革命纪念馆等。烈士陵园的修建是为了纪念烈士和对社会主义有杰出贡献的人物，其占地面积较大，大多数国家级和省级的烈士陵园都配套修建了纪念馆和墓碑等。

第二，红色文化资源的精神形态是指中国共产党领导全国人民在革命、建设和改革时期求索和追寻的政治信仰、理论知识、价值取向和道德观念等。它是对红色文化内核的高度凝练，表现为新民主主义革命时期、社会主义革命与建设时期、改革开放以来中国特色社会主义建设时期内的各种红色精神。鉴于党在不同时期的红色精神的内涵丰富，我们有必要进行进一步的梳理。其一，就新民主主义革命时期的红色精神来说，主要可以按照历史时间轴和“总—分”的结构细分为五类：第一类，即从中国共产党成立伊始至井冈山革命之前形成的精神，此时的红色精神不多，具有代表性的如安源精神、“二七”精神、“八一”精神等。第二类，即中国共产党领导人民群众在不同的革命历史阶段形成的母体红色精神，如井冈山精神、长征精神、延安精神、西柏坡精神等。第三类，即从属于母体红色精神“下位”的子精神，如长征精神中的“半条被子”精神、遵义会议精神，延安时期敌后大生产运动中诞生的南泥湾精神等。第四类，即中国共产党领导人民群众开辟小型根据地和解放区时期形成的红色精神，如沂蒙精神和百色精神等。第五类，中国共产党领导人民群众在“国统区”与敌对势力进行革命斗争时形成的红色精神，其中最为典型的是红岩精神。武装斗争、不怕牺牲、顽强拼搏等是新民主主义革命时期红色精神的共同内涵。其二，就社会主义革命与建设时期的红色精神来说，主要可以分为社会主义革命时期的红色精神和社会主义建设时期的红色精神，这些红色精神形成的时间跨度为新中国成立之后至改革开放以前。社会主义革命（涵盖了社会主义改造）时期的红色精神主要以抗美援朝精神和北大荒精神为代表；社会主义建设时期的红色精神在许多层面都有所体现，如“农业学大寨”的大寨精神、“工业学大庆”的大庆精神和以王进喜同志为先进典型的“铁人精神”，党性和干部层面的“雷锋精神”“焦裕禄精神”以及科学技术层面的“两弹一星”精神等。其三，就改革开放以来至中国特色社会主义现代化建设的新时期来说，精神形态的红色文化资源表现形式多样、成果丰硕。如果说新民主主义革命时期和社会主义革命与建设时期形成的红色精神用过去式来表达的话，那么改革开放以来形成的红色精神就要用现在进行时来表达。随着社会发展过程中重大（突发）事件的出现，党在领导人民群众解决或缓和矛盾的过程中，也会形成相应的红色精神。如改革开放伊始，为了充分调动农民开展生产劳动的积极性，村民立下生死状，按下红手印，签订大包干契约，拉开中国农村改革大幕的“小岗精神”（也称

“大包干”精神)；为城市的发展提供导向和动力作用的被概括为“开拓创新、诚信守法、务实高效、团结奉献”十六个字的“深圳精神”；为激励奥运健儿的斗志以“更快、更高、更强”为核心的“奥运精神”；2020年在抗击新冠疫情中形成的“生命至上、举国同心、舍生忘死、尊重科学、命运与共”的抗疫精神。除此之外，还有在战胜其他自然灾害和重大灾难过程中形成的抗洪精神、抗震救灾精神等。

第三，红色文化资源的制度形态是指党领导人民群众在不同的革命历史时期和社会主义建设时期形成的用以维护正常的工作、劳动、学习和生活的各项秩序，保证各项政策顺利开展的具有法规性、指导性和强制性的一系列规章制度的总称。从本质上讲，红色制度是党在历史发展各个阶段的纲领、路线、方针、政策等一系列的规范体系和行为模式，涵盖了创建、推行和保护红色文化的各种规章制度及政策法规，其实质是中国制度力量的一种体现。红色制度在规范共产党员和人民群众的行为、鞭策和激励其斗志及实施功过奖惩等层面具有十分重大的意义。红色制度可以细分为政治制度、经济制度、文化制度以及法律制度等内容。如新民主主义革命时期的“政治协商制度”(最早可以追溯到1924年，在共产国际的帮助和撮合下，国共两党以“党内合作”的形式实现了第一次合作。国共两党的第一次合作具有政党协商的性质)；坚持党管宣传，强化对新闻报刊工作的领导权，建立最广泛的宣传思想文化统一战线，实现文化领导权的文化制度；国共十年对峙期内的土地革命相关的经济政策以及抗日战争时期根据地实行减租减息等相关政策的经济制度；新民主主义革命时期颁发的《井冈山土地法》《中华苏维埃共和国宪法大纲》等法律层面的制度体系。以上列举的只是新民主主义革命时期相关的红色制度，新中国成立以来，伴随着社会发展和治国理政的不断深化，已经有越来越多的红色制度呈现在我们眼前。

第四，红色文化资源的信息形态是指为宣传党的理论和思想，发动群众、凝聚共识，党领导人民群众在中国革命和建设的伟大征程中创作出的文化和艺术作品，主要包括革命报刊，领袖人物和革命先烈的经典著作、书信以及诗词，红色歌曲（舞、剧），革命标语，革命人物传记和回忆录，红色访谈资料，等等。不同历史时期的红色文化信息资源，分别表达了对马克思主义信仰的坚守，对共产主义（社会主义）的拥护，对新时代美好生活的向往与追求等内涵，它们记录了新民主主义革命以来中国人民的奋斗历程和拼搏姿态，是可以触摸和感知且最容易打动内心的红色文化资源之一。其一，革命报刊。为了以工人阶级和人民群众喜闻乐见的形式将马克思主义简明扼要地“灌输”

进他们的头脑，党早期的革命报刊应运而生，主要包括如《新青年》《共产党月刊》《向导周报》《前锋月刊》等刊物；新中国成立后，党的报刊承担着宣传国家意识形态、宣布党和国家的重大政策主张、记录社会的发展与变迁等重大任务，主要有《人民日报》《光明日报》等。其二，领袖人物和革命先烈的经典著作、书信以及诗词。他们留下的著作、书信以及诗词是人民群众的精神食粮。就著作来说，如《毛泽东选集》《毛泽东文集》《周恩来选集》《刘少奇选集》《朱德选集》《邓小平文选》等。就红色书信来说，内容和体裁也十分丰富。华中科技大学出版社 2019 年出版的《红色家书》一书，其中就囊括了党早期革命领导人如俞秀松写给父母的《我要救中国最大多数的劳苦群众》、李立三写给父亲的《造一个光明灿烂的新世界》以及张太雷写给妻子的《求学问是一种快乐的事》等书信。从这些书信中，我们可以读到革命先烈对理想信念的执着追求、对党绝对忠诚的赤子之心、为人民大众谋取利益的炽热情怀和舍生取义的崇高气节等内容。红色诗词是领导人和革命先烈在面临特殊的重大事件时所作用以记录内心感情世界的佳句，如毛泽东的《沁园春·雪》《七律·人民解放军占领南京》、周恩来的《为“皖南事变”题诗》及董必武的《中秋望月》等。其三，红色歌曲（舞、剧）及革命标语。红色歌曲（舞、剧）仿佛能把人带到那烽火连天的战争年代，带到热火朝天的建设工地，让人在追忆那些为民族独立、人民解放、国家富强和社会进步而奉献青春热血乃至宝贵生命的英雄的同时，激发一种豪迈的英雄气概，激励人们奋发向上。具有代表性的“红歌”有《义勇军进行曲》《游击队歌》《北京的金山上》等；代表性的红色舞蹈如根据红色歌曲改编的同名舞蹈《映山红》《红星闪闪》等；代表性的红色歌剧有《智取威虎山》《红灯记》《红色娘子军》等。革命标语是党在新民主主义革命时期、社会主义革命和建设时期，文字简练、意义鲜明的宣传和鼓动口号，它们的作用是向人民群众宣传马克思主义和党在各个历史阶段的纲领、政策、路线等内容。如井冈山革命时期的“工农专政”“参加红军，把军阀彻底打倒，永远过太平日子”；延安革命时期的“红军是第一次大革命光荣传统的继承者”“工农商学兵联合起来，打日本强盗”；新中国成立后，三大改造时期的“总路线是照耀我们各项工作的灯塔”等。其四，革命人物传记和回忆录。革命人物传记是对红色人物的生平、生活、工作和精神等领域进行系统性描述的文学作品，是对革命人物的特征和深层次精神的表达和反映。如罗斯·特里尔所著的《毛泽东传》、迪克·威尔逊所著的《周恩来传》以及中共中央文献研究室编著的《邓小平传》等。回忆录则不像人物传记那般工整和条理清晰，也不拘泥于形式，是一种自传体的描述，在品读的过程中能够让人体会到主人公闲逸而亲切的叙事口吻，继而产生强烈的对话感。《老一辈革命家回忆录系列》中就包含了众多充满革命激情、饱含人生感悟、凝聚深刻思考且具有历史厚重感的作品，如《李德生回忆录》《耿飚回忆录》《黄克诚自述》等。

（二）红色文化资源的育人功能

研究贵州高校的红色文化资源的育人功能，需要全面挖掘并深刻理解红色文化资源的育人功能，以便为后续研究提供依据，为充分发挥红色文化资源的育人功能清晰路径。

1. 思想政治的引导功能

红色文化资源在新民主主义革命、社会主义建设和改革开放等不同的历史时期内分别具备不同的内涵。这一方面说明了红色文化资源具有时代性的特征，另一方面也能看出红色文化资源产生并服务于社会发展不同阶段的主题与重大任务。红色文化资源的思想政治引导功能也是围绕党在不同时期的政治任务而展开的。在新民主主义革命时期，红色文化资源的思想政治引导功能在于引领无产阶级掌握领导权，带领人民群众完成反帝反封建的历史任务。具体说来，就是引导全体党员树立崇高的马克思主义信仰、坚不可摧的人民立场、党对军队的绝对领导思想等内容。社会主义建设时期，红色文化资源的思想政治引导功能则转化为点燃人民群众的劳动热情、坚定人民群众对社会主义制度信仰、防止敌对势力对社会主义破坏、“反修防修”等具体内容上。改革开放时期，红色文化资源的思想政治引导功能便服务于“以经济建设为中心”的基本路线，唤醒党和人民群众的创新性思维，引导人民群众增强对中国特色社会主义的认同感，带领人民群众在市场经济条件下开展经济建设等内容。社会主义步入新时代，红色文化资源的思想政治引导功能在于助推社会科学发展、现代化治理体系的构建、全面建成小康社会、满足人民对美好生活的向往等内容。虽然红色文化资源在不同的历史时期具有形式各样的政治引导任务，但它们都强调了党的绝对领导。

红色文化资源作为我国独具特色的政治文化和政治符号，其内在蕴含的思想观念、政治意识、价值追求有利于人们政治人格和政治意志的培育，能够帮助引导人们沿着正确的政治思想轨道前进，对广大群众尤其是高校学生站稳政治立场、保持清醒的思想头脑、选择正确的价值取向具有至关重要的导向功能。红色文化资源运用于高校育人有利于塑造大学生成为思想素质硬、政治觉悟高、思想政治修养好的时代新人。第一，红色文化资源有利于大学生坚定马克思主义政治理想，有效避免政治认知迷失、政治情感冲突及政治认同危机等问题。红色文化资源是由中国共产党带领中国人民在革命、建设和改革的实践中创造的宝贵资源，中国共产党是坚定的马克思主义政党，始终坚持马克思主义的指导思想。红色文化资源育人能够帮助大学生加强马克思主义思想、坚定马克思主义政治理想，做马克思主义思想的拥护者和实践者。第二，红色文化资源有利于大学生提升政治鉴别力和政治敏锐度，学会正确鉴别事物、分析问题。第三，红色文化资源有助于培育社会主义核心价值观。红色文化资源与社会主义核心价值观是一脉相承、与时俱进的逻辑关系。运用红色文化资源弘扬主旋律、传播正能量、培育社会主义核心价值观，既能增强人民群众对我党执政的认可度，又能提高红色文化资源、红色历史在人民群体中的认同感。第四，红色文化资源有助于巩固和增强人民群众尤其是大学生的国防意识。有国就有防，国无防而不立。红色书籍中记载了大量关于人民武装力量在军事斗争过程中的建设发展和新中国成立后人民军队的正规化建设历程。

2. 精神品质的塑造功能

红色文化资源蕴含着深厚的红色精神，这些红色精神集中体现了中国共产党带领全国各族人民在充满艰辛与光荣的峥嵘岁月里，为了国家和人民勇于牺牲、甘于奉献、敢于拼搏、乐于服务的精神理念、革命传统和工作作风等的总和。自中国共产党创立以来，红色精神就一直是鼓舞、激励全国各个阶层支持革命、投身革命、献身革命的重要因素。在实现中华民族伟大复兴的新时代，红色精神同样是塑造当代大学生良好精神品质、引领当代大学生积极向上、坚韧不拔、奋发有为的关键要素。

第一，红色文化资源有助于弘扬开拓创新的锐意进取精神。早在新中国成立前，毛泽东就提出了“自己动手，丰衣足食”的著名口号。新中国在一穷二白的基础上开拓创新，于 1956 年实现了社会主义改造的伟大胜利，国民经济体系基本建立。科学家们面对中苏关系破裂的局面，夜以继日地奋斗在科研一线，成功研发出“两弹一星”。以邓小平为首的党中央第二代领导集体，改革开放，开创了中国特色社会主义的发展模式，实现了民富国强。新时代仍然号召人民群众要坚持不懈地弘扬以改革创新为核心的时代精神，致力于实现“两个一百年”的奋斗目标和中华民族伟大复兴。第二，红色文化资源有助于涵养无私奉献的伟大精神。无私奉献是为国家和人民的利益贡献自己且不计个人得失的一种道德情操，是一种真诚的、自觉自愿的付出，体现了纯洁高尚的精神境界。中国共产党带领中国人民革命、建设和改革的过程中就充分发扬了无私奉献的伟大精神。第三，红色文化资源有助于保持艰苦奋斗的优良品质。艰苦奋斗是一种不怕艰难困苦、奋发图强、艰苦创业的顽强斗争精神，是中华民族和中国共产党的优良传统，是中国共产党领导中国人民克服种种困难和障碍最终取得中国革命、建设和改革事业胜利的重要精神力量。可以说，中国革命、建设和改革的历史就是一部艰苦奋斗史。第四，红色文化资源有助于培育社会主义核心价值观。红色文化资源与社会主义核心价值观是一脉相承、与时俱进的逻辑关系。新民主主义革命的任务，就是民族独立、劳苦大众在政治上得以翻身解放，这就体现出独立、平等、自由、民主等价值求索。中国共产党人不畏艰险、勇于拼搏、自力更生、艰苦创业的红色创业精神体现出爱国、敬业、勤俭、奉献等价值诉求。改革开放以来，党和国家解放思想、实事求是，勇于创新的时代精神以及在生产力发展层面、社会福利分配制度层面的艰难求索，体现出富强、创新、公正等价值理念。运用红色文化资源弘扬主旋律、传播正能量、培育社会主义核心价值观，既能够增强人民群众对于我党执政的认可度，又能提高红色文化资源、红色历史在人民群体中的认同感。

3. 行为作风的示范激励功能

红色文化既是一种政治文化，又是一种行为文化，对当代大学生的言行举止及行为规范产生现实的激励作用，促使青年大学生养成争做楷模先锋，敢于同歪风邪气作斗争，坚持廉洁自律，发扬艰苦朴素、勇敢向上的良好行为作风和生活作风。

第一，能够勉励大学生争做楷模先锋。中国共产党成立初期，一大批先进知识分子走在了时代潮流的前头，率先接受并向国人传播了马克思主义，为党的事业作出的重大贡献，他们为当代大学生树立了榜样。第二，能够鼓励大学生敢于同歪风邪气作斗争。解放战争时期，党带领各族人民与敌军开展了游击武装斗争，打响了惊世骇俗的清剿土匪、保卫政权战役。这些共产党人敢于同一切敌对势力作斗争的革命风范正是鼓励当代大学生敢于同各种歪风邪气作斗争、肃清社会污浊之气的巨大磁场。第三，有助于鼓励大学生传承革命先烈廉洁自律的作风。毛泽东提出："贪污和浪费是极大的犯罪。"①在物质资源匮乏、生活条件十分艰苦的革命战争年代，中国共产党人一直坚持廉洁自律、奉公守法的优良作风。党员干部发挥共产党员的先锋模范作用，吃苦在前、和衷共济，抵制个人主义思想，与贪赃枉法、损公肥私、损人利己作坚决的斗争。红色文化资源中的廉洁思想，对于营造全社会的清正风气，

① 毛泽东．毛泽东选集：第1卷［M］．北京：人民出版社，1991：134.

实施全面从严治党有重要的历史参照价值和教育意义。第四，有助于鼓励大学生继续发扬艰苦朴素的生活作风。早在井冈山革命根据地时期，从中央委员到普通士兵，大家都吃着红米饭，喝着南瓜汤，身穿破衣裳，一次次粉碎国民党反动派的“围剿”。长征时期，更是有著名的“七根火柴”“半条被子”“半截皮带”等感人至深的故事。社会主义步入新时代，我们仍然应该清晰地认识到：中国作为世界上最大的发展中国家的世情没有变，中国人口基数大、人均资源匮乏的基本国情没有变，而人民对于美好生活的向往则对国家的生产力水平发展提出了更高的要求。红色文化资源中所蕴含的艰苦奋斗的精神，既是党的传统优良作风，也是政治优势所在。我们应该发挥红色文化资源的影响力，以革命先烈的光辉事迹感染人民群众，厉行节俭。第五，有助于鼓励大学生在新时代勇敢向上、奋勇前进。不怕牺牲、不畏艰险的红色革命精神在战火连天的革命战争年代不断孕育和发展，体现出广大革命先烈视死如归、同仇敌忾的高尚革命意志。舍小我、顾大我的牺牲精神，记载着一个个可歌可泣的生动事例。人民军队由弱到强的发展史，始终体现着人民军队意志坚定、英勇斗争、宁死不屈的革命乐观主义精神。对于新时代的人民群众来说，革命先烈的乐观英雄主义精神，激励着大家以极为高涨的热情投身于祖国的现代化建设浪潮之中，为早日实现中华民族伟大复兴的中国梦而努力奋斗。

（三）高校育人与红色文化资源的内在联系

研究贵州高校的红色文化资源育人，还需要多方探索并深入领悟高校育人与红色文化资源的内在联系，以便为后续研究提供思路，实现红色文化资源育人。

1. 高校育人是红色文化资源发挥价值的重要渠道

大学生是祖国的未来和民族的希望，他们既肩负着红色江山代代相传的重要使命，同时也应是红色文化资源最为虔诚的传播者和弘扬者。但热爱红色文化资源并不是一句简单的口号，高校应该充分落实好育人任务，完成好育人的本职工作，将红色文化资源的魅力以理论和实践相结合的方式融入新时代大学生的内心，坚定他们对红色文化资源的认同，运用红色文化资源更好实现育人使命。红色文化资源具有丰富的政治、经济、文化、社会、生态、教育价值，这些价值要通过高校育人工作得以实现，尤其是教育价值，高校育人作为教育体系中的一大重要组成部分，是红色文化资源发挥价值的重要渠道。红色文化资源只有在高校育人的实践过程中才能更好地发挥自身的教育价值，才能得到广泛的传承，才能在新时代焕发新的活力。高校及其育人能够为红色文化资源发挥其教育价值提供诸多便利要素。第一，为红色文化资源发挥价值提供了对象。高校作为大学生集中学习和生活的场所，为红色文化资源育人提供了教育对象，且分布集中，便于开展教育。第二，为红色文化资源发挥价值提供了主体。高校有大量的从事育人工作的人员，为红色文化资源育人提供了实施者、组织者和策划者。第三，为红色文化资源发挥价值提供了场所，使得红色文化资源发挥价值有了环境载体。

2. 红色文化资源是高校育人的优质资源

红色文化资源蕴含着丰厚的思想内涵、科学的文化理念和崇高的精神价值，它们分别反映出了党及其领导的人民群众在不同历史时期的精神风貌、思想道德素质和行为规范，彰显了党完成历史使命的决心与毅力，展示了人民群众在创造红色文化资源中的主体性地位，也深刻表明了党和人民群众密不可分的血肉联系、鱼水关系。红色文化资源能够借助红色故事、红色文物、红色遗址遗迹、红色精神等物质形态和非物质形态资源对受教育者产生积极正面的影响，实现高校育人的目的。第一，红色文化资源能帮助受教育者坚定正确的政治立场。习近平总书记多次强调政治立场问题，指出在任何情况下都要做到政治信仰不变、政治立场不移、政治方向不偏，这里的政治立场有其明确的内涵，就是坚持马克思主义的指导地位，坚持中国共产党的领导核心。第二，红色文化资源能帮助受教育者树立崇高的理想信念。我国的国家性质和道路决定了必须树立共产主义远大理想和中国特色社会主义的共同理想，引导受教育者把为国家谋富强、为民族谋复兴和为人民谋幸福作为奋斗目标，做共产主义远大理想和中国特色社会主义共同理想的坚定信仰者和忠实实践者。第三，红色文化资源能够激励受教育者形成积极健康的精神状态。通过革命英雄主义、革命乐观主义和坚韧不拔等精神影响受教育者，帮助他们形成积极勇敢、坚强乐观、开拓进取的精神状态。第四，红色文化资源能够促使受教育者拥有良好的道德品质。让受教育者自觉把为人民服务的根本宗旨、无私奉献的高尚道德情操、艰苦奋斗的优良品质等内化于心、外化于行。

3. 高校育人与红色文化资源相辅相成

通过上述可知，高校育人与红色文化资源密切相连，高校育人是红色文化资源发挥价值的重要渠道，红色文化资源是高校育人的优质资源，二者相互依存、相互作用、相互促进，是一荣俱荣、一损俱损的相辅相成关系。第一，红色文化资源想要在新的历史发展阶段中得到广泛的传承和发扬，进而焕发新的活力，就需要在高校育人的实践中发挥好自己作为优质教育资源的作用，通过高校育人使红色文化资源及其蕴含的丰富思想和伟大精神深入广大高校学生的心田中、头脑里和行为上。第二，红色文化资源想要在新的历史发展阶段中得到发展和丰富就需要依靠高校育人为其发展和丰富培养主体。通过高校育人活动培育出的广大青年学生正是发展红色文化资源的生力军，他们是时代的弄潮儿，具备开拓创新、与时俱进的良好品质，为红色文化资源在新的历史条件下的发展和丰富提供了人才支撑。第三，高校育人要想取得良好效果，就需要充分运用好红色文化资源这个“接地气”的生动教材，就需要将红色文化资源融入高校育人工作的方方面面。总之，红色文化资源运用得越好，高校育人的效果就越好；反之，红色文化资源运用得不好，高校育人的效果也会大打折扣。

二、贵州高校红色文化资源育人的现状调查

为了解贵州高校红色文化资源育人的现状，2020 年 8 月，围绕贵州高校学生对红色文化资源的认知及参与情况、贵州高校教师对红色文化资源的运用情况、贵州高校本身对红色文化资源的重视情况等方面对贵州大学、贵州师范大学、贵州医科大学、贵州财经人学等贵州高校的学生开展问卷调查，同时对教师和高校其他相关工作人员开展了访谈，获得了相关的研究数据和资料。

（一）贵州高校学生对红色文化资源的认知及参与情况

1. 贵州高校学生对红色文化资源的了解情况

为更好了解贵州高校学生对红色文化资源的了解情况，问卷具体围绕“您是否了解红色文化资源”这一个主观题，你认为“红色文化资源包括哪些内容”“革命先烈包括哪些人物”这两个客观题，以及“长征时期红军经过哪些省份”这一个填空题对贵州高校的学生开展调查。

表 1　您是否了解红色文化资源？（单项选择题）

选项	了解一点	非常了解	不了解
占比 100%	占 81.5%	8.5%	10%

在“您是否了解红色文化资源”的选题中，绝大部分学生认为自己对红色文化资源只是略微了解。调查结果显示，该题选择“了解一点”的大学生占 81.5%，选择“非常了解”的大学生仅占 8.5%，而选择“不了解”的大学生则占 10.0%。

表2 您认为以下哪些属于红色文化资源的内容？（多项选择题）

选项	长征文化	革命先驱文化	地下党文化	遵义会议文化	四渡赤水精神	红嫂精神	其他内容
占比100%	74.5%	51.6%	24.7%	93.0%	64.5%	19.6%	11.7%

在“您认为以下哪些属于红色文化资源的内容”的选题中，多数学生选择了遵义会议精神、长征文化和四渡赤水精神。其中，选择“长征文化”的学生占74.5%，选择“革命先驱文化”的学生占51.6%，选择“地下党文化”的学生占24.7%，选择“遵义会议文化”的学生占93.0%，选择“四渡赤水精神”的学生占64.5%，选择“红嫂精神”的学生占19.6%，同时，还有11.7%的学生补充填写了红色文化资源的其他内容。

表3 您知道革命先烈包括以下哪些历史人物？（多项选择题）

选项	邓恩铭	周逸群	王若飞	龙大道	谢子长	方志敏	其他
占比100%	63.0%	52.3%	36.5%	17.1%	13.3%	24.7%	10.5%

在“您知道革命先烈包括以下哪些历史人物”的选题中，结果显示选择“邓恩铭”的学生最多，占总人数的63.0%，选择“周逸群”的学生位列第二，占总人数的52.3%，选择“王若飞”的学生位列第三，占总人数的36.5%。而选择“龙大道”“谢子长”“方志敏”和“其他”的学生则分别占17.1%、13.3%、24.7%和10.5%。

表4 长征时期红军经过哪些省份？

填写正确选项的数目	1-3	4-6	7-9	10-12	13-14
占比100%	47.6%	48.2%	3.2%	0.9%	0.1%

在“长征时期红军经过哪些省份”这一个填空题中，填写正确1到3个（含3个）省份的学生占47.6%，填写正确4到6个（含6个）省份的学生占48.2%，填写正确7到9个（含9个）省份的学生占3.2%，填写正确10到12个（含12个）省份的学生占0.9%，填写正确13个（含13个）省份以上的学生占0.1%，

2. 贵州高校学生对红色文化资源的参与情况

在调查贵州高校学生参与红色文化资源相关的活动情况时，根据贵州高校学生的实际情况，问卷向贵州高校学生提出能否践行红色精神、参与红色

活动、保护红色资源、传播红色文化等 5 个问题，以考察贵州高校学生在日常学习、生活中对红色文化资源的参与情况。

表 5 您在学习、生活中能否做到自觉发扬艰苦奋斗、拼搏进取、自强不息的红色精神？

选项	经常能	很少能	基本不能	不知道
占比 100%	为 49.9%	42.6%	1.7%	5.8%

当被问及“您在学习、生活中能否做到自觉发扬艰苦奋斗、拼搏进取、自强不息的红色精神”时，认为自己“经常能”和“很少能”做到的学生占绝大多数，占比分别为 49.9%和 42.6%。仅有 1.7%的学生认为自己“基本不能”做到。同时，还有 5.8%的大学生还没有思考清楚，表示“不知道”能否做到。

表 6 您在学校会主动参与有关红色文化资源的主题讲座和活动吗？

选项	一定会	可能会	不会	不知道
占比 100%	42%	54%	2.1%	1.9%

当被问及“您在学校会主动参与有关红色文化资源的主题讲座和活动吗”，反馈的具体数据显示，有 42.0% 的同学坚定地回答了“一定会”，54.0%的同学犹疑地选择了“可能会”。表示“不会”和“不知道”会不会主动参与其中的同学有 2.1%和 1.9%。

表 7 您愿意加入保护革命遗迹遗物的队伍吗？

选项	愿意	不愿意	不确定
占比 100%	81.3%	1.2%	17.5%

当被问及“您愿意加入保护革命遗迹遗物的队伍吗”，超过八成同学的回答则是肯定的。只有 1.2%的同学表示“不愿意”加入保护红色资源的行列。同时，另有 17.5%的大学生的态度摇摆不定，表示“不确定”是否愿意。

表 8 您会向不了解红色文化资源的同学或朋友介绍红色文化资源吗

选项	一定会	可能会	不会	不知道
占比 100%	52.8%	43.3%	1%	2.9%

当被问及“您会向不了解红色文化资源的同学或朋友介绍红色文化资源吗”，有52.8%的同学认为自己“可能会”，43.3%的同学认为自己“一定会”。认为自己“不会”向他人宣传和“不知道”是否会向他人宣传介绍红色文化资源的同学仅有1%和2.9%。

表9 有人发表诋毁革命人物、抹黑革命历史的言论观点时，您会予以反驳和批判吗？

选项	一定会	可能会	不会	不知道
占比100%	22.4%	75.1%	0.6%	1.9%

当被问及“有人发表诋毁革命人物、抹黑革命历史的言论观点时，您会予以反驳和批判吗”时，75.1%的同学认为自己“可能会”有所作为，努力为革命英烈和辉煌历史正名。22.4%的同学认为自己“一定会”选择驳斥，亮出自己的立场。仅有0.6%的学生选择视而不见，认为自己“不会”有所反应，而余下1.9%的同学则选择“不知道”。

3. 贵州高校学生对红色文化资源的认同情况

在了解贵州高校学生对红色文化资源的认可倾向方面，问卷围绕贵州高校学生对“红色文化资源兴趣度”“红色题材文艺作品的兴趣度”“革命遗址、红色教育基地的兴趣度”预设了3个情感认同题，并围绕贵州高校学生对“红色文化资源的时代价值”“红色文化资源的学习目的”预设了2个思想认同题。

在“对红色文化资源是否感兴趣”这个问题中，多数学生的回答是“感兴趣”和“感觉一般”。具体来看，表示“感兴趣”的学生占45.7%，“感觉一般”的学生占50.4%，表示“不感兴趣”的学生占3.9%。在“是否喜欢收听或观看红色题材的文艺作品”这个问题中，同学们没有达成较为集中和统一的选择。表示“喜欢”的学生占37.4%，“感觉一般”的学生占40.1%，表示“不喜欢”的学生占3.6%，“视情况而定”的学生占18.9%。在“是否想去参观游览革命遗址、红色教育基地”这个问题中，表示“想去”的学生占七成，具体占比达70.4%。表示“感觉一般”的学生占近三成，具体占比为27.3%。而表示“不想去”的学生占比仅是2.4%。在“认为在新时代背景下，红色文化资源对大学生思想政治教育是否还有价值”这个问题中，有75.0%的学生表示“有重要价值”，有23.5%的学生表示“有一定价值”，有1.5%的学生表示自己“不清楚”是否有价值。同时，令人欣喜的是，并没有学生认为“已经过时，没有价值”。在“认为学习红色文化资源的主要目的是什么”这个问题中，高达95.3%、94%和81.7%的学生都表示学习红色文化资源有“了解历史，缅怀先烈”“传承文化，弘扬精神”“提高境界，培养‘三观’”的目的。60.5%和55.9%的学生表示有“推动经济文化发展”“指导生活，应用实践”的意义。此外，认为学习红色文化资源可用于“娱乐身心，打发时间”以及认为只是“应学校要求学习”红色文化资源的学生也分别占有13.0%和13.8%。

（二）贵州高校教师对红色文化资源的运用情况

1. 贵州高校教师在专业课中对红色文化资源的运用

围绕贵州高校教师在专业课中对红色文化资源的运用情况，对贵州大学、贵州师范大学、贵州医科大学、贵州财经大学等贵州高校的专业课教师进行了访谈。作为访谈对象的专业课教师所承担的课程主要包括以下几门：基础医学概论、临床医学概论、管理学基础、西方经济学、会计学原理、音乐学、环境设计等。访谈结果显示：一方面，通过对社会科学类、文史哲专业课教师的访谈，了解到这部分教师在专业课中会运用到部分红色文化资源的相关内容，但非常有限，并且由于受限于原本专业课的教学内容和教学目标，在提到红色文化资源相关内容的时候只是作为例子，浅尝辄止，不会深究，也不会过多地去讲解，去占用太多的时间，仅仅是一带而过。另一方面，通过对自然科学类、理工科专业课教师的访谈，了解到这部分教师在专业课讲授中基本上不会涉及红色文化资源的相关内容，大部分的此类专业课程本身也不会利用这方面的资源，这就导致了作为自然科学类、理工科专业课的教师，长期从事本专业的教学和研究，他们自身对红色文化资源的了解也非常有限，运用就更无从谈起。

2. 贵州高校教师在公共课中对红色文化资源的运用

围绕贵州高校教师在公共课中对红色文化资源的运用情况，对贵州大学、贵州师范大学、贵州医科大学、贵州财经大学等贵州高校的公共课教师进行了访谈。作为访谈对象的公共课教师所承担的课程主要包括以下几门：大学英语、大学语文、体育、高等数学、大学生就业指导、军事理论课、毛泽东思想和中国特色社会主义理论体系概论、形势与政策、贵州省情、思想道德修养与法律基础、中国近现代史纲要等。访谈结果显示：一方面，通过对思想政治教育理论课的公共课教师的访谈，了解到这部分教师在公共课中运用到红色文化资源相关内容的频率较高，教师自身对红色文化资源也有一定的掌握，运用过程中比较得心应手、游刃有余，但是对于红色文化资源的运用存在过度的灵活性问题，因为这些公共课的课程和教学大纲中没有规定一定要涉及红色文化资源，或者明确指出要将红色文化资源讲到什么程度，对于红色文化资源的运用往往取决于教师的知识结构，或者当时的灵光一闪。另一方面，通过对大学英语、数学、语文等非思想政治教育理论课的公共课教师的访谈，了解到这部分教师在公共课中运用到红色文化资源相关内容的频率较低，几乎没有，同样他们自身对红色文化资源的了解也非常有限，运用自然也就谈不上。

3. 贵州高校教师在选修课中对红色文化资源的运用

围绕贵州高校教师在选修课中对红色文化资源的运用情况，对贵州大学、贵州师范大学、贵州医科大学、贵州财经大学等贵州高校的选修课教师进行了访谈。作为访谈对象的选修课教师所承担的课程主要包括以下几门：文献检索、人力资源管理、创业基础、卫生法学、中国名著及赏析、音乐赏析、世界美术史及欣赏、世界建筑及欣赏、辩论理论与实务等。访谈结果显示：一方面，通过对社会科学类、艺术文化类的选修课教师的访谈，了解到这部分教师在选修课中会运用到一小部分红色文化资源的相关内容，但主要是从艺术的角度、审美的眼光出发，如革命时期的歌曲、绘画、雕塑、刺绣等，重点放在对外在形式的赏析和外在结构的把握上，而对于红色文化资源蕴含的丰富内涵和伟大精神则很少涉及。另一方面，通过对自然科学类选修课教师的访谈，了解到这部分教师在选修课中几乎不会运用到红色文化资源相关内容，同样他们自身对红色文化资源的了解也非常有限，大部分都仅仅停留在外在形式上的了解，教学中无法深入运用。

（三）贵州高校本身对红色文化资源的重视情况

1. 贵州高校对红色文化资源育人的资金投入

通过对贵州高校的财务处、教师工作处、设备处、人事处、党委办公室等各个职能部门和处室的工作人员以及各二级院系的行政管理人员的访谈，了解到贵州高校对红色文化资源育人的资金投入方面还存在缺口。第一，大部分高校对红色文化资源育人的资金投入仅仅停留在校园宣传上，如红色文化宣传栏、展示架、标语、横幅等花费较小的硬件设施上，而这部分的资金投入非常有限，相比起其他方面的资金投入，这方面的投入微乎其微。此外，在红色文化资源育人的软件设施投入上还远远不够，比如，对相关科研项目的资金支持以及对相关学习培训的资金支持等。第二，大部分高校都没有直接划拨或预留资金用于红色文化资源育人专项工作，只有少部分高校以其他间接的形式用于支持红色文化资源育人，比如，组织各院系、部门申报学校大学生思想政治教育工作创新基地，申报成功获得立项的话就能得到一定的基金支持。第三，就各二级院系而言，对红色文化资源育人有一些资金投入，但金额相当小，集中在院系层面的学生活动、党建活动、支部活动、工会活动等活动中，而院系层面举办的这些红色主题活动、红色教育实践等都是小型的，范围窄、影响小，所划拨的资金也相当有限，形成的育人影响力也相当有限。

2. 贵州高校对红色文化资源育人的师资培育和引进

通过对贵州高校的财务处、教师工作处、设备处、人事处、党委办公室等职能部门和处室的工作人员，以及各二级院系的行政管理人员的访谈，了解到贵州高校对红色文化资源育人的师资培育和引进还不够。第一，在师资培育方面，现在由于各高校对红色文化资源的价值及其运用的重视程度都在加深，大部分高校对原有教师队伍的红色文化资源相关培训都在开展，包括举办校内的相关培训、组织教师出去参加相关的学习进修和会议等。但是在红色文化资源育人的师资力量上仍然远远不够，无法满足现有学生的需要，并且缺乏专业的师资。第二，在人才引进方面，由于这方面的专业人才较少，目前大部分高校对于红色文化资源育人的专门师资引进都不足，基本上没有专门引进这方面的人才。此外，对于引进红色文化资源育人的相关人才方面也没有出台系统的人才引进制度，仅仅在人文社科类人才引进当中包含部分，但是也没有明确规定每年度需要引进多少这方面的人才。

3. 贵州高校对红色文化资源育人的设施配备

通过对贵州高校的财务处、教师工作处、设备处、人事处、党委办公室等各个职能部门和处室的工作人员，以及各二级院系的行政管理人员的访谈，了解到在学校层面上，贵州高校对红色文化资源育人的设施配备尚未配齐，大部分高校由于资金、场地、人员、技术等各方面的因素，基本上很少配备有红色文化资源育人的相关设施，当然也有少部分高校配有红色文化教育基地、红色书屋、红色文化研究中心等，但这些都是少数。在学校下属的各二级学院层面上，大部分院系同样很少配备有红色文化资源育人的相关设施，部分院系虽有，但规模也相当小，所能承载的使用人数相当有限。

三、贵州高校红色文化资源育人问题及其原因分析

通过对贵州高校学生的红色文化资源的现状进行问卷调查，以及对贵州高校的授课教师和财务处、教师工作处、设备处、人事处、党委办公室等各个职能部门的工作人员、各二级院系的行政管理人员的访谈，我们发现，总体而言，贵州高校红色文化资源育人的情况不容乐观，在诸多方面存在一些

亟待解决的问题。对于运用红色文化资源育人的价值重视不够，运用红色文化资源育人的内容挖掘不深，运用红色文化资源育人的方法手段单一，运用红色文化资源育人的载体时代性不强，运用红色文化资源育人的环境氛围不浓。

（一）贵州高校红色文化资源育人存在的问题

当前，贵州高校在红色文化资源育人的过程中存在一些问题，直接影响了红色文化资源育人的效果。运用红色文化资源育人的价值重视不够，运用红色文化资源育人的内容挖掘不深，运用红色文化资源育人的方法手段单一，运用红色文化资源育人的载体时代性不强，运用红色文化资源育人的环境氛围不浓。

1. 运用红色文化资源育人的价值重视不够

红色文化资源具有丰富的育人功能，能够对大学生起到思想政治的导向作用、精神品质的塑造作用以及行为作风的示范激励作用。这就间接决定了运用红色文化资源育人具有重要的价值。从国家和民族的层面来讲，它有助于拓展高校思想政治教育的形式，维护党的执政地位，为中国特色社会主义现代化建设培养合格的建设者和接班人；从教育和文化事业层面来讲，它有助于推动教育事业的进步，促进文化事业的繁荣和发展；从大学生个人层面来讲，它有助于提高大学生的思想道德素质，助力良好行为习惯的养成，促进大学生形成正确的世界观、人生观和价值观；从红色文化资源本身来讲，运用红色文化资源育人也有利于红色文化资源的传承、弘扬与发展，能够唤醒人民群众心中的“红色记忆”。但是，目前贵州高校对于运用红色文化资源育人的价值重视还不够，具体体现在以下几点：一是没有意识到把红色文化资源利用好是推进高校先进文化建设的重要环节；二是没有意识到把红色文化资源利用好是增强高校育人成效的重要途径；三是没有意识到把红色文化资源利用好是解决高校教职工和大学生思想道德迷茫问题的重要举措。这些都是进一步开展红色文化资源育人道路上的阻碍。

2. 运用红色文化资源育人的内容挖掘不深

红色文化资源育人是一项复杂的系统工程，需要充分挖掘红色文化资源中的育人内容，才能收到红色文化资源育人的良好效果，但是当前贵州高校存在红色文化资源育人的内容挖掘不深的问题。主要体现在以下两方面：第一，对红色文化资源中的革命理想内容挖掘不深。“革命理想高于天。理想信念之火一经点燃，就永远不会熄灭。”① 正是因为有了革命理想，中国共产党才能一次次绝境逢生，不断向前拼搏，最终迎来了胜利。然而，在当前高校育人的过程中，部分人错误地以为在现如今的和平年代谈革命理想已经过时，并且把革命理想狭隘地理解为战争年代才会产生的理想信念，故而，无法挖掘出红色文化资源中蕴含的丰富多样的、与时俱进的革命理想。第二，对红色文化资源中的革命精神内容挖掘不深。我们所说的革命精神应该是一个不断发展和丰富的体系，是包括不同历史时期一代代中国共产党人带领中国人民为实现国家富强、民族复兴和人民幸福而不断奋斗的过程中积淀起来的各种各样的先进精神。但是，在当前高校育人的过程中，对于丰富的革命精神内容的挖掘不深，尚未形成一个成熟的、可直接用于高校育人的精神内容体系。

3. 运用红色文化资源育人的方法手段单一

红色文化资源育人目标的实现、效果离不开科学有效的方法。然而，当前红色文化资源育人的方法单一，且较为传统，在一定程度上限制了红色文化资源育人发挥功效。具体存在的问题如下：第一，红色文化资源育人的方法比较单一，目前贵州高校主要是有以下两种方式，一种是通过思想政治教育理论课、贵州省情等人文理论课程穿插部分红色文化资源的内容，另一种是在校园内特定的区域，如报告厅、教室和办公楼的宣传栏、布告栏等进行红色文化资源相关内容的展示宣传。第二，红色文化资源育人的方法相对较为传统，没有充分利用新兴网络媒介和多媒体技术，如全息影像技术、互动投影技术、沙盘活化技术、AR（增强现实）、VR（虚拟现实）、虚拟漫游、环幕影院等。第三，实践方法运用不够，未达到预期效果，一些高校在相关红色文化实践活动开展时只是为了完成任务，没有组织好、策划好，导致一些实践活动就停留在走过场、重形式，降低了红色文化资源育人在实践活动中所要达到的效果。

4. 运用红色文化资源育人的载体时代性不强

高校红色文化资源育人载体是指在高校红色文化资源育人的过程中承载的并能传递的育人内容或信息，并且能够被教育主体运用的介质形式。红色文化资源育人载体是红色文化资源发挥育人价值、实现育人目的的媒介，主要包括物质实体载体、理论课堂载体、实践活动载体、新媒体技术载体、校园环境载体等。目前红色文化资源育人的载体主要存在以下问题：第一，红

① 革命理想高于天，习近平赴江西考察这些话深入人心［EB/OL］. 中国共产党新闻网，2020-03-25.

色文化资源育人的实质载体欠缺。目前贵州部分高校已经建有红色文化资源育人的实体载体，如遵义师范学院的“红色文化研究中心”、贵州师范大学的“红军文化及红色旅游研究所”、贵州师范学院的“VR技术赋能红色教育”体验馆等。但是就整个贵州高校而言，红色文化资源育人的实质载体在数量上和质量上都还有很大的提升空间。第二，不同载体之间的综合运用和融合发展较少。一般而言，在进行红色文化资源育人的相关理论教学或实践活动中往往只采取一种载体，综合运用两种或两种以上载体的情况较少。

5. 高校运用红色文化资源育人的环境氛围不浓

校园环境氛围是高校育人的一个重要组成部分，能否发挥环境氛围育人的重要功效，直接影响着高校育人的实现程度。一般来说，环境氛围越好，育人效果就越好；反之，环境氛围越差，育人效果就越不明显。放到红色文化资源上来，就是运用红色文化资源育人的环境氛围越浓，红色文化资源育人的效果越好；反之，运用红色文化资源育人的环境氛围越淡，红色文化资源育人的效果越差。但是，目前贵州高校普遍运用红色文化资源育人的环境氛围不浓，主要体现在校园内的文化墙、宣传栏、雕塑等设施对于红色文化资源的利用还不够，融入红色文化资源还不够深入。第一，在数量上，贵州高校校园内与红色文化资源及育人有关的文化墙、宣传栏、雕塑等在数量上还不够，没有在校园内形成普遍的红色文化资源育人环境氛围。大量设置红色主题的文化墙、宣传栏、雕塑等设施，使红色印迹在校园内随处可见，可以潜移默化的影响大学生，增强红色文化资源育人的效果，做到润物细无声。第二，在质量上，就目前贵州高校校园内已有的红色主题文化墙、宣传栏、雕塑等设施来看，存在质量不高的问题，削弱了对大学生的影响效果。质量不高主要体现在红色文化资源融入的方式机械、传统，融入的主题过时，难以吸引学生、调动学生。第二，在效果上，校园内的文化墙、宣传栏、雕塑等设施对于红色文化资源的融入的数量和质量都不够，间接导致了红色文化资源融入校园环境氛围育人的效果不佳。

（二）贵州高校红色文化资源育人存在问题的原因

针对当前贵州高校在红色文化资源育人过程中存在的问题，分析其产生原因，主要是由于各方面对利用红色文化资源育人价值的认知不足，高校教师对红色文化资源育人认识和运用的欠缺，以及高校学生对红色文化资源认知的匮乏。

1. 各方面对利用红色文化资源育人价值的认知不足

第一，在政府层面，政府作为红色文化资源开发利用的主导力量，近年来，贵州省地方政府相继采取了系列措施，为红色文化资源的传承和利用做出了突出贡献。但是在利用红色文化资源开展育人实践的方面还存在一些问题，主要体现在各方面对于利用红色文化资源育人价值的认知不足，导致在政策支持、制度保障、资金帮助以及人才支撑等各方面的鼓励还不够，没有形成强有力的政府主导力。第二，在社会层面，社会是一个大环境，红色文化资源的高校育人总是在这种社会环境中展开的。因此，社会环境情况直接关系到红色文化资源育人的效果。强大的社会支持能够为高校的红色文化资源育人提供充足的养分和源源不断的力量。但是，目前社会各方面对于利用红色文化资源育人价值的认知不足，导致红色文化资源育人缺乏社会多方面的支撑与配合。第三，在贵州高校方面，目前大部分贵州高校的学校管理层已经开始认识到红色文化资源育人的价值和重要意义，但是由于大部分高校对于红色文化资源育人的重要性认识萌生的时间不长，所以很多工作都处于起步阶段，对红色文化资源育人的相关支持力度还不够。这就直接导致了高校在红色文化资源育人方面存在一些问题和不足。主要体现在：首先，高校红色文化资源育人的相关支持政策、鼓励政策、保障政策还不够完善，有的高校甚至还没有出台过任何关于红色文化资源育人的相关政策。其次，高校红色文化资源育人的相关经费支持还不够，在红色文化资源育人的教育教学上、学术研究上等各方面的资金投入还不够。最后，高校红色文化资源育人的相关工作人员配备还不够，尤其是该领域的专业人才还比较欠缺。

2. 高校教师对红色文化资源育人认识和运用的欠缺

高校教师是红色文化资源育人的主体之一，是具体开展红色文化资源育人工作的实施者，决定着红色文化资源育人的效果。但是，由于各种主客观条件的制约，高校教师对红色文化资源育人的认识和运用存在不足，这就导致高校红色文化资源育人存在一定的问题。第一，在红色文化资源育人的认识上，部分教师对于红色文化资源融入高校育人的紧迫性认识不足，对当前国内外形势和高校思想政治教育面临的挑战不清晰，尤其是一些理工科教师，这样不利于红色文化资源融入高校教育的方方面面，不利于红色文化资源融入“课程思政”建设。第二，在红色文化资源育人的运用方法和技巧上，部分教师在运用红色文化资源育人的过程中存在困难，不知道该如何将红色文化资源融入自己所承担的课程教学和实际工作。第三，在红色文化资源育人的运用实践上，部分教师由于认识不足，最直接的后果就是不愿意在教育教学的实践过程中运用红色文化资源，认为这是在浪费时间，是在无形地挤压专业知识传授的时间。

3. 高校学生对红色文化资源认知的匮乏

高校学生对红色文化资源的认知是红色文化资源发挥育人价值的基础，是开展红色文化资源育人的前提。将红色文化资源融入高校育人，就要求学生不仅要对红色文化资源和高校育人有一定的认知，最重要的是要求学生对红色文化资源与高校育人的关系有深刻的领悟。通过调查发现，目前贵州高校学生对红色文化资源的认知有一些，但是还比较匮乏，停留在对一些红色旅游遗址遗迹了解的程度，对于红色文化资源育人的认识不够深刻。主要问题包括：第一，对红色文化资源相关情况的了解不够全面，缺乏系统性和整体性的认识，并且对红色文化资源缺乏认识的积极性和主动性。第二，对红色文化资源的育人价值理解不深刻，仅从历史的角度把红色文化资源作为历史遗存，对红色文化资源蕴含的深刻教育意义的领悟不够。第三，作为一名新时代大学生，对自身良好品质的养成、未来个人的发展与红色文化资源及其育人的内在关系的认识不够透彻。

四、贵州高校扎实推进红色文化资源育人的对策

对于贵州高校来说，利用好红色文化资源开展育人实践，既是新时代对思想政治教育提出的新命题、新要求，也是培养社会主义现代化建设所需要的“时代新人”的重要使命，更是助推贵州经济、文化、教育等全面发展的重要手段。因此，我们必须紧密围绕实现“两个一百年”的奋斗目标并结合时代发展过程中的不同主题，有针对性地探索红色文化资源育人的实践路径，在实现红色文化资源育人应有价值与功能的同时促进红色文化资源薪火相传。

（一）提升贵州高校的红色文化资源育人观念

为做好贵州高校红色文化资源育人的工作，我们要提升运用红色文化资源育人观念，将红色文化资源融入教育教学规划。在高校的课堂理论教学方面、必修课程和选修课程设置方面、教材撰写和课件制作方面以及“课程思政”建设方面融入红色文化资源育人的内容，让红色文化资源育人的观念渗透到高校教育教学工作的方方面面。

1. 将红色文化资源引入课堂理论教学

第一，找准结合点，将红色文化资源融入思政课。习近平在学校思想政治理论课教师座谈会上的讲话中指出：“思政课是落实立德树人根本任务的关

键课程，思政课作用不可替代，思政课教师队伍责任重大。”① 思政课在培养新时代大学生的爱国情、强国志、报国行中发挥着举足轻重的作用。红色文化资源因其时代性和发展性的特征，使其拥有庞大的内涵体系，既涵盖了革命战争年代追求民族独立和人民当家作主的流血牺牲和勇往直前，也囊括了社会主义建设和改革开放新时期追求幸福生活和国家富强的勤劳奋斗和锐意进取。将红色文化资源融入思政课教学，既可以增强大学生的爱国主义和理想信念教育，也能够突出党史国情教育，更能够在锻造大学生高尚思想道德情操的同时传承红色文化资源。但需要育人主体注意的是，一定要找准结合点，在思政课教学过程中要把握好穿插红色文化资源的时机，让二者形成正向的育人协同合力。这也要求育人主体需要同时具备把控现有思政课教材体系以及不同红色文化资源思想内核的能力。在此基础上积极探索红色文化资源与思政课教材章节目之间的关联性和匹配度，做到科学“嫁接”。此举既能让思政课堂更接“地气”，增强思政课程的趣味性和庄严性；也能为红色文化资源在大学生心中开辟出专属空间。此外，育人主体还要结合大学生内心精神世界成长的客观需要选择内容适宜的红色文化资源融入思政课教学，做到历史与现实相结合，适当突出站在时代前沿的红色文化资源。例如，在讲授《思想道德修养与法律基础》第一章“人生的青春之问”时，我们既可以融入雷锋精神、焦裕禄精神等，也可以融入 2020 年新冠疫情抗击中的无数感人事迹，以助力新时代大学生形成无私奉献、积极进取的人生观。

第二，开展红色文化资源的专题报告课。开展专题报告课的优势在于主题突出，参与人员相对较为确定、报告内容的系统性强等。关于红色文化资源的专题报告课，要做到观点正确、事实可靠、说理透彻、表达生动，集庄严性、感染力与说服力于一体。所以，专题报告课对育人主体的个人素质提出了较高的要求。如必须是一名政治站位正确的传道者。正如习近平指出的：“思政课教师只有自己信仰坚定，对所讲内容高度认同，做学习和实践马克思主义的典范，才能讲得有底气，讲深讲透，才能有效引导学生真学、真懂、真信、真用。”② 必须是一名功底深厚的红色文化资源研究者。专题报告教师要对报告主题的红色文化资源形成的历史背景、内涵、特征及价值等各个范畴有深入的了解，才能够讲精、讲透彻。此外，还需要报告教师具备良好的

① 习近平．思政课是落实立德树人根本任务的关键课程［J］．实践（党的教育版），2020（9）：4-11.

② 习近平．思政课是落实立德树人根本任务的关键课程［J］．实践（党的教育报），2020（9）：4-11.

口才和处理突发情况的心理定力。只有兼具以上品质，才能讲好一堂精彩的报告课。此外，我们也可以邀请健在的红色革命人物和社会发展过程中涌现出来的英雄模范人物作为专题报告课的嘉宾现身说法，讲授亲身经历和奋斗历程。在讲授结束后，育人主体要及时引导大学生剖析嘉宾们所具有的优秀道德品质和发光发亮的行为事迹，再结合自身实际，运用“比较学习法”洞察自身与“红色嘉宾”在思想和行动上的差距并加以改正，建构出行动力强、人格完善的理想自我。但无论是红色革命人物还是英雄模范人物，因其本身就蕴含着红色文化资源，所以会具有先进性、超越性等人格特征，育人主体也要引导大学生科学看待自身的缺点与不足，不能使其产生过度自卑的心理。既要引导大学生挖掘榜样们大公无私、舍己为人、克己奉公的一面，也要注意挖掘榜样关爱亲友、平易近人的一面，要引导他们积极寻找自身与嘉宾之间的共性，找寻价值观以及行为规范层面的契合之处，引导大学生在不断激励自我、完善自我的过程中内化红色文化资源。

第三，开展形式多样的红色文化资源理论教学。“理论只要说服人，就能掌握群众；而理论只要彻底，就能说服人。”① 人不可能不学而会，理也不可能不讲而清。在意识形态教育中，教授讲解是理论灌输最常见的表现形式。其优势在于能够条理分明、逻辑清晰地把理论讲清讲透。但弊端在于不能调动大学生参与课堂的主动性。不可否认，理论灌输在大学生对新事物认知的启蒙阶段发挥着至关重要的作用，为在头脑中对新事物形成感性认知奠定了基础。但填鸭式的一味灌输教育所产生的枯燥乏味感又会让大学生失去对理论接纳和认知的兴趣，阻碍理论教育内容的拓展与成效的提高。在红色文化资源理论教育的过程中，育人主体既要进行适量的理论灌输，又要注重秉持民主性的育人原则，积极激发大学生参与育人过程的主体意识。如开展班级研讨式教学和情景式案例教学等。班级研讨式教学是建立在理论研讨的基础之上的，也就是采取研究、探讨的方式去了解红色文化资源。在具体的运作过程中，先有教师带领大学生围绕需要探讨的红色文化资源进行自主学习，形成相应的研究成果；然后在课堂上师生们集中进行理论探讨，互相交流和分析彼此的研究成果和学习心得。这种方法把理论学习、交流探讨紧密结合在一起，有助于师生间相互交流和启发，让他们更为全面地了解红色文化资源。情景式案例教学就是让学生以角色扮演的形式在课堂上再现历史上的红

① 中共中央马克思恩格斯列宁斯大林著作编译局．马克思恩格斯选集：第1卷［M］．北京：人民出版社，2012：9-10.

色情景，通过视觉冲击唤醒参与者与旁观者内心的红色基因。红色文化资源的丰富性决定了情景教学的主题既可以围绕革命战争年代感人至深的红色事迹展开，也可以选取和平建设时期的相关题材铺陈开来。情景式教学的优势与实践教学略有重叠，那就是能够以生动的角色形象和情景氛围激发学生的认知兴趣和内心情感的共鸣，进一步带动他们自主学习和自主探究的能力。需要注意的是，无论是班级研讨还是情景教学，都需要师生全面理解需要学习的红色文化资源，科学理解其形成背景、内涵、价值等范畴，否则就会造成断章取义、形式主义等不良现象。此外，在缅怀不同主题红色文化资源的同时，也要注重结合大学生的生活实际选取红色文化资源，做到历史性与时代性相结合。

2. 开设有关红色文化资源的必修课程和选修课程

有学者指出："红色文化已经成为我党在新的执政条件下，培基固本、永葆品质的重要保证。但是，仅仅通过党员教育和干部教育传承红色文化，还显得单调和单薄。因此，从学科建设入手，用系统的高层次人才培养的模式，研究、传播、承续红色文化，拓展、壮大传承红色基因，弘扬红色精神的国民教育体系，逐步形成全民性地传承红色文化的理念和行为，共筑民族精神，则是更有意义的一种路径选择。"① 建构红色文化资源学科的第一步就是要合理地设立相关的红色课程，并依据红色课程制订出相关的教学计划，规定学时学分，完善结课考核。红色文化资源是马克思主义与中国文化相结合的历史积淀，蕴含着丰富的马克思主义理论、中国共产党党史等学科知识。"受限于授课内容和授课时间，高校思想政治理论课程对红色文化资源的融合有限，不能完全展现、挖掘红色文化资源的内涵，发挥其育人功能。因此，各高校积极地将本地红色文化资源进行提炼，开设、建成了一批优秀的特色课程。"② 如复旦大学将"治国理政的理论与实践"作为全校本科生的通识教育课程；井冈山大学开设了"井冈山精神与当代大学生"作为校本课程；临沂大学将"沂蒙红色文化与沂蒙精神"作为全校的通识必修课程；遵义师范学院开设了"长征文化与长征精神专题"作为全校的公共选修课程；延安大学的"校史资源教育"也是新生入学的必修课程之一。

从学术的角度来探讨红色课程的开发，需要注意以下两点：第一，要结

---

① 渠长根．红色文化学科建设刍议［J］．红色文化资源研究，2017，3（2）1-7，17.

② 王炳林，张泰城．高校红色文化资源育人发展报告 2017［M］．北京：人民出版社，2018：114.

合不同学科背景的大学生来确定红色课程的必修和选修事宜。对于人文社会科学专业背景的大学生来说，由于中学阶段奠定了较为深厚的政治和历史素养，往往更易对党史、中国近现代史产生学习兴趣，因此他们是必修红色课程的更佳人选。而理工科背景的大学生的强项在于进行理性思考但普遍缺乏一定的历史人文知识素养，所以不宜以政策命令要求其必修红色课程，可以采取低年级时选修，高年级时必修的迂回策略将红色文化资源分阶段注入他们内心。第二，开设的红色课程一定要教学大纲明晰、学分学时分配合理、结课考核形式多样且结果客观公正。教学大纲的设定在一定程度上能够体现育人主体的逻辑思维能力和育人目标。因此，育人主体在制订教学大纲时，一定要结合大学生认知的发展规律并且形成完整的框架体系，不能“打游击”似的没有章法。否则只会让教学过程变得紊乱，育人目标难以达到应有效果。此外，学分学时的分配也应科学合理，不能给大学生增加太多的课程负担，坚持“适当的距离产生美”的原则，并致力于以形式多样的育人途径让大学生对红色文化资源育人产生兴趣。结课考核的形式应多样化且难度也应适中，可以采取问答访谈、做试卷等形式开展结课考核，并要结合大学生日常生活的实际和关注点设置问题，题型也可以向开放式的主观题倾斜，充分调动大学生运用红色文化资源去思考、探究与解决现实问题的能力。在考核评定的过程中也要做到一碗水端平，不能掺杂任何个人的情感因素，避免包庇、作假的情形出现。

3. 推动红色教材的撰写与红色课件的制作

第一，优秀的红色教材能够为学生的理论学习提供营养丰富的认知工具。红色教材是教师教与学生学的主要“凭借”，是育人主体进行理论讲授的具体依据，是育人客体习得系统知识、形成认知的重要工具。根据认知过程的规律，学生系统性地掌握知识，一般都是从对教材的感知开始。教材的逻辑体系越严谨、观点越清晰、话语越通俗易懂，就越易于大学生在头脑中形成相应的意识。因此，红色教材是推动教学工作开展、保障理论教学成效的必然选择。红色文化资源的内涵丰富、形态多样，为其融入高校的建设提供了诸多的素材和载体。目前一些红色文化资源大省相继编纂出版了部分红色校本教材，此举既为校内开展红色文化资源的理论教学助一臂之力，也为本校的红色文化资源研究做了宣传。如井冈山大学编纂的《井冈山精神与当代大学生》《高校思想政治理论课教学案例集：让井冈山红色基因代代相传》《永远的旗帜：跨越时空的井冈山精神》；赣南师范大学编纂的《中央苏区研究丛书》（8 卷本）、《红色故事选编》《红色家书选编》《红色歌曲选编》《红色诗词选编》；福建师范大学主持编纂的《福建红色文化教程》（大、中、小学生读本）；大庆师范学院编纂的《以铁人精神引领大学生思想政治教育》等。这些红色校本教材虽然立足于本区域不同的红色文化资源，面向各自院校的大学生而制定，但它们都有着共同的追寻：帮助大学生树立坚不可摧的共产主义理想信念，培育他们开拓创新、锐意进取的变革意识，塑造他们勤俭节约、艰苦奋斗、甘于奉献的社会主义美德。

第二，推动红色课件的制作，以增强理论教学的吸引力。红色课件的制作与使用，可以提高理论教学的成效。一则利用红色课件可以在一定程度上节约育人主体的板书时间，以便留有更多的时间去对红色文化资源的各个范畴进行详细的教授讲解。育人主体也可以掌控和支配更多的信息资源，增大对教学内容的控制范围。也就是说，能够最大限度地扩大理论教学的容量，在相对恒定的时间里让大学生认知更多的红色文化资源。二则利用红色课件能够让大学生身临其境地做到自身与红色文化资源的互融。育人主体以红色图片、红色影音资料等引发大学生的角色代入感，激发他们内心情感世界的共鸣，从而调动学生学习和认知的积极性、主动性，增强他们在理论教学过程中的观察、思考和体悟的频率。

要想发挥好红色课件的功效，育人主体必须注意以下几点：首先，一定要明晰所有形式的红色课件都是为理论教学的内容服务的，一定要结合课程的内容来明确课件的主题，红色课件的层次结构要做到逻辑构建合理，要符合大学生的心理认知规律。其次，红色课件必须有一定的创意并且要及时更新。从创意的层面来讲，就是内容设计、表达形式、使用过程要有创意。内容设计要求育人主体对红色文化资源的认知要比较全面，设计出来的课件要充实、精练，而不能只是简单地进行红色素材的堆积。表达形式和使用过程要求育人主体要善于把握和利用好时机，寻找好理论教学的突破口。如为图片、音乐等红色素材安排恰当的出场时机，最大限度地营造和烘托出红色氛围。从更新层面来讲，育人主体一定要及时根据社会上发生的相关热点问题或大事件并从中凝练出最新的红色文化资源，比如，积极利用2020年新冠疫情抗击过程中涌现出的感人事迹作为课件素材，用以培育大学生团结互助、奉献社会的意识。若是育人主体年复一年地使用一成不变的红色课件，只能展现出知识陈旧、形式古板的内容，不利于大学生接受。最后，要明确红色课件始终是一种支持性的课堂教学工具，育人主体不能过度依赖。红色文化资源的传授者是教师，不是课件。课堂教学开展的主客体是师生，不是课件。部分育人主体唯课件至上，对着红色课件照本宣科是万不可取的。

工欲善其事，必先利其器。无论是红色校本教材还是红色课件，都是助推理论教学开展的重要工具。在对它们进行“制作”的过程中，既要突出革命精神，也要突出社会发展来赋予红色文化资源时代精神。突出革命精神是让大学生时刻铭记红色江山的来之不易，培育他们心中的爱国思想；突出时代精神是为了引导大学生形成勤劳拼搏、团结互助、改革创新的价值取向，并在心中树立起“每个人都了不起”的意识，以更加积极的姿态投入社会主义现代化建设。

4. 将红色文化资源融入“课程思政”建设

高等教育的根本任务就是为社会主义现代化建设培养品学兼优的后备军。习近平在全国思想政治工作会议上指出：“要用好课堂教学这个主渠道，思想政治理论课要坚持在改进中加强，提升思想政治教育亲和力和针对性，满足学生成长发展需求和期待，其他各门课都要守好一段渠、种好责任田，使各类课程与思想政治理论课同向同行，形成协同效应。”① 因此，高校如何深入挖掘各门各类课程中蕴含的思政因子和红色基因，发挥其“育人铸魂”的功效，是新时代高等教育重要的研究课题之一。所谓“课程思政”，其本意就在于破除不同学科、不同专业之间的教育壁垒，建构起不同学科所属的课程与思政课相融互通的立体化育人模式，形成一股强劲的育人合力。近年来不少学者从“是什么”“为什么”等范畴对课程思政进行了细致地探讨。从“是什么”的角度来看，有的学者认为“课程思政”是对以往高校育人课程方法的革新。这改变了原有毕其功于一役的做法，使其他课程成为价值观教育的有效载体，更加注重在整体课程设计上融入思想政治教育内容，发挥好所有课程的守渠和育人功能。② 从“为什么”也就是价值实现的角度来看，有学者指出，“课程思政”的价值内核就是通过课堂教学有效传播马克思主义理论，把思想价值引领贯穿到教育教学的全过程和各环节，着力抢占价值观竞争的道德制高点，使高校成为马克思主义研究和传播的基地和高地。③ 也有学者认为，由于专业划分的错误理解和不当回应，各专业教师和思政课教师之间出现价值性疏离和场域疏离，由此产生的互信缺失、观点抵牾、效果抵消

① 张烁．把思想政治工作贯穿教育教学全过程，开创我国高等教育事业发展新局面［N］．人民日报，2016-12-09（1）．

② 史巍．论以“课程思政”实现协同育人的关键点位及有效落实［J］．学术论坛，2018，41（4）：168-173.

③ 敖祖辉，王瑶．高校“课程思政”的价值内核及其实践路径选择研究［J］．黑龙江高教研究，2019，37（3）：128-132.

是思想政治教学危机的根源。① 总的来说，“课程思政”的大力推进，为红色文化资源融入不同学科的教学实践提供了契机，也让其余学科的育人主体充分认识到了非思政课程中蕴含的可以利用的隐性红色育人资源。例如，赣南医学院将“红医精神”充分融入医学类专业的课程教学之中；中国石油大学将“铁人精神”融入石油工程等专业教学之中；井冈山大学将经典的红色歌曲、舞蹈、情景剧等融入音体美的专业教学过程之中等。红色文化资源因其种类多、题材广、内涵丰富、形式多样且具有随着党执政不断深化和社会发展而不断扩容的时代性特征，因此能够满足不同学科的教研需要。人文社会科学中的马克思主义、政治学、历史学、教育学、文学等学科，都是可以直接利用红色文化资源进行教学的学科。而自然科学则需要育人主体在充分挖掘教材知识体系中本身蕴含的红色文化资源以外，有意识地交叉和渗透与授课主题相符的红色文化资源到课程之中。

在红色文化资源融入“课程思政”的教学过程中，我们应该做到：第一，坚守为社会主义育人的理念。思政课自然是红色文化资源育人的主力军，但要努力破除高校思政课“孤军奋战”的局面，要用红色文化资源育人引领“课程思政”去整合多元的价值观念，重新构建对党史、社会主义发展史等的认同，在大学生心中建构起一道抵御历史虚无主义的防线，从根本上解决“为谁培养人”的问题。第二，要营造好红色文化资源融入“课程思政”的内外部双重环境。从外部环境来讲，就是要从执行动力上予以保障，制定相应的奖惩机制，用以约束和激励红色文化资源融入“课程思政”的实践；从内部环境来看，红色文化资源的育人主体要带着无私奉献、团结互助的意识，扮演好“领头羊”的角色，在红色文化资源的知识储备、育人理念等方面及时为非思政课教师“排忧解难”，提供必要的指导和帮助，助力其德育专业素养和能力的同步提升。第三，在“课程思政”的具体实施过程中，要采用科学的育人方式，并做到专业知识传授与价值引领的并重。在育人方法上，要避免一直采用灌输说教等枯燥的育人方式，适时利用好红色文化资源开展隐性的渗透教育，注重不同学科育人话语体系的构建与分享。此外，要让非思政课教师明确，并不是要把专业课上成彻头彻尾的红色文化资源课。不能“遇红即宏”，仅为了突出专业课程的政治性原则而丢失其“授人以渔”的本分。第四，要为“课程思政”树立适度的红色文化资源育人目标，不宜过度

① 何红娟．“思政课程”到“课程思政”发展的内在逻辑及建构策略［J］．思想政治教育研究，2017，33（5）：60-64.

拔高或贬低。“课程思政”不同于思政课程，尽管其能够助力红色文化资源育人，形成360度全方位的育人格局，但由于师资水平、不同学科所蕴含的红色文化资源内容多寡不同以及红色文化资源融入其中的可行性等因素的制约，最终显现出来的育人成效也会不尽相同。总的来说，要努力将红色文化资源融入课程思政，充分挖掘各类课程传播和弘扬红色文化资源的潜力，发挥其育人的功效，实现“传道”与“解惑”的内在统一。

（二）营造贵州高校的红色文化资源育人的氛围

为了做好贵州高校运用红色文化资源育人的工作，我们要营造运用红色文化资源育人的氛围，将红色文化资源融入校园文化建设。在校园文艺活动方面、校园环境建设方面以及高校学术活动阵地方面融入红色文化资源，利用红色文化资源去营造风清气正的校园环境，培养新时代大学生的良好品质和高尚情操，助力红色文化资源育人的实现。

1. 将红色文化资源融入校园文艺活动

校园文艺活动是大学校园文化中被师生广泛认同而且喜闻乐见的校园文化活动。通过将红色经典艺术融入学校校园文化的各种文艺演出，对于繁荣校园文化，使红色精神教育润物细无声，提升师生的思想文化道德素质，扩大学校社会影响具有重要的价值和意义。此外，红色文艺活动也能够丰富大学生的课余生活，为红色文化资源增添魅力。

红色文化资源融入校园文艺活动的主要形式大致可分为两类：一类是红色文化创作，另一类是红色主题文艺演出。我国红色文化资源分布范围广，感人的红色事迹更是不胜枚举。这些都为红色题材的文化创作提供了前置条件。对于新时代的大学生来说，先烈无私奉献的精神、崇高的道德品质都能激发他们强烈的创作热情。无论是在革命战争年代还是和平建设时期，革命先烈用鲜血和生命凝练的红色基因、红色精神都是我们战胜艰难险阻的制胜法宝和精神动力。红色主题的文化创作，不仅能够体现作品的文艺价值，而且能够让大学生在创作的过程中进行情感熏陶，继而摆正“三观”，树立起崇高的理想。红色文化创作的形式是丰富多彩的。如红色主题征文、红色绘画、红色诗词创作等。如湘潭大学曾经举办的“纪念毛泽东诞辰120周年征文”，临沂大学举办的“沂蒙红嫂”大型图片展，东北石油大学举办的“宣传大庆精神”主题板报设计比赛，等等。这种类型的作品较为依赖大学生的自主意识，能够在一定程度上激发大学生独立思考和创作的能力。但红色文化创作也有一定的局限性，体现在对它们的创作要求大学生个体需要具备良好的文学或艺术素养，并且要对红色历史有相当程度的了解。而这些综合起来，在一定程度上就缩小了能够参与其中的大学生群体的范围。

对于红色文艺演出来说，它是一种形式更为高雅、感染力更强的文艺活动。它们能够在表演开始的一瞬间唤醒表演者和观众内心深处的红色“社会记忆”，给人以心旷神怡、热血沸腾的感觉。红色文艺演出主要包括了红色歌曲合唱、红色情景剧表演等表现形式。站在历史的角度来看，无论是红色歌曲还是红色情景剧，都是以革命和战争为主题创造的，它们通俗易懂，能够直击观众的内心深处，带领大学生穿越到炮火连天的革命战争年代，感受当时人们水深火热的生活状态，感受党领导人民群众在完成历史使命时不怕牺牲、艰苦奋斗、自强不息的革命意志。站在新时代的角度来看，红色文艺演出重在突出对大学生思想的引领，对大学生日常学习和生活的熏陶和浸染，达到陶冶爱国主义情操和规范行为的目的。如井冈山大学策划的大型音乐舞蹈史诗“井冈山”，牡丹江师范学院创作的“永不磨灭的信念”，嘉兴学院开展的“一二·九”大合唱比赛等。同样需要指出的是，红色文艺演出需要群策群力，要求大学生必须具备团队协作、和衷共济的意识。此外，红色文艺演出的专业性较强，亦离不开专业教师的辛勤指导。这些都是开展红色文艺演出前必须解决的主观和客观问题。

2. 将红色文化资源融入校园环境建设

红色校园环境是传播红色文化的重要载体之一，具体是指校园中能够体现一切红色精神的全部物质要素的总和，是大学生能够通过视觉感受到的具象存在，主要包括红色文化专栏、红色校园景观、红色宣传标语、图书馆和校史馆藏的红色书籍等。“蓬生麻中，不扶而直。”大学生若在美好环境的熏陶和感染下成长，其品行一定会是积极、健康、向上的。红色文化资源是党和人民群众宝贵的社会财富，其精神范畴融入了中华优秀传统文化和社会主义先进文化的内涵，并能够结合时代发展主题进行创造性转化，对新时代大学生的健康心理的塑造、正确价值观的形成及优秀行为习惯的养成都发挥着巨大的作用。因此，将红色文化资源融入高校校园环境，积极创设红色物质环境，是在培养时代新人过程中传承红色文化资源的双向需要。

红色校园环境归根结底仍然是各种校园人文景观的集合体。但融入了红色文化资源之后，校园环境就具备了与红色文化资源本体相同的价值导向、情感熏陶、精神陶冶、规范行为、凝聚动力等一般的价值属性。但因红色校园环境的本质是一种育人环境，便有了属于环境本身特有的育人价值。第一，能够丰富红色文化资源的隐性育人范畴，在润物无声中助推大学生精神世界的成长。现代思想政治教育学提及了“自身免疫效应”。也就是说，人自身的固有思维在与外界传输进头脑的思维产生碰撞的过程中，固有思维会形成一把“保护伞”用以阻挡新思维的进入。而外界思维在被主体感知的程度越深，这把“保护伞”便会越坚挺。而隐性教育可以引导教育目标尽可能地绕开这把“保护伞”，悄无声息地进入育人客体的内心世界。隐性教育按类别可以划分为渗透式教育、实践体验教育和陶冶式教育。前两者虽然从属隐性教育，但因其蕴含的育人目标外显性较强，也可被归属为“主动的”隐性教育，在一定程度上容易引起大学生的警惕心理。陶冶式教育则不同，它是在思想政治教育的过程中努力营造一个健康、乐观、向上的文化氛围和教育环境，使人们在耳濡目染中受到思想政治教育的方法。① 红色校园环境是陶冶式教育的典型代表，其中几乎所有的育人元素都不会“开口说话”，只能够静静地被“观赏”、被领悟，是一种“被动的”隐性教育。俗语说“近朱者赤，近墨者黑”，生活在一片“红色”中的大学生，能在不经意间接受红色文化资源的熏陶，实现内省与提高。第二，红色校园也可以将显性教育中的榜样示范功能的效益最大化。榜样示范法是思想政治教育中较为常见的育人方法，在长期的革命斗争和社会主义现代化建设过程中发挥着价值引领、行为激励的重要作用，新时代的大学生同样需要榜样的力量给予其正确的引导。进行榜样教育的同时，育人主体要力求让榜样人物现身说法，但碍于地缘、高校人力物力支持、榜样人物的身体条件及主观意愿等多种因素的制约，课堂上开展榜样教育的频次受到限制。红色校园环境的创设可以突破这些影响因素的藩篱，将榜样人物的个人介绍、先进事迹、访谈等融入校园红色文化长廊的打造过程之中。

3. 将红色文化资源融入高校学术活动阵地

学术活动是指与学术研究、学术交流有关的社会性活动。具体开展形式有理论研讨会、学术年会、专题报告会、主题讲座等。所谓红色学术活动，顾名思义，指的是围绕红色文化资源开展的一系列能够引起思想碰撞、学术争鸣的社会性活动。举办红色学术活动的意义在于：第一，能够接触到红色文化资源研究的热点和前沿问题。搞学术研究不能“闭门造车”，要“开眼看世界”。通过学术活动获取新的研究视野和思维方式，掌握凝练问题的本领，启发科研思路，促进红色文化资源理论研究的创新。与此同时，学者们也可以及时掌握红色文化资源的研究走势，避免重复研究。第二，能够及时展示研究成果，将“名片”递出去。在学术活动中分享和展示自己的研究成果，

① 郑永廷．思想政治教育方法论［M］．北京：高等教育出版社，2010：171.

是“打广告”的最佳时机。及时向同行们汇报自己最新的研究成果，尽可能地扩大自身学术思维的影响力。第三，发现自身学术研究的不足。红色文化资源相关范畴的研究属于人文社会科学领域，因此主观性较强。碍于个人主观思维的缺陷性，无法对理论研究思考得面面俱到，这就需要在学术活动中通过与专家、学者对自身理论成果的探讨进而找出理论研究的不足。

将红色文化资源融入高校学术活动，同样也具有重大意义。第一，红色学术活动是巩固马克思主义指导地位、弘扬红色文化资源的重要形式之一。2017 年 2 月，中共中央和国务院印发的《关于加强和改进新形势下高校思想政治工作的意见》中指出：“加强对课堂教学和各类思想文化阵地的建设管理。”① 红色学术活动是高校思想文化阵地建设的重要组成部分，发挥着巩固马克思主义指导地位、发展社会主义意识形态、助推文化传承和创新的重要作用。但因部分高校决策层对利用红色文化资源的主观抵制和红色文化资源本体的历史久远性特征，导致了“中国社会文化领域已经面临红色文化的空壳化现象”②。与之俱来的是红色文化资源相关的学术活动匮乏、学术阵地建设疲软。正如习近平指出：“一些学校口头上把思政课捧得很高，但落实不到教育、学术、人才评价机制上”，“有的地方形成了思想政治专业非学术、无学术等极为错误的观点和氛围。”③ 广泛开展红色学术活动，既是对社会主义意识形态和党执政地位的坚守，也为活跃红色文化资源研究氛围提供了重要契机。第二，红色学术活动是校园文化建设的重要依托。李大钊先生曾在北大建校 25 周年时的讲话中提及：“只有学术上的发展，值得作大学的纪念。只有学术上的建树，值得‘北京大学万万岁’的欢呼。”④ 学术活动属于高层次的文化活动，它的主要任务就是认知世界未解之疑虑、探索人类社会发展之真理，为人类认识世界、改造世界提供科学的方法论指导，提高人类改造客观世界和改造主观自我的能力。在校园文化格局中，红色学术活动所创造出来的理论成果和学术气氛会渗透到校园文化生活的方方面面，并在一定程度上发挥着价值引领、行为规范等作用。人才是开展学术活动的主体，同时经历过红色学术活动“淬炼”的人才能够以更加积极的姿态参与和指导校园文化活动的开展和建设，拥有改善校园文化建设原生动力的精神面貌。

具体说来，将红色文化资源融入高校学术活动主要体现在以下三方面：

---

① 于加强和改进新形势下高校思想政治工作的意见［EB/OL］. 中国政府网，2017-02-27.

② 周志强 . 红色文化空壳化忧思［J］. 人民论坛，2011（15）：72-73.

③ 习近平 . 思政课是落实立德树人根本任务的关键课程［J］. 求是，2020（17）：15-16.

④ 林建华 . 学者就是大学，近者悦才能远者来［EB/OL］. 新华网，2017-05-05.

第一，召开红色文化资源理论研讨会。1956年4月28日，毛泽东在中共中央政治局扩大会议上指出："艺术问题上的百花齐放，学术问题上的百家争鸣，我看这个应该成为我们的方针。……讲学术，这种学术可以讲，那种学术也可以讲，不要拿一种学术压倒一切。"① 习近平在哲学社会科学工作座谈会上的讲话中也指出："要提倡理论创新和知识创新，鼓励大胆探索，开展平等、健康、活泼和充分说理的学术争鸣，活跃学术空气。要坚持和发扬学术民主，尊重差异，包容多样，提倡不同学术观点、不同风格学派相互切磋、平等讨论。"② 这些论述为我们开展自由活泼且富有内涵的学术研讨会提供了理论支撑。当前，不少高校尤其是革命老区所在地的高校纷纷开展意义深刻的红色文化资源育人实践，但大家都没有现成可以照搬照抄的育人经验，都是结合高校各自发展的实际情况，摸着石头过河。在开展实践的过程中，有成功带来的喜悦，也有失利带来的痛苦。一场生动活泼的红色理论研讨会，能够让与会学者互通有无、互相借鉴、取长补短、共谋成长。恩格斯曾言："一个民族想要站在科学的最高峰，就一刻也不能没有理论思维。"③ 理论研讨会，是学者们不同的学术思想"交锋"和被"审视"的最佳途径，也是集思广益地进行理论思考的重要场域。第二，举行红色文化资源专题报告会。红色文化资源的专题报告会，是指专职或兼职的育人主体围绕红色文化资源的某些范畴向大学生作专题演说的正式集会。红色专题报告会不同于一般的学术研讨会，它的参与规模更大、会议的氛围更严肃、演讲的主题更明确具体，且育人功效更明显。一则能够培养大学生的辩证逻辑思维能力。红色专题报告会往往内容翔实，逻辑框架结构合理且层次分明，在演说的过程中能够揭示出与报告主题相关的红色文化资源的本质、内涵、价值等多个范畴，引人入胜的主题加上由浅入深的报告艺术，配合现场浓郁的学术氛围，能够引发大学生的深入思考。二则专题报告会能激发大学生关于红色文化资源的想象力。想象力是建立在感知记忆的基础上的，对已有的知识和经验储备进行组合重创，在脑海中形成新形象的能力。通过报告人对红色文化资源的描述，大学生充分调动头脑中相关的"红色记忆"，在脑海中一次又一次地形成相应的红色人物轮廓及其活动、红色场景等，利用想象力加深对红色文化资源的认知。

---

① 中共中央文献研究室．毛泽东年谱（1949—1976）：第2卷［M］．北京：中央文献出版社，2013：570-571.

② 习近平．在哲学社会科学工作座谈会上的讲话［N］．人民日报，2016-05-19（2）．

③ 中共中央马克思恩格斯列宁斯大林著作编译局．马克思恩格斯全集：第20卷［M］．北京：人民出版社，1971：384.

第三，邀请红色文化资源研究名家开展主题讲座。所谓名家讲座，“是指某一学科领域的专家学者或知名人士围绕相关主题在一定的时间内，将自己的观点或认识以报告或演讲的形式传授给听众的一种学术交流活动”①。召开名家讲座的作用在于：一则能够增强红色文化资源的知识性和价值性。红色文化资源的研究名家能够将自身储备丰富的红色文化资源融入对社会热点问题的解读中，既能体现红色文化资源的理论性，又能体现其现实关怀。红色文化资源育人需要及时关注社会的发展变迁，将最新的育人理念、目标融入教学过程之中，名家讲座能够在一定程度上弥补课堂理论教学的呆板、滞后并从专业视域对时事热点问题进行剖析，为大学生答疑解惑，凝聚学习动力。二则能够增加红色文化资源育人的亲和力和说服力。名家讲座一般都设有现场问答环节，名家会以启发式和追问式的互动探讨激发大学生置身“问题场域”中进行思考，而后给出答案，让大学生进行对比和反思，这种形式更加契合大学生的心理接受规律，也更加贴近大学生对民主式育人范式的追崇，因此让红色文化资源育人更具亲和力。此外，有了名家学识、经历、个人修养等对红色文化资源的“加持”，也会使其更具说服力。

（三）拓宽贵州高校的红色文化资源育人的渠道

拓宽贵州高校的红色文化资源育人的渠道，将红色文化资源融入校园传播媒介，打造线下线上同向而行的立体化传播途径，延伸红色文化资源的“活动”场域，弥补课堂理论教学与校内外实践教学的时空局限性，把校园传播媒介打造成传播红色文化资源的重要渠道，形成显隐并重、突破时空的全方位育人格局，助推贵州高校的红色文化资源育人。

1. 校园刊物中增设红色文化资源专栏

校园刊物包含了学报、校报、期刊等具体表现形式，是高校最为传统且发行量较大、影响范围较广的传播媒介。校园刊物是高校最基础、最实用的舆论工具，既能够弘扬主旋律，也能够突出反映学校在一段时期内的研究倾向。在报刊中开辟红色文化资源专栏，既体现了高校决策层对其利用和“造势”的重视，也为传播和弘扬红色基因另辟蹊径。其益处有如下两点：首先，在学报、刊物中开辟红色文化资源专栏，能够及时更新关于红色文化资源的最新科研成果，提升报刊的学术影响力。习近平同志关于红色文化资源的相关论述引发了国内持续性研究的热潮。在中国知网中以“红色文化资源”为

---

① 张亚峰，王国斌．“专家讲座制”在高校“形势与政策”课教学中的应用［J］．学校党建与思想教育，2019（20）：55-57.

主题词共检索出文章近2000篇（2018年8月15日）且自2015年以来，研究成果每年呈较大幅度的增长趋势。学报和大学创办的期刊对于刊载红色文化资源的相关研究成果发挥着举足轻重的作用。如《湘潭大学学报》（哲学社会科学版）开辟的毛泽东思想研究专栏，湘潭大学毛泽东思想研究中心主办的《毛泽东研究》（每年2期，人民出版社出版）；井冈山大学的《井冈山大学学报》（社会科学版）开辟的"井冈山革命史与井冈山革命精神研究""红色资源与红色文化研究"等特色栏目；《临沂大学学报》开辟的"沂蒙精神研究""沂蒙文化研究"等学术专栏；《遵义师范学院学报》开设的"遵义会议精神与长征文化论坛"版面等。部分高校依托现有的红色文化资源研究中心、红色师资力量以及掌握的学术前沿问题，创办了红色文化资源研究的专业性刊物。如井冈山大学主办的《红色文化资源研究》、赣南师范大学主办的《红色文化学刊》等。这样既能够为全国上下致力于研究红色文化资源的学者提供学术上的"饕餮盛宴"，也能够烘托出浓郁的红色校园文化氛围。其次，在校报中刊载红色文化资源的相关文章，能够与课堂理论教学遥相呼应，增强红色文化资源的舆论影响力。学报与校报略有差异。学报是用以刊载具有较高学术水平和实践价值的高水平学术论文的，其读者多为科研工作者。而校报主要面向的是校内师生全体，主要刊载时政要闻、学校的发展规划、校园内的先进事迹等内容，其特点是文字表述通俗易懂、更新速度快（一般为周更）。大学生群体若是能频繁地在校报中阅读到关于红色文化资源的相关文章，尤其是贴近他们日常生活的那部分红色文化资源，就能够产生相应的阅读兴趣并在潜移默化中受到世界观、人生观、价值观层面的熏陶与指导。需要注意的是，尽管目前国内学术界关于红色文化资源的研究取得了较为丰硕的成果，不少红色文化资源丰富的地区的高校学报都开辟了相应的研究专栏，但仍然存在长期开设该栏目的期刊不多，栏目整体载文量不高，栏目传播影响力偏低，期刊间存在较大差异等问题。

2. 校园广播电台传播红色文化资源

校园广播作为高校特有的舆论、传播和宣传的工具之一，以师生群体为主要受众，长期以来在助推大学生的意识形态教育、加强精神文明建设、促进优良校风的形成、活跃和繁荣校园文化等层面发挥着重要作用。尽管网络新媒体让视频、音频技术得到了迅猛的发展，但广播仍然以其经济实用、方便快捷等特点被各类院校青睐。校园广播能够以扩充知识、丰富课余文化生活、文化熏陶等形式助推大学生的全面发展。"一些高校在校园广播电台开辟红色之声等节目，播放红色故事、红色电影、红色文学、红色音乐、红色创作、红色社会实践等，搭建师生红色教育交流平台，引导学生爱党、爱国、爱校、爱生活、爱学习，传递正能量，弘扬主旋律。”①

校园广播电台传播红色文化资源具有以下几点功效：首先，传递红色历史，传播正能量。校园广播具有播送内容的可控性强、操作便捷、贴近大学生生活等优点。这就意味着，校园广播既可以迎合重大的节日、庆典播报主题相符的红色历史事件作为补充，也可以结合时代发展过程中蕴含着红色精神的重大热点事件并结合锐评进行播报，进而引起大学生的情感共鸣和自我思考。因为红色文化资源中的英雄人物和感人事迹都源于生活、来自群众，无论是“修身齐家”还是“治国平天下”，主题都能够拉近和大学生之间的距离。此外，红色文化资源中蕴含的正能量因子能够抑制部分大学生的青春叛逆心理，助力抵御不良社会思潮的侵蚀。红色文化资源是情理交融的资源，不是高高在上的意识形态说教工具。每一个红色人物、每一件红色事迹都有源可溯、有迹可循。感人至深的红色奋斗史教育大学生在日常生活中学会辩证地面对挫折与挑战，多角度看待问题，以激昂的精神面貌投入学习、生活和未来的工作之中。聆听红色故事，能够激发大学生向榜样人物看齐的意识，助推校园正能量的传递；通过聆听红色音乐，大学生可以在学习之余放松身心，提升音乐素养。其次，校园广播可以充当红色文化资源育人主客体即时交流的平台。借鉴现代思想政治教育学的相关知识，在红色文化资源育人的过程中，师生是互为主客体的。无论播放何种题材的红色文化资源，师生们都可以在听的过程中互相学习、充分探讨、理智分析。校园广播也应该适时播送大学生关于红色文化资源的“听后感”，内容可以是关于红色文化资源的相关思考，也可以是关于电台红色栏目建设与发展的建议，此举可以培养大学生勤于思考、发现问题的能力。最后，利用校园广播播送红色文化资源可以助力大学生养成良好的生活习惯。新媒体技术的迅猛发展，西方社会思潮以包罗万象的姿态充斥在大学生的日常生活中。抖音、微博、微信视频号中充斥着不少炫富题材的视频，它们倡导的是与社会主义核心价值观格格不入的消费主义、享乐主义思想，容易带偏大学生的世界观、人生观和价值观取向。聆听红色文化资源中所蕴含的艰苦奋斗、勤俭节约的生动事迹，能够助力抵御后现代主义消费理念对大学生内心的侵蚀。聆听“南泥湾大生产”等关于劳动的红色主题故事，能够激励大学生的劳动意识。

---

① 王炳林，张泰城．高校红色文化资源育人发展报告 2016［M］．北京：人民出版社，2017：149.

3. 利用新媒体平台宣传红色文化资源

如今，无论是在校大学生还是社会人员都是“数字原住民”，他们的成长与发展和互联网密不可分，“事事有网，时时有网”已经成为常态化的生活模式，网络也已成为开展教育活动的新载体。在此起彼伏的抗击疫情斗争形势下，为了降低线下接触带来的交叉感染的可能性，网络课程成为学生继续接受教育的新载体。习近平在全国高校思想政治工作会议上的讲话中明确指出："要运用新媒体新技术使工作活起来，推动思想政治工作传统优势同信息技术高度融合，增强时代感和吸引力。"① 红色文化资源育人也应该把握时代发展的脉搏，拓展育人视域，调整育人思路，实现互联网新媒体与红色文化资源的深度融合。

将红色文化资源有机地融入网络，就是要加快红色网站的建设进度，加速红色文化资源向宣传类 APP 和人民群众使用频率较高的 APP 中的渗透力度，旗帜鲜明地突出红色文化的主旋律，在网络世界中弘扬正能量。笔者以“学习强国”“微信”和“抖音”此类用户数量庞大的软件为探索平台，在搜索栏中输入“红色文化”，就会出现较大搜索量的红色文化手抄报、红色文化歌曲、红色文化传承人、红色文化手工作品等内容。可见，红色文化正努力跻身网络世界且大有作为。

要将红色文化资源融入网络新媒体中，必须注意三个范畴。首先，摒弃形式主义的樊笼。有些红色作品的文字描述过于生硬和政治化，缺乏贴近生活的生动气息，仅仅是为了完成政治任务，完全丧失了宣扬红色文化资源的能力。要破除形式主义的樊笼，就是要使用贴近生活、贴近群众的文字和红色文化素材，将“高大上”的政治内容以教育客体喜闻乐见的形式展现出来，达到“走心”的效果。其次，坚持“内容至上”的原则。新媒体只是一个载体，真正能够打动人心的，还是红色文化资源本身的内容。将红色文化资源和家国大事相结合，和教育客体关注的热点话题相结合，继而创造出有历史厚度、感情温度和思维高度的高质量作品，以更好地满足新时代教育客体内在精神世界的发展需求。最后，形式搭配原则。一份好的网络红色文化作品，也需要精致的“包装”。缺乏形式的内容，会显得比较“古董”和呆板。我们要善于利用网络话语去“包装”红色文化资源，使其更加贴近教育客体，利用新颖的计算机技术将红色文化资源制作成微电影、微课堂、微剧，既能

① 把思想政治工作贯穿教育教学全过程 开创我国高等教育事业发展新局面［N］. 人民日报，2016-12-09（1）.

避免内容的冗长枯燥，又能直击教育客体的心灵，打动人心。总而言之，红色文化资源要成为网络世界中的弄潮儿，就必须以教育客体喜闻乐见的形式出现，必须贴近教育客体的生活实际，必须做到内容和形式的科学结合。

（四）丰富贵州高校的红色文化资源育人的载体

为了进一步做好高校运用红色文化资源育人的工作，我们要丰富红色文化资源育人的载体，将红色文化资源融入高校实践教育，与红色文化资源的理论教育形成相互配合、共存共进的局面，让大学生在实践过程中检验红色文化资源的相关理论，进一步内化红色文化资源育人，促进红色文化资源的弘扬与传承。

1. 建立红色文化实践教育基地

高校推进红色文化资源实践教育基地建设的理由有三：第一，实践教育基地是实践教学的基本保障之一，也是红色文化资源实践教学的有效载体。红色文化资源承载了我们党和军队坚定不移的理想信念，显示了革命先辈顽强拼搏、勇于创新的精神，是对大学生进行思想政治、理想信念、爱国主义教育的独特教材。① 单打独斗的理论教育很难全面发挥红色文化资源资政育人的功效。红色文化资源立体化的呈现形式及其蕴含的庞大精神体系，决定了新时代大学生无法只通过理论教学去认知和内化好红色文化资源的内涵与要义。建立红色文化资源的实践教育基地，能够拓宽教学题材、丰富育人内容、延展教学形式。高校组织大学生前往实践教育基地开展考察、调研、瞻仰等活动，既可以提高其学习红色文化资源的兴趣，也能够改变抽象的理论教学所带来的乏味感，更重要的是，可以让大学生身临其境地以强烈的历史代入感去体悟先烈在面临各种考验时表现出来的高尚情操和英雄气概。尽管不少高校正在努力改变课堂理论灌输所导致的互动效果差、学生接受和认同度低等尴尬局面，也正在积极探索和创新理论教学的具体形式，如开展情景案例教学、进行课堂研讨、观看红色主题的影音资料（纪录片、电影）等，但教育若不能走出校门，就谈不上深入社会进行探究，便也做不到理论与实际相结合，也就丢失了马克思主义求真求实的学习实践原则。第二，通过组织大学生前往实践教育基地重温红色历史、学习红色知识、领略红色精神、筑牢红色信仰，既能够让红色文化资源成为实实在在可以"触摸"的对象，增强红色文化资源的现实感，也能够让大学生深刻认识到共和国的来之不易和实

① 张泰城，常胜．论红色资源融入思想政治理论课教学的有效途径［J］．思想理论教育导刊，2011（12）：69-71.

现“两个一百年”的道路远长。可以说，红色实践教育基地建设为开创参与式、体验式、感知式、传授式相融合的新型育人模式开辟了道路，极大地增强了红色文化资源育人的感染力和说服力。第三，红色实践教育基地也是高校引领大学生应对和反击历史虚无主义思潮的重要依托。伴随着改革开放一起涌入国门的西方价值观念与社会主义意识形态的博弈在社会上尤其是高校中频繁上演，部分居心不良的西方学者和媒体大肆丑化、黑化红色文化资源，恶意中伤红色人物、歪曲红色历史，对大学生的思想政治观念以及价值取向造成了不同程度的冲击，同时致使红色文化资源的地位边缘化。红色文化资源育人归根结底是意识形态教育的组成部分，是改造大学生思想道德素质和政治觉悟的实践活动。以红色实践教育基地为依托，将一件件珍贵的红色文物、一桩桩感人的红色事迹呈现给大学生，能够助推他们与历史虚无主义决裂，坚定心中的社会主义理想信念。正如习近平所说：“革命传统资源是我们党的宝贵精神财富，每一个红色旅游景点都是一个常学常新的生动课堂，蕴含着丰富的政治智慧和道德滋养。要把这些革命传统资源作为开展爱国主义和党性教育的生动教材。”①

高校推进红色文化资源实践教育基地建设要做到：第一，加强思想上的引导。一是要加强对高校决策层的思想引导。高校决策层要及时领会和把握国家领导人对红色文化资源的相关论述，认真理解国家对红色文化资源开发利用的相关政策；重视红色文化资源实践基地建设，鼓励相关职能部门和教学单位加强与红色实践教育基地的联系、合作，为实践教育的开展规划预留专项资金，及时出台相关的保障性规章制度，做好红色实践教育基地建设的总体布局。二是要加强对育人主体的思想引导。任何教育实践活动的开展，都离不开育人主体。离开育人主体去谈红色实践基地的建设是毫无意义的。要及时引导育人主体转变教学思维，积极接纳和领会实践育人的优点，做到多种育人方式相结合；引导育人主体增强自身的红色文化资源底蕴，为红色实践教育的开展规划详细流程，避免实践教学形式高于内容的怪象。第二，加强与各类红色圣地的合作，积极打造红色文化资源实践教育基地。其一，要尽量选取距离较近、名气较大的红色圣地。实践教育基地的建立，应结合思想政治理论课程的教学内容和特点，并结合当地特色，充分利用学校所在地和周边城市的历史遗迹，以学校的名义与优质单位签约，建成稳定的实践

① 习近平．以更加奋发有为的精神加强和改进党的建设，为实现“十二五”时期良好开局提供坚强保证［N］．人民日报，2011-03-24（1）．

教学基地。[①] 选择距离较近且名气较大的红色圣地，既可以为校方节省一定的开支，也更易于保障育人主客体的生命安全。当然，有条件的高校也可以酌情考虑“适当远行”。其二，及时签订合作协议。地方红色文化资源一般属于政府的文旅部门管理，所以高校与政府部门必然会有协商谈判的过程。在此过程中，既要讲清楚合作的意图，也要考虑合作会给地方政府部门带来的附加工作量和在开展实践教育过程中可能产生的不当行为及后果消解等问题。而后派学校领导和育人主体前往意向合作的红色实践基地进行参观考察，推动合作协议的签订。第三，与红色文化资源浓厚的地区共同开发和建立实践教学基地。红色文化资源浓厚的地区往往也是经济较为贫困且有待深度开发的区域。高校与红色老区共建实践教学基地，可以在开发和利用红色文化资源作为教学基地的同时，为老区人民送上物力、人力支持。帮助红色老区规划产业布局、培训和输送管理人员等。共建红色实践教育基地创新了红色文化资源育人的社会参与机制，做到了高校与社会之间的良性互动、互利共赢。

2. 开展主题鲜明的红色实践活动

红色文化资源只是一种资源，它不会凭空产生教育的功能，必须借助一定的载体才能实现。因此，“要把红色文化资源广泛融入大学生的实践活动之中。大学生的红色实践活动主要包括校园实践和社会实践。要把红色文化资源的精神内核融入实践教育情境，激发大学生内心的体悟”[②]。红色校园实践主要包括了开展红色主题的文艺活动、举办红色读书会等；红色社会实践主要体现在探访革命老区、开展红色主题的社会志愿服务等。无论是红色校园实践还是社会实践，它们的开展都具备以下几点意义：首先，有助于大学生将习得的理论知识与实践体验相结合，寓理论于体悟之中。红色文化资源的实践体验，指的是育人主体借助一定的红色场景或劳动形式在春风化雨、润物无声的过程中实现育人目标，育人客体也能够在参加实践的过程中切身体验和感悟红色文化资源，从而内化红色文化资源。大学生的人生阅历、思维能力以及认知水平决定了其不可能对抽象的理论知识有十分透彻的把握。红色文化资源的形式多样，精神形态的红色文化资源是党领导全国人民在革命、建设和改革时期求索和追寻的政治信仰、理论知识、价值取向和道德观念等

---

① 吕志，黄紫华．面向社会实践育人：高校思想政治理论课实践教学探索［M］．广州：华南理工大学出版社，2009：18-19.

② 胡杨，汪勇．略论红色文化资源融入高校思想政治教育的路径［J］．学校党建与思想教育，2020（8）：77-78.

的总和，是对红色文化内核的高度凝练，具有较强的理论性和抽象性。因此，只有主题明确、可知可感、生动形象的红色实践活动，才能够将红色精神化抽象为有形，让大学生在参与实践的过程中感知到红色文化资源的魅力。其次，有利于深化大学生心中的中华民族共同体意识。红色文化资源是对中华优秀传统文化的继承与发扬，为中华民族共同体意识的培育输送精神养分。通过红色实践活动，大学生可以更为形象生动地了解与实践主题高度相关的红色感人事迹，感受到红色主人公崇高的精神境界和思想道德品质，继而坚定心中的民族自豪感，形成团结、互助、友爱的多民族共同体意识。最后，有利于引领和塑造大学生正确的价值观，促进大学生自由全面的发展。“未来教育对所有已满一定年龄的儿童来说，就是生产劳动同智育和体育相结合，它不仅仅是提高社会生产的一种方法，而且是造就全面发展的人的唯一方法。”① 马克思虽未直言实践教育，但“生产劳动”的本质也是一种实践。因此，人的全面发展必然就要做到理论教育与实践教育的相统一。红色实践作为理论教育的有力补充，不仅拓宽了红色文化资源育人的途径，本身也散发着独具一格的价值引领魅力。红色文化资源是物质和意识的统一体，其蕴含的精神形态能够引领新时代大学生在日常生活中规范言行，文明举止。通过红色实践，尤其是社会志愿活动，大学生能够进一步内化红色文化资源并及时将其外化出来，做到知行合一、全面发展。

高校在开展红色实践的过程中，应力求做到以下几点：第一，红色实践的主题要丰富多彩，既要有体现历史厚度的，也要有体现现实关怀的。红色文化资源的内涵体系是随着党执政的不断深入而时刻发展变化着的，既具有历史久远性，又具有时代性，二者统一于红色文化资源之中。具有历史久远性的红色文化资源反映的是党领导人民群众在新民主主义革命时期和社会主义探索时期形成的宝贵资源，它们是我们坚定共产主义伟大理想和升华爱国主义情感的活水源泉；时代气息浓厚的红色文化资源是形成于改革开放以来彰显锐意进取、创新发展等时代主题的物质和精神财富，它们是我们奋进在新时代，谋求美好生活的动力支撑。从大学生的心理接受规律来看，时代感强的红色文化资源因其更贴近大学生的日常生活实际，也不需要以政治说教的形式呈现出来，更容易被认知和接受。“明者因时而变，知者随事而制。”育人主体要在坚守意识形态教育本质的前提下，合理布局红色实践的主题，

---

① 中共中央马克思恩格斯列宁斯大林著作编译局．马克思恩格斯全集：第 23 卷［M］．北京：人民出版社，1972：530.

既不可因循守旧、思想僵化地一味强调政治灌输，也不能突破思想政治教育的底线，片面追求现实关怀。要合理分配好两类实践主题的比重，做到历史与现实相统一。第二，红色实践的开展要具有针对性和层次性，而且要避免流于形式。育人主体要根据不同年级的大学生心理成长规律和认知特点，有针对性地开展红色实践。大学低年级的同学刚刚步入校园，独立生活的能力还处于形成期，且对红色文化资源较为陌生，育人主体可以侧重引导其参加校内红色实践，社会实践可倾向于参观红色革命圣地、烈士陵园或“重走红色征途”等易于开展的项目；高年级的同学生活经验积累得较为完善，逻辑思维能力较强，问题意识较为强烈，育人主体可以安排其参加社会志愿服务活动（如社区卫生治理、福利院献爱心、文明交通引导等）或带着问题意识走访和调研革命老区，探究革命老区在社会发展过程中存在的问题，锤炼思考问题和解决问题的能力。为了避免红色实践活动流于形式，育人主体要做到精心布局、用心谋划，结合社会发展过程中的热点问题设置实践主题，增强实践活动的吸引力和感染力。此外，实践活动开展过后，要及时要求大学生撰写书面的心得体会并集中起来面对面地交流和探讨实践感想，以此作为评价实践活动开展成效的依据之一。第三，要积极建构起开展红色实践的保障体系。高校应划拨专项资金用于支持红色实践活动的开展，制定相应规章制度用以统筹红色实践开展的规模、奖惩等细节；高校还应培养一批具有高度使命感、责任感且善于规划和指导红色实践活动各个流程的指导教师。他们不仅要具备较强的领导力、组织力、定力、协调力等基本的个人素养，还应红色学识丰富，能够以个人阅历引导大学生去思考和内省；高校还应在红色实践开展前系统全面地进行安全知识教育，确保每位大学生在实践的过程中都能把生命安全放在首位。

3. 将红色文化资源融入专业课程的实践教学

实践教学是巩固理论知识和加深对理论认知的有效途径，是培养具有创新意识人才的重要环节，是理论联系实际、培养学生掌握科学方法和提高动手能力的重要平台。① 红色文化资源蕴含着多种人文社会科学和自然科学的相关内容，将其融入各类专业课程的实践教学之中，既可以丰富实践教学的主题建构，也能够在专业课程的实践中对大学生进行润物无声的红色教育，达到专业能力培养与思想境界扩容齐头并进的目的。总的来说，将红色文化资

---

① 王炳林，张泰城．高校红色文化资源育人发展报告 2016［M］．北京：人民出版社，2017：133.

源融入专业课程的实践教学基于以下几点缘故。首先，有助于高校形成完整的育人格局，促进优秀“时代新人”的培育。高校开展红色文化资源育人的教学阵地大致可以分为四大板块：专门的红色文化资源理论、实践教学（一般依靠思政课来体现或是开设专门的红色文化资源课程）以及渗透在各个专业中的红色文化资源理论教学、实践教学。在“课程思政”大力推进的育人背景下，这四个部分共同构成了完整的红色文化资源“育人链”。但碍于红色文化资源价值的隐蔽性、高校专业课程实践开展的频率以及非思政课教师个人的主观意愿等主客观因素，将红色文化资源融入专业课程实践的力度和自觉性还远远不够。将红色文化资源融入专业课程实践教学，能够让大学生在潜移默化的实践行为中提升思想道德水平，凝聚实践动力，解决实践“为什么”的问题。育人主体结合不同的专业知识，将优良的红色传统、红色精神融入专业课程实践，既能够为略显单调的实践活动增添政治性与趣味性相统一的红色育人元素，也能够激发大学生的实践潜力和创造力。其次，有助于绕开传播红色文化资源的“正面战场”，从侧面传播和弘扬红色文化资源。若把红色文化资源育人比作一场“战斗”，育人主体作为“进攻方”就是要“拿下”育人客体的主观思维和内心世界。若把融合了红色文化资源的意识形态课程比作进攻的“主力军”，那么专业课程则发挥了必不可少的“侧面进攻”的作用。二者只有建立在价值取向同一的基础上，才有可能打赢这场“攻心战”。前文的论述提到，专业课程的学习能够为大学生在将来的工作中创造直接的实用价值，而红色文化资源课程因其意识形态性强且对大学生个体发展的价值隐性等特征，容易让大学生产生抵触心理。因此，将红色文化资源融入专业课程教学，更容易从侧面突破大学生的心理“防线”。

育人主体在将红色文化资源融入专业课程实践的过程中，要做到：第一，要遵循新时代大学生的心理接受规律，做到以理论融入为先，实践融入在后，将二者统一于专业课程的理论与实践的双向度教育之中。红色文化资源在专业课程中的理论融入仍然是主观见之于主观的过程，但同时也是在大学生主观思维中打下红色印记的环节。从认识的过程来看，感性认识总是要先于理性认识而存在的，前者是后者形成的基础和条件。专业课程融入红色文化资源开展理论教学的隐性优势为感性认知在大学生头脑中的“铺垫”提供了便利。红色文化资源在专业课程中的实践融入则是主观见之于客观的过程，本质上是把红色精神等意识层面的范畴融入所开展的专业课程实践中去。这个过程既是检验大学生本身掌握专业知识程度的环节，也是将红色文化资源中所蕴含的精神应用于实践的过程。只有理论融入，没有实践融入，红色文化资源只能在大学生头脑中形成感性认知，欠缺内化的过程；反之，大学生就会一头雾水，不理解融入红色文化资源的必要性。第二，要结合不同专业的实践融入不同主题的红色文化资源，既要体现针对性，又要凸显红色文化资源的价值。马克思在撰写《神圣家族》中援引了霍尔巴赫的一句名言："不论在任何时候和任何地方，都只是我们的好处、我们的利益……驱使我们去爱或去恨某种东西。"① 诚然，共产主义者都是唯物主义者。因为"'思想'一旦离开'利益'，就一定会使自己出丑"②。育人主体在将红色文化资源融入专业课程教学的过程中，一定要结合专业特色，选取主题相符且能够帮助大学生在开展实践过程中受到正能量熏陶进而为大学生在将来创造更多价值提供服务的红色文化资源。在开展医学类教学实践时，"白求恩精神""红医精神"便是天然的"养分"；开展理工科专业实践教学时，育人主体可以融入"两弹一星"精神、"载人航天精神"等象征着钻研、进取的红色精神于其中；开展音、体、美等艺术专业的教学实践时，可以将种类多样的红歌、红色舞剧、红色标语等红色经典艺术以唱诵、绘画、表演、广播等形式纳入实践教学体系。

从本质上看，红色文化资源是党领导人民群众在革命战争年代和社会主义现代化建设时期形成的具有教育意义的宝贵历史遗存，其本身便是实践活动开展的成果。物质层面的红色文化资源能够直接彰显出无数共产党人以及人民群众的劳动印记，精神层面的红色文化资源也是建立在无数实践基础上的文明结晶。因此，红色文化资源具有实践性的特征。这个特征也决定了红色文化资源能够在实践教育中起到价值引领、行为规范等多项育人作用。

结　语

红色文化资源凝结着中国共产党的光荣历史，展现了近代以来中国共产党带领广大人民英勇奋斗的壮丽篇章，是革命精神的充分展现，是激发爱国热情、振奋民族精神的深厚滋养，是中国共产党不断加强自身建设并团结带领广大中国人民不忘初心、继续前进的力量源泉。因此，习近平总书记就此

① 中共中央马克思恩格斯列宁斯大林著作编译局．马克思恩格斯全集：第2卷［M］．北京：人民出版社，1965：169.

② 中共中央马克思恩格斯列宁斯大林著作编译局．马克思恩格斯文集：第2卷［M］．北京：人民出版社，2009：286.

指出，无数革命先烈留下的优良传统是永远激励我们前进的宝贵财富，任何时候都不能丢。① 党的十九大报告也指出：我们要“继承革命文化”，就是要对“红色基因”进行传承。中国特色社会主义进入新时代，传承和利用好红色文化资源对增强文化自信、加强党的建设、打赢脱贫攻坚战和建设中国特色社会主义现代化强国、实现中华民族伟大复兴的中国梦具有十分重要的意义。为此，中共中央办公厅、国务院办公厅 2018 年 7 月印发的《关于实施革命文物保护利用工程（2018—2022 年）的意见》，对如何做好红色文化资源的传承、保护和利用作出了安排和部署并提出了要求。

当代青年大学生是国家的未来和民族的希望，担负着实现中华民族伟大复兴的伟大使命。党和国家非常重视青年大学生的发展。习近平总书记曾讲：“青年一代有理想、有本领、有担当，国家就有前途，民族就有希望。”② 中共中央、国务院印发的《中长期青年发展规划（2016—2025 年）》中也提到“青年是国家的未来、民族的希望”，提出要“加强青年理想信念教育”，“分类开展青年思想教育和引导”。③ 由此可知，加强青年大学生思想政治教育具有重要的时代价值。当前中国面临百年未有之大变局，国际形势错综复杂，西方敌对势力对我国大学生意识形态领域的渗透，多元社会思潮正冲击着青年大学生思想价值观念和人生价值信仰，同时也影响高校的育人工作，对高校育人而言是一个巨大的挑战。因此，利用红色文化资源加强高校育人具有重要的时代意义。

贵州是一片红色热土，贵州高校及师生更加有传承、利用好红色文化资源的责任和使命。置身新时代的历史方位，面对世界百年未有之大变局，贵州高校学生更应该强化文化传承的主体意识，从红色文化资源中汲取财富营养，把红色文化资源蕴含的丰富思想和伟大精神内涵融入日常的学习生活中，融入国家和民族的伟大事业中，书写无悔于青春、无愧于时代和祖国的绚丽华章。重视和推进贵州高校红色文化资源育人是关系到大学生个人发展、贵州社会经济文化教育发展乃至整个国家兴旺发展全局的一项意义深远的工作。然而，对于贵州各高校而言，红色文化融入高校育人仍然是一项长期工程，需要时间加以检验；更是一项复杂工程，涉及很多因素，需要社会各方予以

① 张广智．让红色资源成为发展支撑［N］．人民日报，2015-10-09（7）．

② 习近平．决胜全面建成小康社会　夺取新时代中国特色社会主义伟大胜利：在中国共产党第十九次全国代表大会上的报告［N］．人民日报，2017-10-28（1）．

③ 中共中央　国务院印发《中长期青年发展规划（2016—2025 年）》［EB/OL］．人民政协网，2017-04-14.

支持，形成合力，克服困难，协助高校共同推进红色文化资源育人实践。尤其对于贵州高校及各贵州高校的广大教育工作者来说，一定要扛起传播和弘扬红色文化资源的大旗，在理论研究中不断涌现出新的灵感，在实践探索中不断总结新的经验，实现红色文化资源育人新的飞跃。

红色文化在遵义中学思想政治教育中的有效运用

王漫群[①] 汪勇

[摘　要] 红色文化是中华优秀传统文化的重要组成部分，是中国人民宝贵的精神财富，随着社会、文化、经济等方面的不断向前发展，我国对革命老区红色文化内涵作用挖掘开发的力度也不断增强。在改革开放和社会主义市场经济的深入发展及网络新媒体技术的广泛运用等多方面因素的影响之下，中学思想政治教育存在着诸多问题。在新课改这个大背景下，如何充分地挖掘红色文化与中学思想政治教育的内在联系和教育价值就显得尤为重要。遵义作为革命老区、历史名城，其红色文化也具有较强的典型性和代表性。文章以遵义红色文化为例，通过综合分析、案例分析等方式方法，探索如何将遵义红色文化更行之有效地运用到当下中学思想政治教育中去，以便于更好地提高其实效性。

[关键词] 遵义红色文化；思想政治教育；中学生

习近平总书记在全国高校思想政治工作会议上发表重要讲话时强调，“要用好课堂教学这个主渠道”，“要坚持在改进中加强，提升思想政治教育亲和力和针对性，满足学生成长发展需求和期待”。“必须围绕学生、关照学生、服务学生，不断提高学生思想水平、政治觉悟、道德品质、文化素养，让学生成为德才兼备、全面发展的人才。”[②] 中学阶段作为思想政治教育的关键时期，更应着力解决当前现实存在的诸多问题，努力提高中学生思想教育的质量，切实有效地增强思想政治理论课的针对性和实效性，为国家和社会培养高素质的新型人才打下坚实基础。

---

① 王漫群，贵州师范大学马克思主义学院硕士生。

② 习近平．把思想政治工作贯穿教育教学全过程 开创我国高等教育事业发展新局面［N］．人民日报，2016-12-09（1）．

随着政府对全国红色老区开发的大力扶持以及社会各界对红色老区发展动态的不断关注，“红色文化”成为近年来的一个热门话题，不仅出现在各大报刊、论坛，也“润物细无声”地渗透到我们生活的各个角落。要坚持红色传承，抓好长征精神、遵义会议精神，以纪念长征胜利80周年为契机，创新宣传载体，扩大社会宣传。正是在这样的大背景之下，红色文化的潜在内涵日趋突出。遵义作为中国革命史上的重要转折点，其得天独厚的地区优势与底蕴深厚的红色资源是其他红色老区所不能比拟的，红色文化的课堂引入是为今后的青少年思想政治教育寻找新的渠道、途径。同时，红色文化也将是未来思想教育的有力依托。

一、遵义红色文化资源及精神内涵简介

遵义红色文化，是在革命战争年代由中国共产党人、先进分子和人民群众共同创造的，极具遵义特色的先进文化，是中华优秀传统文化的重要体现，是中华民族走向复兴的重要精神支柱，蕴含着丰富的革命精神和厚重的历史文化底蕴，具有实事求是、独立自主、艰苦奋斗、敢于追求真理、批判创新、民主团结等精神内涵。遵义拥有遵义会议旧址、红军总政治部旧址、红军战斗遗址、苟坝会议会址、红军医院、毛主席旧居、遵义民俗馆、红军山烈士陵园、娄山关、赤水等一大批优秀的红色文化资源，它们都蕴含着深刻的红色文化精髓，凝结着革命烈士们艰苦朴素的优良作风和百折不挠的革命精神，激励着后世人们继续克服各种艰难险阻，积极迎接新的挑战。在遵义红色文化中最突出的就是遵义会议精神，它体现了我们中华民族的不屈不挠，在民族最危急的时刻，冷静地分析党内外各种情况，排除万难，做出正确的决策，使党走向成功。这些精神在今天仍然具有重要的现实价值，利用遵义红色文化来开展红色教育是有意义且有必要的。

二、遵义红色文化的有效利用对中学生思想政治教育的深远意义

红色文化是一种给人以精神力量的文化，它是革命时期形成的优秀文化，有着丰富的精神文化内涵。将红色文化这种优质教学资源运用到思想政治教育中去是很有意义的。遵义许多学校每年都会精心地筹备“一二·九”活动，唱红歌、颂先烈，铭记那段为争取国家独立、民族解放而不懈努力着的历史。遵义的红色文化作为一笔重要的精神财富，适应于在不同的阶级和不同的群体中展开，不仅在道德宣传、历史讲解中发挥着作用，同样也能与中学生这

个群体相适应。老子曾说："治大国，若烹小鲜。"对于中学生的思政教育也要稳步推进，不能一蹴而就。中学生向外延伸的求知欲、对认识世界的渴望，也让越来越多的教育工作者们开始思考思政教育的新出路、新方法。在目前教育的大背景下，许多教师迫于升学率与家长期望值的双重压力，不得不将教学的重点放在学生文化知识的提升上，淡化了思想教育的必要性和前瞻性。与此同时社会公德意识的淡薄、人生价值的模糊不清等问题也在逐渐影响着青少年的成长和发展。值得注意的是，红色文化虽然在其他方面得到广泛的关注，但其教育价值似乎还没有引起广大教育工作者的真正重视，红色文化在校园中的传播范围和传播途径十分有限，对其认识和了解也只停留在表面上。因此，如何更有效地在中学思想政治教育中活用红色文化也是值得我们去认真思考并落实的。

（一）遵义红色文化将有效地丰富和发展中学思想政治教育的学习内容和教学渠道

目前我国的教育体制虽然经过了几次大的整合与创新，但中学思想政治教育仍存在着诸多弊端。众所周知，政治课作为中学生思想政治教育的主要渠道，尽管现在的教材内容已经渐渐细化，也从单一枯燥的理论知识逐渐向与实际生活紧密结合的形态转变，但其中的绝大部分仍具有理论深刻、高度抽象的特点，缺乏典型性与生动性。遵义红色文化底蕴深厚，实际例子不仅丰富而且鲜活，可以有效带动课堂的积极性，弥补教学内容枯燥的短板。此外，遵义红色文化内容范围较广，不仅包括我国物质文化进步的历史，还包含了老一辈无产阶级革命战士、共产党人在革命斗争中形成的优秀品质。正所谓"见贤思齐"，在课堂上将这些优秀的精神品格注入中学思想政治教育当中去，可以让同学们更加直观地去了解所学内容，拓宽中学生向外发展的知识渠道。

（二）遵义的红色文化资源将拓宽中学思想政治教育的有效途径

遵义红色文化包含着许多宝贵的革命遗址与文物，如遵义会议旧址、红军山烈士陵园等，这些红色文化资源为中学生提供了鲜活的学习材料和广阔的体验空间，老师可以组织班级学生参观这些革命圣地，一方面学生自行进行体验感悟，另一方面老师在一旁叙述介绍，将课堂知识穿插进来，让学生通过这样更为直观的教学方式，感受革命精神的伟大，提高自身的思想政治觉悟，从而为中学生思想政治教育开辟一条新的途径。

（三）遵义红色文化资源有利于中学生树立正确的世界观、人生观和价值观

尽管我国的教育课程经过了几次大的改革，也取得了较大的进步，但是

中学生的思想政治教育始终是以应试的形式来进行的，分数逐渐从一个单方面的评价参考，畸形地变成一个学生的评价准则，没有所谓的好与不好，只有分数的高与低。课程目标也存在因脱离实际而被束之高阁的情况，存在着与青少年的身心发展水平无法持平的弊端，各学校在制定教学目标时无法面面俱到，以及社会一些媒体对“高考状元”“奥赛神童”的极度夸大，都使得思想政治教育未能真正地落实。在如今这个信息大爆炸的时代，单一枯燥的书本理论知识越发显得苍白，学生们的求知欲也很难仅仅从书本就得到满足，他们的思想极易受到外界不良风气的影响，校园缺失良好的思想道德教育氛围的弊端频现。遵义红色文化中蕴含的实事求是、独立自主、艰苦奋斗、敢于追求真理、民主团结等精神内涵能够有效地帮助正视问题之所在，发扬艰苦奋斗的精神，以积极的心态去看待学习生活中出现的问题，帮助学生树立正确的世界观、人生观和价值观。将红色文化中蕴含的正能量与思想政治教育建设有机地结合在一起，能够有效地避免类似校园悲剧的再发生。而且遵义红色文化中中国革命队伍曾经在遵义这片红色热土上留下的许多如“红军菩萨”这样可歌可泣的故事，无不彰显了共产党人艰苦奋斗、不怕牺牲的革命精神。这也为中学生们树立了服务社会、服务群众的价值导向，有利于培养他们继承和发扬勤俭节约的优良作风。

（四）树立优秀学习榜样，引导学生传递社会正能量

“以人为镜，可以明得失。”榜样带给我们的不仅仅是好的学习经验，更多的是一个学习的方向、一种精神的力量。在耳濡目染中感受榜样高尚的人格，向榜样学习、向榜样靠近，传递社会正能量。目前我国的思想宣传更多的是通过网络宣传、媒体轰炸等形式，缺乏朴实、实际和更加震撼的内容。对于中学生而言，周围看得见摸得着的人或事对他们的影响更为显著。我们在对学生进行榜样教育的时候，可以通过介绍、接触遵义本地的好人榜样，如山旮旯里的“老雷锋”桐梓老人娄远，这位年逾花甲的老农，为了方便村民耕种和出行，只身一人在峭壁上凿了上万级石阶。他身体力行地诠释了真、善、美的深刻内涵。红色文化代代相传，其实榜样就在我们的身边，像娄远这样默默付出、甘于奉献、积极传递正能量的人还有很多。对于中学生而言，这样的大德大善是很好的学习典范。教会他们做人、做事，教会他们在平凡生活中伸出援助之手，教会他们在国家的发展中贡献自己的力量。

三、在中学思想政治教育中有效地运用遵义红色文化的路径探析

思想政治教育的方法是多种形式并存的，尤其是现在这个信息化高速发

展的时代，教育模式、观念、形态也形成“百家齐放”的局面。但归根结底，应试教育依旧是目前我国教育的主流，这使得中学思想政治教育也逐渐沦为单一的理论灌输，也成为学生对思想政治教育学习失去兴趣的原因之一。而红色文化作为一份珍贵的历史、教育素材，它所蕴含的价值是不可估量的，但至今仍未与中学生的学习生活很好地建立“切入点”。为打破这层壁垒，学校作为教育主体应着手考虑如何让红色文化在教学中更“接地气”，更贴近学生的生活实际，形成良好的“红色教育”新模式，从而提升教育的质量与活力。根据对遵义学校及其周边环境的调查，总结出以下几条对策。

（一）充分将红色文化运用到中学政治的课堂教学中

课堂是学生汲取知识的主要渠道，但随着时间的不断推移，传统的理论知识教学已经很难满足学生的需要。遵义红色文化资源中不仅包括以红军山烈士陵园为代表的物质文化还包括以遵义会议实事求是、追求真理等精神为代表的非物质文化，蕴含了丰富的革命精神和厚重的历史底蕴。将遵义的红色文化内容引入课堂，可以大大提高同学们学习的积极性，为学生的健康发展提供有力支撑。此外，教师对红色文化应有一定的知识积累与自身感悟，并且要树立正确的红色文化教学导向理念，给予学生正确的价值引导。在课堂教学中可以通过 PPT、图文结合等方式，增加课堂的生动性和学生学习的趣味性，确保思政课的时效性得到有效提高。

如在学习关于中国共产党执政的内容时，教师可以采用史实结合的方式来给同学们进行讲解，可以根据中国共产党历史的发展脉络，通过时间轴播放关于中国共产党各个阶段的文献资料及历史图片，以遵义会议为切入点，让学生了解我们党在这个生死攸关的转折点所做出的重大决策，是通过什么样的方式制定什么样的政策来摆脱险境，从而转危为安，让学生从具体的案例中了解和掌握相关知识点，从而达到事半功倍的效果。当然，教师首先应当遵循教育发展的规律以及中学生的学习特点，以此为基础提高红色文化在思想政治教育中的生动性，如讲授理论知识时，应充分将党史、革命精神与其糅合在一起，通过举例联系等方式帮助学生更好地理解相关课本知识。再如讲授政府职能这一章节时，就可以组织学生去当地政府机关的政务大厅去参观了解政府在现实生活中的各种职能，结合具体实例就很容易把概念理解透彻。这种参观式教学就能有效地避免单一、枯燥的教学弊端。

（二）加强实践教育，将红色文化纳入中学生和谐校园文化建设之中

遵义红色文化包含着许多宝贵的革命遗址与文物，有着遵义会议会址、娄山关、毛主席旧居、红军山烈士陵园、陈云故居等一大批优秀的红色文化

资源，为中学生提供了鲜活的学习材料和广阔的体验空间，它们都蕴含着丰富的红色文化精髓，而且目前这些历史遗址都实行对外免费开放的政策，这对于中学生了解红色文化，感悟红色文化精神来说是一个良好的契机。老师在教学过程中应充分利用课外实践等形式，组织学生开展“寻红根”等考察活动，让他们感受红色文化的魅力，提升思想觉悟。或利用建党、建军纪念日、红军长征等重大革命纪念日，精心组织学生进行博物馆、纪念馆、革命烈士陵园等的红色参观、红色旅游，体验红军当年的生活。在感受革命精神伟大的同时，提高自身的思想政治觉悟，从而为中学生思想政治教育开辟一条新的途径。

（三）抢占网络主阵地，构建中学红色文化教育的网络平台

网络越来越影响我们的生活，网络人群也越来越趋向于年轻化。推动红色文化的网络化发展，将网络文化和红色文化有机结合是给红色文化赋予新的时代精神的着力点。这不仅是加强思政教育的新途径，也是实现红色文化具体化的重要载体。“红色省情教育”“红色资源教育基地”等网站都比较全面地反映了遵义市红色资源开发及教育的成果，它们同样可以成为对中学生进行革命精神教学的实践基地。此外，现在的中学都开设了校园网，通过这一平台让红色文化融入学生们的日常学习与生活之中，通过专题报道、文化典故和“历史上的今天”等方式使学生感悟红色文化的精神内涵与历史厚度。在网络影响我们的同时，也搭乘它的顺风车，抢占网络主阵地，构建中学红色文化教育的网络平台，让红色文化教育更好地落实。

坚守中华文化立场，坚持创造性转化和创新性发展的基本方针，做到扬弃继承、转化创新，传承发展中华优秀传统文化，继承发扬红色文化和革命传统，不断培植全体人民的共有精神家园。红色文化是中华民族历史上浓墨重彩的一笔，是一份珍贵的教学财富。充分发挥红色文化在教育教学中的导向功能，对青少年树立良好的“三观”有着十分突出的作用。同时，在红色文化思想政治教育实践中我们也应当保持目的性和针对性，以满足中学生对红色文化精神的需求为落脚点，做好对红色文化精神内涵的诠释，培养学生独立思考、独立研究的学习能力，使得中华民族的优秀红色文化在传承中不断得到创新和发展。

（该文载于《鄂州大学学报》2019 年第 1 期。）

第三篇 03

繁荣红色文化助力高质量发展

“现在，老一辈革命家为之奋斗的事业正在大踏步前进，他们孜孜以求的美好理想正在一步步变成现实。一切伟大的事业都需要在承前启后、继往开来中推进。我们要发扬光荣传统、传承红色基因，不忘初心、继续前进，努力在坚持和发展中国特色社会主义伟大进程中创造无愧于时代、无愧于人民、无愧于先辈的业绩。这是我们对老一辈革命家最好的纪念。”

——2016 年 9 月 28 日，习近平在纪念刘华清同志诞辰 100 周年座谈会上的讲话

“我们一定要牢记红色政权是从哪里来的、新中国是怎么建立起来的，倍加珍惜我们党开创的中国特色社会主义，坚定道路自信、理论自信、制度自信、文化自信。革命理想高于天。理想信念之火一经点燃，就永远不会熄灭。在中央苏区和长征途中，党和红军就是依靠坚定的理想信念和坚强的革命意志，一次次绝境重生，愈挫愈勇，最后取得了胜利，创造了难以置信的奇迹。我们不能忘记党的初心和使命，不能忘记革命理想和革命宗旨，要继续高举革命的旗帜，弘扬伟大的长征精神，朝着中华民族伟大复兴的目标奋勇前进。今天，在新长征路上，我们要战胜来自国内外的各种重大风险挑战，夺取中国特色社会主义新胜利，依然要靠全党全国人民坚定的理想信念和坚强的革命意志。”

——2019 年 5 月 20 日至 22 日，习近平在江西考察并主持召开推动中部地区崛起工作座谈会时的讲话

回望百年伟大成就　牢记使命奋勇前行

汪勇　于炎①

习近平总书记在庆祝中国共产党成立100周年大会上明确指出，“我们要用历史映照现实、远观未来，从中国共产党的百年奋斗中看清楚过去我们为什么能够成功、弄明白未来我们怎样才能继续成功，从而在新的征程上更加坚定、更加自觉地牢记初心使命、开创美好未来”② 百年征程波澜壮阔，百年初心历久弥坚。回望历史，成绩斐然；展望未来，使命在肩。迈上新的伟大征程，更需要牢记使命、砥砺拼搏、奋勇前行。

百年峥嵘岁月　创造伟大成就

习近平总书记在庆祝中国共产党成立100周年大会上庄严宣告：“经过全党全国各族人民持续奋斗，我们实现了第一个百年奋斗目标，在中华大地上全面建成了小康社会，历史性地解决了绝对贫困问题，正在意气风发向着全面建成社会主义现代化强国的第二个百年奋斗目标迈进。”③ 一百年来，中国共产党团结带领中国人民创造了四个伟大成就：一是为了实现中华民族伟大复兴，中国共产党团结带领中国人民，浴血奋战、百折不挠，创造了新民主主义革命的伟大成就，为实现中华民族伟大复兴创造了根本社会条件。中国人民站起来了，中华民族任人宰割、饱受欺凌的时代一去不复返。二是为了实现中华民族伟大复兴，中国共产党团结带领中国人民，自力更生、发愤图

---

① 于炎，男，贵州医科大学副教授，贵州师范大学思想政治教育专业博士生。

② 习近平．在庆祝中国共产党成立100周年大会上的讲话［N］．人民日报，2017-07-02（2）．

③ 习近平．在庆祝中国共产党成立100周年大会上的讲话［M］．北京：人民出版社，2021：2．

强，创造了社会主义革命和建设的伟大成就，为实现中华民族伟大复兴奠定了根本政治前提和制度基础。中国人民不但善于破坏一个旧世界，也善于建设一个新世界。只有社会主义才能救中国，只有社会主义才能发展中国。三是为了实现中华民族伟大复兴，中国共产党团结带领中国人民，解放思想、锐意进取，创造了改革开放和社会主义现代化建设的伟大成就，为实现中华民族伟大复兴提供了充满新的活力的体制保证和快速发展的物质条件。改革开放是决定当代中国前途命运的关键一招，中国大踏步赶上了时代。四是为了实现中华民族伟大复兴，中国共产党团结带领中国人民，自信自强、守正创新，统揽伟大斗争、伟大工程、伟大事业、伟大梦想，创造了新时代中国特色社会主义的伟大成就，为实现中华民族伟大复兴提供了更为完善的制度保证、更为坚实的物质基础、更主动的精神力量。中华民族迎来了从站起来、富起来到强起来的伟大飞跃，实现中华民族伟大复兴进入了不可逆转的历史进程。一百年来，中国共产党开辟的伟大道路、创造的伟大事业、取得的伟大成就，必将载入中华民族发展史册、人类文明发展史册。但是，过去取得的伟大成就并不必然意味着未来仍然能够取得伟大成就。这就要求我们要在开启新征程的伟大道路上，不断增强忧患意识，勇于直面各种风险挑战，正视自己的不足并加以改进，不怕牺牲、勇往直前，创造新的伟大成就。

不断增强忧患意识　勇于直面挑战风险

习近平总书记指出，“今天，我们回顾历史，不是为了从成功中寻求慰藉，更不是为了躺在功劳簿上、为回避今天面临的困难和问题寻找借口，而是为了总结历史经验、把握历史规律，增强开拓前进的勇气和力量”①。历史只能说明过去，未来任重道远。当前，我们仍然不得不直面各种挑战与风险，一是要直面国际形势发展带来的挑战。当前，世界百年未有之大变局进入加速演变期，和平与发展虽然是时代主题，但不稳定性、不确定性更加突出。中华民族伟大复兴面临的经济、政治、文化、社会等国际环境更为严峻复杂，战略压力和安全风险日益增大，各种不确定的“灰犀牛”“黑天鹅”事件等需要我们高度重视和警惕。二是要直面我国社会主要矛盾变化带来的新特征、新要求。党的十九大报告明确指出，我国社会主要矛盾已经转化为人民日益

① 习近平．在中国共产党成立 95 周年大会上的讲话［M］．北京：人民出版社，2016：7.

增长的美好生活需要和不平衡不充分的发展之间的矛盾。人民对美好生活的需要日益广泛，不仅对物质文化生活提出了更高的要求，而且在公平、正义、民主、法治、民生、安全、环境等方面的要求也与日俱增，给党和国家的各项工作提出了更高、更多、更深的新要求。无论是实现人民群众对美好生活的向往，还是破解发展起来以后的问题，抑或是跨过进一步发展绕不开的坎，都需要牢牢把握社会主要矛盾变化带来的新特征、新要求。三是要直面新冠疫情等带来的挑战。突如其来的新冠疫情，给我国经济社会发展带来了极大的困难和挑战，疫情发生及防控期间影响了人员和商品的流动，给我国的交通运输业、服务业、旅游餐饮、文化娱乐、就业等带来了冲击和影响，"十四五"期间我国经济社会发展将面临新的困难和挑战。实践充分证明，只有增强忧患意识，敢于应对重大挑战、抵御重大风险、克服重大阻力、解决重大矛盾，才能推动党和国家事业取得历史性成就、发生历史性变革，不断从胜利走向胜利。

不忘初心牢记使命　勇往直前再创辉煌

习近平总书记指出："中国共产党立志于中华民族千秋伟业，百年恰是风华正茂！"[①] 在全面开启建设社会主义现代化强国的新征程上，我们要以实现中华民族伟大复兴的中国梦为指引，始终坚持不忘初心、牢记使命，坚定理想信念，把人民对美好生活的向往作为我们奋斗的目标。面对错综复杂的国际环境形势以及国内社会主要矛盾转变带来的新情况、新问题，我们更要发挥好改革的突破和先导作用，把握问题导向，勇于突破利益固化的藩篱，把改革推向深入。面对新的伟大征程，我们必须把体现人民利益、反映人民愿望、维护人民权益、增进人民福祉落实到依法治国的全过程，推进党的领导制度化、法治化，推进国家治理体系和治理能力现代化。面对新的伟大征程，我们必须不断增强为中国人民谋幸福和为中华民族谋复兴的思想自觉、政治自觉、行动自觉，始终坚持勇于自我革命的鲜明品格，自觉进行自我诊断、自我治疗、自我完善；坚决整治反对各种"四风"问题，杜绝各种形式主义、官僚主义、本本主义，把惩贪反腐推向深入，坚决把权力牢牢地关进制度的笼

① 习近平．在庆祝中国共产党成立 100 周年大会上的讲话［N］．人民日报，2021-07-02（2）．

子，坚决清除一切损害党的先进性和纯洁性的因素，清除一切侵蚀党的健康肌体的病毒，确保党不变质、不变色、不变味；永远保持同人民群众的血肉联系，始终同人民想在一起、干在一起，风雨同舟、同甘共苦，坚持为实现人民对美好生活的向往而不懈努力，不断增强人民群众的获得感、幸福感、安全感。

弘扬红色文化　构筑精神高地

谭天[①]　汪勇

贵州是孕育和成就中国革命的红色圣地，蕴藏着丰厚的红色资源，饱含了不朽的红色精神。党的十八大以来，在以习近平同志为核心的党中央的坚强领导下，在省委、省政府的大力推动下，贵州始终把习近平总书记关于红色文化及关于贵州工作的重要讲话精神和系列重要指示要求，转化为繁荣多彩的贵州特色文化，推动贵州高质量发展的实际行动，内塑精神，外树形象，大幅提升贵州文化自信，推动多彩贵州民族特色文化强省建设取得积极成效。在党的二十大报告中，习近平总书记进一步明确要“弘扬革命文化”，“满足人民日益增长的精神文化需求，巩固全党全国各族人民团结奋斗的共同思想基础，不断提升国家文化软实力和中华文化影响力”[②]，为贵州弘扬红色文化、构筑精神高地指明了重要方向。高质量发展更需要文化的引领、精神的支撑，在多彩贵州现代化建设的新征程，贵州应以更强的担当、更大的作为，保护、利用和传承好红色文化，凝聚高质量发展的强大精神力量，构筑贵州人民自信自强的精神新高地。

守护红色记忆，共建精神家园。红色记忆是关于中国共产党百年奋斗的历史记忆，承载着各族人民的集体记忆。在中国共产党团结带领贵州各族人民的历史进程中，贵州的红色记忆犹如一道道深刻的年轮，集中反映着贵州特定历史时期的风貌与特色，记载着先进政党和革命人物的思想与行动。90多年前，历史给予贵州人民一份“厚礼”。红军在地瘠民贫的贵州实现了中国共产党从失败到胜利、从幼年到成熟的重大转折。遵义会议成为举世皆知的历史拐点，“四渡赤水”成为伟人毛泽东“一生中的得意之笔”。此外，共产

---

① 谭天，女，贵州师范大学马克思主义学院博士研究生，铜仁学院教师。

② 习近平．高举中国特色社会主义伟大旗帜 为全面建设社会主义现代化国家而团结奋斗：在中国共产党第二十次全国代表大会上的报告［N］．人民日报，2022-10-26（1）．

党成立初期黔籍革命先驱为党的事业作出的重大贡献，抗战十四年贵州人民子弟兵为保家卫国在抗日前线的浴血奋战，解放战争时期贵州风起云涌的游击武装斗争、惊世骇俗的打土匪保政权的光辉业绩，让贵州在革命历史舞台上闪耀光芒，让贵州在世人面前获得华彩。这是属于全体贵州人民的共同记忆，书写了中国共产党同贵州各族人民一道争取民族独立、人民解放的光辉历程。2022 年，国家出台的国发〔2022〕2 号文件，为贵州大地量身制定了一套政策“大礼包”，明确要求“继承发扬长征精神和遵义会议精神”①，为推动贵州革命精神和红色记忆延续发展提供了坚强支撑。在阔步迈向新时代长征路的新征程，贵州应守护好、弘扬好红色根基，通过政治宣传、革命纪念、学校教育、档案存储与展览等形式塑造、强化红色记忆，让红色记忆永续流传，红色基因代代相传，红色精神迸发时代光芒。

刻记红色符号，塑造精神标识。红色符号是中国革命、建设和改革历程的具象化和意象化表达，红色文化依靠具有指代性的红色符号得以传递。贵州拥有璀璨夺目的革命历史，盛载着数不胜数的红色符号。遵义会议等会议会址，红军四渡赤水遗址等重大战役遗址，邓恩铭故居等烈士故居，息烽集中营革命历史纪念馆等历史事件纪念场所，遵义红军烈士陵园等纪念陵区园区的红色旧址、红色建筑以及其中的红色器物、红色文物等构成了贵州红色文化的物质态符号，《忆秦娥·娄山关》等红色诗歌、《四渡赤水出奇兵》等红色歌谣、《雄关漫道》等红色小说、《红军魂》等红色戏剧、《遵义会议》等红色电影、《伟大的转折》等红色电视剧以及口耳相传的红色故事、宣传革命和发动群众的红色标语口号等组成了贵州红色文化的信息态符号，长征精神和“坚定信念、实事求是、独立自主、敢闯新路、民主团结”的遵义会议精神等搭载了贵州红色文化的精神状态符号。三者印刻着贵州丰富的历史文化信息和深刻的革命精神内涵，共同绘就了贵州红色符号的立体图。国发〔2022〕2 号文件明确指出，要“加强贵州红色文化资源保护传承弘扬”。可显、可触、可感及有声、有色、有内涵的贵州红色符号正是红色文化最直观鲜明的呈现，是专属贵州人民的独特文化标记。因此，贵州应继续加强保护利用见证了革命岁月的红色遗存，出品反映时代新气象的红色佳作，挖掘彰显贵州人文历史的红色精神，向贵州儿女乃至中华儿女传递贵州红色文化的物质象征和精神标识。

① 国务院关于支持贵州在新时代西部大开发上闯新路的意见［EB/OL］. 中国政府网，2022-01-18.

升级红色业态，盘活精神沃土。红色业态是解放和发展文化生产力的重要载体，是红色文化事业、产业和创业在新时代的更新迭代。贵州是红色文化各类资源的聚集地，也是红色文化各大业态的聚宝盆。近年来，贵州积极建设红色旅游经典景区和精品线路，促进红色文旅业态质量提升。截至 2019 年，贵州共登记红色旅游类旅游资源单体 1384 处，11 处景点被列入全国红色旅游精品景区；已推出 12 条红色旅游精品线路，3 条旅游线路入选全国红色旅游百条精品线路，涉及贵州 14 个红色景点；现拥有省级爱国主义教育基地 148 个，18 处单位被定为全国爱国主义教育示范基地，等等。与此同时，贵州大力推动文化项目带动战略和产业全域发展，促进红色文旅业态拓展升级。以长征国家文化公园“1+3+8”标志性工程和重大遗址等重要节点为依托，积极打造红色文旅带；以建设长征数字科技艺术馆等省级重点项目为代表，构建红色文化数字化产品线；以遵义市红花岗区红军街 1935 红色文化街区为重点，升级夜间红色文旅商圈等。红色文化业态发展方兴未艾，精神沃土需耕耘不辍。贵州应持续打造红色精品工程，延伸红色产业链条，创新新兴红色业态，以高质量发展为红色文化保护传承的引领，为贵州这片精神沃土注入源源不断的活水。

（该文为国家社科基金项目“红军长征史”［21@ZH048］阶段性研究成果。）

长征精神是推进高质量发展的重要动力

汪　勇

贵州，作为红军长征途中活动时间最长、活动区域最广、发生重大事件最多的省份之一，不仅是长征文化资源的富集地，同时也是长征精神的主要发源地。《贵州省长征国家文化公园条例》的颁布对于更好地保护、建设、利用、管理好贵州的长征文化和弘扬长征精神无疑具有十分重要的意义，对努力开创百姓富、生态美的多彩贵州新未来有着重大意义。

把长征文化和长征精神作为贵州青年思想政治教育的重要资源。用什么样的文化和精神来培育青年，青年就会形成什么样的世界观、人生观和价值观。不少青年在接受了长征文化的熏陶和长征精神的教育之后深受触动而成长成才，并奋斗在各条战线上，为服务地方经济社会发展而做出了积极贡献。贵州要继续深入地把长征文化和长征精神融入新时代青年的培育中，把长征文化和长征精神转化为富有吸引力的优秀思想政治教育资源，积极探索其与思想政治教育的匹配性和关联度，科学、有机地融入青年的思想政治教育内容和环节中，使广大青年深入领会并积极内化长征文化和长征精神。

把长征文化和长征精神作为贵州党员领导干部培训的重要内容。长征文化和长征精神是新时代党员领导干部培训不可或缺的重要内容和必备的素质。每一代人有每一代人的长征路，每代人都要接好“接力棒”，走好自己的长征路。新时代的贵州党员领导干部只有不断接受长征文化的熏陶，才能担当起团结带领贵州广大人民迈向新的伟大征程的历史责任。贵州要把坚定革命理想信念，不怕任何艰难险阻，不惜牺牲和紧密团结，同人民群众生死相依、患难与共、艰苦奋斗的长征文化和长征精神，作为党员领导干部教育培训的重要内容并内化于其心、外化于其行，恪尽职守，走好新时代的长征路。

把长征文化和长征精神作为发展红色旅游的重要资源。随着经济社会的发展和广大人民生活水平的提高，红色旅游不仅成为广大人民生活的重要组成部分，而且是弘扬红色文化和传承革命精神的有效途径。贵州要充分重视长征文化和长征精神在红色旅游中的地位和作用，采取多种有效形式进行开发和挖掘，形成独具特色的长征旅游线路，使广大游客在重走长征路的过程中，切身感知体验中国共产党和中国工农红军把全国人民和中华民族的根本利益看得高于一切，为了救国救民，不怕牺牲进行长征的艰辛与不易，从而坚定走中国特色社会主义道路的信心，使红色政权和红色江山代代相传。

把长征文化和长征精神作为推进乡村振兴的重要力量。党的十九大报告指出，农业农村农民问题是关系国计民生的根本性问题，必须始终把解决好“三农”问题作为全党工作的重中之重。

实施乡村振兴战略。贵州在打赢脱贫攻坚战、全面建成小康社会后，要在巩固拓展脱贫攻坚成果的基础上，做好乡村振兴这篇大文章。在乡村振兴战略的实施过程中，无论是坚持党的全面领导、政府的推动引导，还是坚持群众主体、激发内生动力；无论是聚力做好脱贫地区巩固拓展脱贫攻坚成果同乡村振兴有效衔接的重点工作，还是健全农村低收入人口常态化帮扶机制和着力提升脱贫地区整体发展水平等，都是不易之事，都需要弘扬艰苦卓绝的长征文化和秉承不屈不挠的长征精神，不断把乡村振兴战略落到实处，为共同富裕奠定坚实基础。

把长征文化和长征精神作为推进高质量发展的重要动力。坚持以高质量发展统揽全局，努力开创贵州新未来，同样需要锲而不舍的长征文化的滋养和坚韧不拔的长征精神的鼓舞。坚持以高质量发展统揽全局，需要弘扬坚持不懈的为国为民的长征文化和秉承不怕牺牲的长征精神，不断增强责任感、使命感、紧迫感，保持奋发进取、迎难而上、越是艰险越向前的良好精神状态并将其转化为推动高质量发展的强大政治动力、精神动力和工作动力；需要弘扬长征文化和秉承长征精神，全面把握高质量发展的总体要求，紧扣重点任务、完善工作思路、抓实工作重点、提升工作水平，不断提高政治能力、战略眼光、专业水平，以实干实绩做出新时代的贡献。

站在新的历史起点上，贵州要高度认真负责地把《贵州省长征国家文化公园条例》中对保护、建设、利用、管理好长征文化的部分落到实处，大力弘扬长征精神，更好地坚持以高质量发展统揽全局，奋力续写新时代贵州高质量发展新篇章，努力开创“百姓富、生态美”的多彩贵州新未来。

（原文载于《贵州民族报》2021 年 11 月 26 日第 A03 版。）

弘扬伟大长征精神　助力“四区一高”建设

汪　勇

红军长征不仅创造了可歌可泣的战争史诗，而且铸就了伟大的长征精神。长征精神为中国革命不断从胜利走向胜利提供了强大的精神动力。站在新时代开启新征程的赶考路上，贵州仍需继承和发扬伟大的长征精神，助力贵州作为西部大开发综合改革示范区、巩固拓展脱贫攻坚成果样板区、数字经济发展创新区、内陆开放型经济新高地、生态文明建设先行区“四区一高”的战略定位之建设发展。

坚持以人民为中心，坚定信心推进贵州“四区一高”建设的政治立场。长征精神是把全国人民和中华民族的根本利益看得高于一切，坚定革命的理想和信念，坚信正义事业必然胜利的政治立场。建设“四区一高”就是为了贵州人民同全国一道走向共同富裕。我们要坚持以人民为中心的发展思想，坚信“四区一高”是推进贵州发展的重要目标和一定能够实现的决心，积极主动采取各种切实有效的举措加强建设。

不怕艰难险阻勇往直前是推动贵州“四区一高”建设的精神动力。长征精神在革命时期是救国救民，不怕任何艰难险阻，不惜付出一切牺牲。在当下推动贵州“四区一高”建设也要有不怕艰难险阻和勇往直前的精神。“四区一高”的建设，不会是轻轻松松、敲锣打鼓就能实现的。我们在推进“四区一高”的建设中仍会遇到各种各样的困难和曲折，我们在遇到困难时不低头，在碰到曲折时不弯腰，在面对问题时不绕行，坚韧不拔、勇往直前。

坚持结合自身实际，激发内在动力为推进“四区一高”建设提供保障。“四区一高”建设，虽然需要全国上下的大力支持和帮助，但还得要自己争气。“四区一高”是专门针对贵州实际提出的支持贵州在新时代西部大开发上闯新路的重大部署。我们既不能好高骛远，更不能等靠要，而是要在争取各方面大力支持和帮助的基础上充分结合自身实际，坚持实事求是，一切从实际出发的长征精神，激发内在活力，实实在在地推进“四区一高”建设。

坚持顾全大局、紧密团结的精神，为推进贵州“四区一高”建设提供合力。“四区一高”建设不仅涉及如何统筹全省经济、政治、文化、社会、生态等方方面面，而且还涉及如何进一步巩固拓展脱贫攻坚成果、推进乡村振兴和实现共同富裕等。全省各级党委政府和部门要坚持顾全大局、紧密团结的长征精神，做好顶层设计，形成合力，助推“四区一高”目标早日实现。

密切联系群众、同甘共苦，为推进“四区一高”建设提供无穷的强大力量。“四区一高”绝不只是各级党委政府和机关及党员领导干部的事，而是全省人民共同的事。在建设“四区一高”的进程中，我们要充分发挥紧紧依靠人民群众，同人民群众生死相依、患难与共、艰苦奋斗的精神，坚持走群众路线，相信群众、依靠群众、团结群众，与广大人民同甘苦、共患难，共同努力，在新的赶考路上把“四区一高”变成现实，与全国同步进入社会主义现代化。

（本文载于多彩贵州网《新国发2号文件·专家谈丨汪勇：弘扬伟大长征精神助力“四区一高”建设》。）

弘扬贵州新时代精神　消除思想贫困奔小康

汪　勇

贵州是全国贫困人口最多、贫困范围最广、贫困程度最深的西部省份，是脱贫攻坚的主战场。导致贵州贫困最主要的原因是喀斯特地貌导致的雨水不易保持和土质贫瘠等先天不良的自然环境条件。但贵州的“背篼干部”“伙计干部”“快递干部”和王大发、邓迎香等平凡人物却不甘于贫困，用“麻怀干劲”和“大关精神”，战天斗地，创造了一个又一个贵州奇迹，生动诠释了誓与全国人民同步小康的新时代贵州精神。

贫困是一个内涵十分丰富的历史范畴。贫困不仅指物质上的贫困，还包括思想上的贫困。物质上的贫困主要表现为缺衣少食等生存基本物质条件的无保障。思想上的贫困则主要是指对贫困和反贫困等没有科学而正确的认识，或者知道何谓贫困，但思想上却甘于贫困、不想脱贫、愿意贫困和接受外部的帮助和扶持，即只想通过等、靠、要摆脱贫困。物质上的贫困和思想上的贫困往往是孪生姐妹、相互依存。贫困也往往是物质贫困和思想贫困兼而有之的混合物。相比较而言，物质上的贫困只是暂时的，而思想上的贫困往往会导致长期的物质贫困；物质上的贫困并不可怕，可怕的是思想上的贫困。在现实生活中，不少人仅仅把贫困理解为物质上的贫困，而对思想上的贫困往往注意不足、重视不够。辩证唯物主义告诉我们，虽然社会存在决定社会意识，但社会意识却具有能动的反作用。只要思想上不贫困，物质贫困就不可怕且只是暂时的。反之，如果思想上贫困，即使物质上非常富有，也会走向衰落和破败，最终陷入贫困。只要贫困群体思想上不想贫困、不愿意贫困、不甘于贫困，就一定会充分发挥主体能动性，积极主动地采取各种切实有效的办法和措施，努力改变自己物质贫困的状态。因此，扶贫一定要与扶智和扶志高度紧密地结合起来，即对贫困群体不仅仅要给予物质上的无偿援助，更重要的是通过大力反贫困的思想教育，使贫困群体对贫困及其原因有科学、客观、正确地认识并通过增长其脱贫知识水平，加强技能培训等，形成脱贫的内生动力。只要提高贫困群体对贫困的认知和脱贫的智慧并勇敢地与贫困作斗争，就一定能够真正实现彻底脱贫。贫困还随着社会的发展而在不同的时代具有不同的内容和特征。如过去我们认为贫困主要是吃不饱、穿不暖、住不好，但随着时代的发展，贫困还包括知识欠缺、智力低下、没有就业技能、思想远远落后于时代的发展等。因此，消除贫困不仅需要外界给予物质上的扶持和帮助，更为重要和持久的脱贫则需要通过反贫困教育和职业技能培训等方式，使贫困群体具备新时代所具有的脱贫思想意识，掌握现代从业、创业技能，才能为彻底有效消除物质上的贫困奠定坚实的基础。

改革开放40多年来我国经济社会发展取得的伟大成就源于思想的解放。如果没有思想的解放，就不会有改革开放，就不会有今天的中国。过去贵州很多贫困地方正因为扫除了思想贫困而走上了富裕之路。不仅如此，党的十八大以来，贵州之所以取得诸多骄人的成绩，除了中央和各方面的大力支持和帮助，更主要的是广大贵州人民不甘于贫困、落后，发扬团结奋进、拼搏创新、苦干实干、后发赶超的新时代精神与贫困作斗争的结果。大关精神、麻怀干劲、唐约道路等就颇具代表性，彰显了贵州人民从走出思想贫困到不断摆脱物质贫困的不懈追求和拼搏，因此形成的攻坚克难、战天斗地的脱贫攻坚文化，并与贵州丰富的红色文化和多民族文化相映成趣，共同构筑了贵州的新时代精神高地，反过来指引着贵州人民撸起袖子加油干，坚决打赢脱贫攻坚战，誓同全国人民同步小康的决心和勇气。面对2020年同步小康伟大而又艰巨的任务，只要我们充分挖掘和弘扬贵州脱贫攻坚的新时代精神，继续大力消除思想贫困，坚持用不甘于贫困的“麻怀干劲”，继续秉承“咬定青山不放松”的苦干、实干加巧干的“大关精神”，继续艰苦奋斗，撸起袖子加油干；用典型的案例和动人的故事让更多的人、更多的组织知悉贵州脱贫攻坚的决心和勇气并伸出援助之手；充分运用好党和国家的相关扶贫政策，整合各方面的力量形成合力，贵州人民就一定能够打赢脱贫攻坚这场硬仗，最终实现与全国人民同步小康的梦想。

（本文载于《贵州日报》2018年11月27日第11版。）

建设丰富多彩特色文化以凝聚高质量发展精神力量

汪勇　谭天①

党的十九大首次提出“高质量发展”，表明中国经济已由高速增长阶段转向高质量发展阶段。党的十九届五中全会进一步指出，我国已转向高质量发展阶段，经济、社会、文化、生态等各领域都要体现高质量发展的要求。这意味着推动高质量发展不仅局限于经济、社会领域，文化建设领域也需要由增长速度转向发展质量。高质量发展需要文化的引领、精神的支撑。在高质量发展成为时代主旋律和发展新动向的背景下，大力建设繁荣多彩的贵州民族特色文化，既是推动贵州省高质量发展的重要内容，同时也是凝聚推动贵州省高质量发展的强大精神力量。贵州是西南腹地、文化资源大省，文化资源体量庞大、种类繁多且内涵丰厚，拥有全国最丰富多彩的特色文化。贵州不仅有纯朴的少数民族文化，而且还有典型的喀斯特山地文化；不仅有异常宝贵的“阳明文化”，且还有不可多得的红色文化；不仅有“三线建设”文化，而且还有战天斗地的脱贫攻坚文化；不仅有传统的农耕梯田文化，还有现代大数据和号称“天下第一锅”的平塘天眼；不仅有丰富的旅游资源文化，而且还有号称世界桥梁博物馆的桥梁文化；等等。党的十八大以来，贵州文化建设取得了突出成就并发挥了强大的精神动力作用，助力贵州经济社会快速健康发展，彻底撕掉了千百年来绝对贫困的标签并与全国人民一道全面建成了小康社会，贵州发生了翻天覆地的变化。在迈向共同富裕新征程的赶考路上，我们仍然需要努力建设文化事业繁荣、文化产业发达、文化精品纷呈、文化人才荟萃、文化发展实力和竞争力强劲的丰富多彩的特色文化，为贵州凝聚高质量发展的强大精神力量，谱写多彩贵州现代化建设的新篇章。

① 谭天，女，贵州师范大学马克思主义学院博士研究生，铜仁学院教师。

一、为文化繁荣发展串联资源“棋盘”

独特的山地文化、革命文化、“三线建设”文化、脱贫攻坚文化和多民族文化生态等造就了贵州多元化和多样性的文化特征。星罗棋布的文化资源犹如一粒粒棋子遍布在广袤的贵州大地，影响着棋盘的整体布局。建设丰富多彩的特色文化，需要构建贵州多元一体的文化格局和万彩同春的文化景象，需要按照“先布棋盘，再落棋子”的思路，串联贵州文化资源的“棋盘”，连点成线、织网成局，进而形成“1+1+X”的高质量发展模式，实现“1+1>2”的文化集群效果。

首先，要构建和提升贵州多彩的整体文化形象。多彩贵州孕育出多彩文化，多彩文化集合了历史文化、民族文化、红色文化、阳明文化、山地文化、“三线”文化等资源，并在时间的更迭和空间的变迁中愈加多彩与深厚。贵州要以系统性思维继续聚合多彩文化资源，以历史文化之“古色”、民族文化之“原色”、革命文化之“红色”、生态文化之“绿色”、名酒文化之“白色”塑造多彩贵州的五彩色系，以英雄人物和历史事件的崇高美、风土人情的古朴美、山水风光的自然美、文学艺术的境界美等丰满多彩贵州的多元素材，构建完整、系统和固定的视觉表达体系，确立贵州多彩文化的整体标识，展示推介贵州多彩文化的整体形象。特别是要深入推进和实施红色文化的传承、保护及推广工程，扎实推进长征国家文化公园贵州重点建设区的各方面建设，真正让红色基因代代相传。

其次，要保护和开发贵州多地的全域文化风貌。贵州是中华大地上一块独具特色的神奇之地。“十里不同风，百里不同俗”是贵州民俗文化的写照，“十里不同天，五里不同地”是对贵州地貌文化的描写，“一地多点、多地多异”是贵州历史文化的特征。保护和开发贵州多地的文化风貌，就要强调拓宽以文化资源单体要素为核心的视野，强化“大区域”共同发展的理念，携手共绘美好“黔景”。一方面，要以“系统保护、突出特点”的保护思路，加强文物古籍的保护、研究、利用，强化对重要文化和自然遗产、非物质文化遗产的系统性保护，推进《贵州文库》（第二期）编纂、出版等，强化建立全域贵州文化资源保护体系。另一方面，要依托生态优势和民族特色，持续提升“山地公园省·多彩贵州风”的品牌影响力，在横向上串联不同区域的文化资源，在纵向上带动旅游与文化资源的融合，构建自然与人文并重的文旅空间格局，加快形成全域文旅发展格局。

最后，要整合和融通贵州共享多元文化数据并努力实现数字化展示。数据时代也是文化资源的共享时代，数据技术与文化事业发展相辅相成。但受制于贵州文化大数据的来源多元化、数据类型多样化、数字化标准不一，各地各部门间的文化数据难以互通，数据质量参差不齐等。因此，贵州要搭建一个整体有机的文化资源网络体系，推进建立音频、视频、文字相对应的公共文化数据库，推进公共文化数据资源的共享、开放、开发，为管理部门、研究者以及普通用户提供服务平台，同时为推进国家公共数据资源开发利用试点省建设提供有利条件。加强文化资源数字化建设及网络展示，使丰富多彩的特色文化能够更加广为人知，能够凝聚更多的精神力量助力贵州高质量发展。

二、为文化繁荣发展注入人才“活水”

高质量发展呼唤高素质人才队伍，高素质人才队伍助推高质量发展。在高质量发展的目标导向下，推动贵州多彩文化繁荣发展不仅需要深耕文化资源“沃土”，还需开掘建设文化的人力资源“富矿”，让多彩贵州文化在开放兼容中源源不断地汲取人才“活水”。在高质量发展的蓝图引领下，贵州应以动态思维和发展眼光推动文化人才队伍建设，坚持引进和培育并重、强化激励和优化服务并行的原则，努力激活人才库存，聚力人才最大公约数，为贵州文化繁荣发展提供高质量的人才支撑和智力支持。

其一，要在文化建设“引才”上出实招。加快形成文化建设“引才入黔”磁场效应是壮大和优化贵州文化人才队伍的关键。在贵州经济社会赶超发展的“黄金十年”间，贵州以求贤若渴的姿态向天下文化英才广发“英雄帖”，竭力盘活文化人才存量，扩大文化人才增量。面向高质量发展新的“黄金十年”，贵州仍应继续着力补齐文化人才短板，强化文化政策引才、文化平台引才、文化产业引才。借助“黔归人才计划”“百千万人才引进计划”等高层次人才引进计划，通过公开招聘、人员调动、科研院校推荐、高端文化人才招聘会等渠道，依托十大文化产业园、十大文化产业基地、多批次文化产业示范基地等项目，抢抓东西部对口帮扶机遇和深入推进文化专业人才组团式帮扶，持续引进文化领域领军人物、高端文化人才、创新文化人才、紧缺文化人才和复合型文化人才，不断壮大文化事业、文化产业等领域高层次文化人才队伍。

其二，要在文化建设“育才”上下实功。全面形成文化建设“育才兴黔”的雁阵效应是壮大和优化贵州文化人才队伍的根本。在贵州全方位推动聚智聚才建设文化的道路上，除注重文化人才的外部吸纳，也应加倍重视文化人才的自主培养，注意避免出现文化人才建设中“外来和尚好念经”“招来女婿气走儿”等文化人才建设问题。贵州应立足“重在培养，强化引进”的思路，注重文化建设技能人才、文化乡土人才的培养和使用，推动建立覆盖全面、资源共享、衔接有序、梯次递进的文化人才培养体系，通过选派培训、志愿者招募、挂职锻炼、跟班学习等方式，努力为文化人才的成长成才“搭台子”“架梯子”“压担子”，进而竭力打造和锤炼出一支支“留得住、用得上、干得好”的基层文化人才队伍，“肯钻研、善传承、精技艺”的文化保护传承队伍，“有文化、喜文化、为文化”的文艺后备人才队伍和“有情怀、有热情、有担当”的文化志愿者队伍等。

其三，要在文化建设“用才”上见实效。推动形成文化建设“用才助黔”溢出效应是壮大和优化贵州文化人才队伍的核心。为确保“外引内培”的文化人才“留得住、培得出、用得好”，全面形成文化建设“用一贤至则群贤毕至，见贤思齐就蔚然成风”的生动局面，贵州应继续贯彻落实“人才兴文”“人才兴旅”战略，始终坚持“以实干用才，以实绩论才”原则，有效破除文化人才引进、培养、使用、评价、流动、激励等方面的“清规戒律”，真刀真枪破解文化人才政策的“中梗阻”，加快形成有利于文化人才成长的培养机制，有利于人尽其才的使用机制，有利于竞相成长、各展其能的激励机制，有利于各类人才脱颖而出的竞争机制和更加科学合理的文化人才评价机制，真正把能力突出、业绩突出和有专业能力、专业素养、职业精神的优秀文化人才用起来，真正让贵州聚天下文化英才而用之。

三、为文化繁荣发展奏响精品“乐章”

高质量发展蕴含着对人们卓越文化的追求，卓越文化的培育离不开精品力作的浇灌。近年来，贵州相继打造推出一系列文化精品，竭力为贵州人民提供丰盛的精神食粮，帮助贵州人民构筑美好的生活图景。在迈向高质量发展的道路上，贵州要始终坚持以人民为中心的发展思想，把高质量发展同满足人民美好生活需要紧密结合，将产出高质量的文化精品与丰富人民高品质的生活有机结合，以推出和推行精品线、精品展、精品片等方式扩充贵州多彩文化的精品库，以奏响贵州多彩文化的精品“乐章”滋养人民群众的文化生活。

首先，继续用心打造贵州文旅精品线路和项目。近年来，贵州大力推进文旅品牌建设并取得突出成效。截至 2021 年，贵州省已打造完成包括山地特色篇、骑行篇、徒步篇在内的 100 余条体育文化旅游精品线路，推出包括遵义会议伟大转折之旅、四渡赤水出奇制胜之旅、万里远征磅礴乌蒙之旅、丹心向阳叩问苍穹之旅在内的 12 条红色文化旅游精品线路，持续推进全省 100 个精品文化景区创建工程等。在高质量发展成为文旅发展主线的时代背景下，在完善和推广已有文旅精品线路的基础上推陈出新、除旧布新，将文旅精品线路和项目串联成贵州抢抓发展新机遇的奋斗足迹。一方面，我们要坚持文旅融合，创造文旅精品线路和项目，即深化文旅融合思路，提高旅游空间文化底蕴，拓展文化空间经济效能，大力发展红色文化、世界名酒文化、国际天文科普、千里乌江休闲度假、民族文化等特色旅游带，把文化元素植入景区景点、融入城市街区、嵌入美丽乡村，加快建设富有文化底蕴的旅游线路和项目。另一方面，要加快同质化资源整合塑造文旅精品，即立足于多彩文化资源的核心元素，针对不同游客群体的特点和差异化需求，通过借鉴先进经验、优化文旅线路设计、创建文旅盘活项目等推出别具匠心的文旅景观和精品线路，实现别具一格的文旅品牌建构。

其次，继续用心打造贵州文化精品佳作和展播。党的十八大以来，贵州聚焦时代主题，创作出的文艺精品硕果累累。从电影《文朝荣》到黔剧《天渠》，从电视剧《极度危机》到《伟大的转折》，从广播剧《亚鲁王》到布依花灯剧《腊梅迎香》，从《贵州学者文丛》到报告文学《花繁叶茂：倾听花开的声音》，从大型书画“双百”工程到多彩贵州文化艺术节等，全省文艺事业蓬勃发展、精品迭出。为推动贵州文艺事业的高质量发展，贵州仍要大力实施文艺作品质量提升工程，继续打磨雕琢文化精品佳作，主要是：一是要以坚持正确的价值导向优化文艺创作的审美价值，即始终将为人民服务作为立足点和落脚点，将反映全省各族干部群众奋力推进大扶贫、大数据、大生态三大战略行动取得的成绩和干事创业的精气神镌刻在贵州文化繁荣发展的进程，源源不断地创作出更多满足人民文化需求、激昂人民精神力量的好作品。二是以深挖文化内涵和凸显特色主题提升文艺作品的原创力，即挖掘贵州特色文化资源，打造一批以重大革命和历史题材、爱国主义题材、民族题材、现实题材、乡村振兴题材等为主题的精品力作，浓墨重彩地以“文化贵州”讲好“贵州文化”。三是以丰富的创作形态推动文艺创作的立体展示，通过多彩文化传播、品牌文化展演、艺术普及展览、群众文化活动等，让一部部“贵州制造”的佳作登陆小荧屏、大银幕，一个个贵州故事登上小广场、大舞台，一张张笑脸因多彩文化而洋溢自信。

四、为文化繁荣发展强健产业“筋骨”

文化产业兼具经济价值和社会效益的双重属性，是21世纪极具发展潜力的“朝阳产业”和满足人民群众美好生活需要的“幸福产业”，是推动贵州文化产业发展以建设多彩民族特色强省不可或缺的重要组成，也是满足贵州人民群众日益增长的精神文化需求之诉。在高质量发展统揽全局的新征程上，我们要实现文化产业由量的积累向质的提高转变，以文化传承为“血脉”，以高质量文化产业为“筋骨”，以文化新兴业态为“体肌”，推动贵州文化产业发展提质增效。

第一，培育特色文化产业集群，加强文化产业园区建设。文化产业集群是文化产业园区的重要依托，文化产业园区是文化产业集群的重要载体。贵州应立足当前文化产业链核心基础，促进新阶段的文化产业集群和文化产业园区建设。在培育特色文化产业集群方面，依托贵州本土文化元素，通过蓄力培育“贵银”文化产业集群、繁荣“黔艺”文化演艺产业、做大“黔节”会展民族节庆业等，开发贵州特色文化产品、打造贵州特色文化标志、延展贵州特色文化产业。在加强文化产业园区建设方面，要利用国家级和省级文化产业示范基地的政策红利，依托贵阳和各市（州）中心城市点，加快建设一批高起点、规模化，体现区域特点和产业发展方向的文化产业园区。重点推进黔西南民族文化产业园、贵州（凯里）民族民间工艺品交易基地、毕节大方古彝文化产业园、黔中国际屯堡文化生态园、正安吉他文化产业园区培育工程等，推动国家级文化产业示范园区和国家级文化产业示范基地创建，更好发挥示范引领和辐射带动作用。

第二，构筑现代文化市场体系，发展壮大文化市场主体。完善文化市场体系壮大文化市场主体，是推动贵州文化产业高水平发展的重要支撑。由于贵州文化市场主体的先天不足和后天培育的缺陷，文化市场主体的欠缺及其高质量稀缺成为制约贵州文化产业高质量发展的短板。为此，贵州需要进一步完善和落实各种支持文化产业发展的措施、政策，健全富有特色的现代文化企业制度，通过引导和培育文化市场来壮大文化市场主体，通过整合文化资源、聚合文化资本、融合文化产业进行兼并重组，培育壮大一批骨干国有文化企业；鼓励推动一批具备条件的文化企业股改上市，打造有竞争力的文化产业集团；扶持一批中小微文化企业和民营骨干文化企业，加快文化企业“专精特新”发展，提高文化市场主体的整体活力，全面提升文化产业综合经济效益。

第三，推动文化产业转型升级，推动省域区域文化协调发展。传统文化行业发展欠缺和区域文化布局不均衡是阻碍贵州文化产业高质量发展步伐的两大障碍。从近年文化产业的行业布局来看，新闻信息服务、文化辅助生产和中介服务、创意设计服务等文化行业的资产、营收均实现稳定增长，而文化装备生产等行业持续下降。从文化产业的地区分布来看，贵阳市继续巩固扩大文化产业主体地位，遵义市红色旅游产业化发展次序增长，其他地区则表现为波动上涨或下降。由此，促进产业转型升级和区域协调发展是推动文化产业高质量发展的必由之路。贵州需深化文化领域供给侧结构性改革，推动全省新兴文化产业加速发展，推动传统文化产业转型升级，推动传统文化创新性发展和创造性转化。同时，依托区域协调发展文化政策定位，推动 6 市 3 州文化在发展战略、空间布局、产品建设、产业培育等方面合作联动发展，共同提升区域文化协调发展的整体实力。

五、为文化繁荣发展插上数字“羽翼”

在数字技术不断取得突破性进展的过程中，数字技术已成为推动文化经济增长的新引擎。文化与数字的融合发展已成为我国经济社会高质量发展的新趋势。在“数字+文化”新业态、新模式蓬勃发展的背景下，建设丰富多彩的特色文化应搭乘“数字中国”的快车，深入挖掘大数据“钻石矿”，逐步构建起多彩文化与数字化协同推进、融合共促的新质态，为贵州文化的繁荣发展插上数字的“羽翼”。

一是要推动贵州多彩文化成果数字化。全面推动文化成果数字化是数字文化的首要目标。贵州各系统首先应组织开展红色文化、民族文化、传统文化及生态文化等文化资源的数字化普查，摸清盘活数字化文化家底，统计现有数字化文化资源。通过实际数据采集、处理和重构，对文化典籍、文化藏品、文化遗产等进行高精度三维建模、数字化存储、虚拟化修复，将文字资料、图片资料、影像资料、项目资料存储到文化数据库和文化资源平台中。推进数据库和数据平台运行、管理、维护规范化，对其现存资源开展适时补充、更新、修改等，保障文化成果数据化的可持续运行，维持资源的新鲜感和生命力。

二是要推动贵州多彩文化场景多维化。在文化成果数字化的基础上，数字技术既可以单独构建文化虚拟空间，也可以将实体空间与虚拟空间深度结合，形成虚实相融的多维空间以进一步增强人们的精神体验的互动性、丰富性和深刻性。贵州一方面要依托本土特色文化，创新文化场景。开发基于

VR、AR、MR 等技术的数字场景设计，发展虚拟景区、全息互动投影、夜间光影秀等数字产品，打造核心景区和特色民族文化为核心的文旅 IP 及文创产品，开发城市公共空间、特色小镇沉浸式演艺、娱乐体验项目，直接将数字媒介的设计与实体空间的设计加以贯通，赋予人们全新的文化体验。另一方面要依托传统文化场景，提升用户体验。支持传统文化场馆、文娱场所、景区景点、街区园区开发数字化产品和服务，将创作、生产和传播等向“云上”拓展。发展“互联网+展陈”新模式，打造一批博物馆、图书馆、美术馆数字化展示示范项目，将数字媒介的动态展示和互动参与融入传统文化场景，形成人的多维的感受和体验。

三是要推动多彩贵州文旅服务智能化。文旅服务智能化是数字价值链向着满足人的常态化和差异化需求的深层次延伸。面对多元数据需求主体，贵州一方面要推进统计创新和云计算等应用，助力文化生产与文化消费市场；从畅通供需两端入手，对文化和旅游市场情况进行监测和分析，实现全方位、多维度精准对接，推动传统文化市场主体“数网智”升级，提升文化市场运营效率和文化服务现代化水平。另一方面要推进物联网和大数据等应用，推动文旅智慧服务系统建设，持续加强“大数据+全域智慧旅游”建设，完善提升“多彩宝”“一游码贵州”“脸行贵阳”等平台，推动建设为用户提供“吃、住、行、游、购、娱”等智慧服务的系统，形成面向未来的高质量文旅服务形态。

红色文化助推贵州民族地区脱贫攻坚的价值与路径

王敏① 汪勇

[摘 要] 贵州民族地区富集的红色文化是中国共产党领导贵州各少数民族群众在革命战争年代团结奋斗和攻坚克难的历史见证与文化遗产。在新时代贵州民族地区脱贫攻坚工作中，区域红色文化萌生了巨大的新时代价值。近年来，贵州通过积极保护留存好区域红色文化、鲜活传播区域红色文化、创新发展区域红色经济等方式，极大地促进了省内民族地区和贫困地区的脱贫攻坚工作，也涌现了石阡县甘溪乡和习水县土城镇等一批脱贫摘帽和发展致富的典型。因此，红色文化是助推贵州民族地区脱贫攻坚的重要和现实选择。

[关键词] 红色文化；贵州民族地区脱贫攻坚；价值；路径

社会主义国家的本质与根本任务是消除贫困和实现全体人民的共同富裕。由于“我国贫困人口分布的重要特点之一就是少数民族人口和贫困人口在地域分布上的重合”②。因此，我国民族地区脱贫攻坚工作是亟须解决和必须高度重视的社会问题。党的十八大以来，我国民族地区脱贫攻坚工作得到前所未有的重视。实现全面小康，少数民族一个都不能少，一个都不能掉队。习近平总书记在党的十九大报告中又重点强调要“坚决打赢脱贫攻坚战”。现实情况是，我国广大民族地区多年的扶贫脱贫工作成效虽然十分显著，但目前仍然是我国脱贫攻坚的主战场，也是我国如期实现全面建成小康社会进而建成社会主义现代化强国的最大短板。一方面，贵州是全国贫困人口最多、贫困程度最深、攻坚难度最大的省份之一，面临的诸多难题都是“世界级”的，“相约 2020”的压力相当大。另一方面，贵州民族地区也是红色文化资源最

---

① 王敏，男，贵州师范大学马克思主义学院博士生。

② 黄颂文．西部民族地区农村反贫困的思路［J］．学术论坛，2004（4）：95-98.

为丰富的区域，曾历史地见证和书写了党领导各少数民族群众取得民族独立和人民解放的艰难历程和成功经验。新时代贵州民族地区坚持在既定的大扶贫战略行动中，围绕“守底线、走新路、奔小康”的总要求，可以充分利用区域红色文化的“富矿”优势，聚焦少数民族群众脱贫攻坚的内生动力、脱贫信心与能力建设，从而创造新的更大的治贫伟业和人间奇迹。

一、红色文化是民族地区决胜脱贫攻坚的重要抓手与资源优势

（一）贵州民族地区的红色文化

就红色文化的概念理解而言，目前学界言人人殊、聚讼纷纭。有学者认为红色文化就是源于五四运动以来的革命文化或新民主主义革命文化，也有学者认为红色文化是中国共产党领导人民在新民主主义革命及建设、改革的实践中共同创造的各种物质和精神财富的总和。红色文化不仅包括新民主主义革命文化和社会主义建设文化，而且包括改革开放文化和习近平新时代中国特色社会主义文化。可以说，目前学界在红色文化的概念、形式、时限、区域、内容等方面的研究成果十分丰富，但质量参差不齐，虽覆盖涉及面广但观点冲突不一、论证歧见纷呈。尽管如此，学界也都能在中国共产党领导红色革命运动的政治文化上达成广泛共识，认为红色文化主要表征为一种以革命理想主义价值观为内核的先进文化形态。换言之，红色文化还原了艰苦卓绝的中国革命历史和光耀千秋的中国革命精神，与中国共产党人带领人民开展革命斗争的伟大实践密不可分，因此也留下了各种各样、丰富多彩的物质形态和非物质形态的红色资源。

贵州省属于我国经济欠发达的内陆民族地区，全省共有 3 个少数民族自治州、11 个少数民族自治县、193 个少数民族自治乡。一方面，贵州少数民族自治区域面积十分广阔，贫困人口数量规模十分庞大，脱贫攻坚任务十分繁重。另一方面，作为革命老区的贵州又是典型的红色文化大省，伟大的红军长征文化、抗战文化、中共地下党斗争文化以及革命先驱文化遍及全省各个民族地区。在黔东南苗族侗族自治州共有以全国爱国主义教育示范基地黎平会议纪念馆、榕江红七军历史陈列馆、凯里党小组活动遗址、剑河大广拗战斗遗址为代表的革命遗址遗存 343 处，其中重要历史事件和重要机构旧址 38 处、重要历史事件及人物活动纪念地 139 处、革命领导人和地方党史人物行居所 29 处、烈士墓 80 处、各类纪念设施 59 处，被列入县级以上文物保护单位的 103 处，县级以上爱国主义教育基地的有 31 处。在黔南布依族苗族自

治州，有以全国爱国主义教育示范基地猴场会议会址为代表的红色文化旅游景点和革命教育基地（场所）多处，如中共一大代表邓恩铭（水族）烈士故居、瓮安猴场会议会址、板寨红七军会师旧址、坤地红七军宿营地旧址、“强渡乌江”战斗遗址、毛泽东行居、冷少农和舒葆初烈士故居、长顺红军标语纪念馆、板寨会师纪念馆、惠水红军烈士墓等。黔西南布依族苗族自治州也有着极丰富的红色文化资源，如晴隆二十四道拐抗战文化遗址、威舍猪场村红军洞（贺子珍因救护钟赤兵团长而光荣负伤）、中共黔西南第一个党支部的遗址——卡法、滇黔贵边区革委会主要活动地点——板陈等。

2016 年 12 月，国家发改委根据中央办公厅、国务院办公厅印发的《2016—2020 年全国红色旅游发展规划纲要》而公布印发了《关于印发全国红色旅游经典景区名录的通知》（发改社会〔2016〕2662 号）。该文件中涉及多个贵州少数民族地区红色旅游景点如贵州红军长征红色旅游系列景区（黔南州瓮安县、黔东南州黎平县黎平会议旧址）、黔南州独山县深河桥抗战遗址、黔南州荔波县邓恩铭烈士故居、黔西南州史迪威公路晴隆二十四道拐遗址。概言之，贵州民族地区蕴含了丰富的红色文化资源，给当地人民留下了“攻坚克难”的红色记忆，这必将为新时代贵州民族地区脱贫攻坚与经济发展工作带来巨大的精神动力与借鉴价值。

（二）红色文化在助推贵州民族地区脱贫攻坚工作中的价值体现

1. 贵州民族地区红色文化蕴含了脱贫攻坚的政治原则价值

贵州民族地区富集的红色文化是中国共产党领导各少数民族群众共同团结奋斗的产物，这启示我们党的坚强领导是前提，党为人民的初心使命是根本，各族群众的主动作为是基础，三者共同构成了红色文化得以生成的政治原则。新时代我国贵州民族地区脱贫攻坚工作同样需要这个政治原则。首先，红色文化昭示了党的领导是贵州民族地区脱贫攻坚的成功保障。加强党的领导主要体现为加强民族地区基层组织领导班子建设与干部队伍建设。习近平总书记在《摆脱贫困》中指出“如果没有一个坚强的、过得硬的农村党支部，党的正确路线、方针政策就不能在农村得到具体的落实，就不能把农村党员团结在自己周围，从而就谈不上带领群众壮大农村经济，发展农业生产力，向贫困和落后作战”①。因此，党的坚强领导是贵州民族地区走向脱贫致富的最根本的政治前提和成功保证。其次，红色文化映照了党引领民族地区脱贫

---

① 习近平：加强脱贫第一线的核心力量：建设好农村党组织［M］//习近平．摆脱贫困．福州：福建人民出版社，2014：159.

攻坚的初心使命。人民对美好生活的向往，就是我们的奋斗目标，习近平总书记告诫全党同志，一定要不忘初心、牢记使命。民族地区红色文化所蕴含的以人民为中心的初心使命是党在各个时期富于战斗力的原因所在，这就要求贵州民族地区的党员干部要始终牢记习近平总书记的告诫，要始终牢记消除贫困就是中国共产党人的初心使命，要切实高效地发挥党和政府在脱贫攻坚中的主导作用。最后，民族地区脱贫攻坚工作要发挥人民群众的主体作用。对于贵州少数民族地区而言，这个主体作用体现在基层党政领导干部必须发挥好脱贫致富中流砥柱的作用，党员同志必须发挥好脱贫致富模范带头的作用，各少数民族群众特别是贫困群众则必须积极参与其中并主动追求“脱贫致富”，从而实现由“要我脱贫”到“我要脱贫”的转变。民族地区红色文化能为作为主体的人提供巨大的精神动力和意识形态保障，它所蕴含的先进意识和革命斗争精神能有效地促使当地人民群众艰苦奋斗、自力更生、勇攀高峰，从而开拓脱贫攻坚新局面。

2. 贵州民族地区红色文化注入了脱贫攻坚的资源内容价值

习近平总书记指出：“要紧紧扭住发展这个促使贫困地区脱贫致富的第一要务，立足资源、市场、人文旅游等优势，因地制宜找准发展路子。”① 这启示我们，我国广大贫困地区的脱贫攻坚要首先立足“内容为王”的区域资源优势，以区域资源优势促进区域经济发展，这里的资源不仅包括自然资源，而且包括文化资源。对于广大经济欠发达的少数民族地区而言，贵州民族地区富集的红色文化在促进区域经济社会发展上的作用与价值尤其突出，是富含巨大经济效益与社会效益的“文化富矿”，为贵州民族地区脱贫攻坚工作注入了丰富的资源内容基础。首先，红色文化是现代国民经济结构中重要的文化产业资源和旅游资源，也是发展红色旅游和红色文化产业的重要资源。其次，包括贵州民族地区在内的少数民族地区大多处于偏远山区，那里山清水秀、环境优美、风景宜人，绿色生态资源十分丰富。习近平总书记强调的“绿水青山就是金山银山”深刻阐明了贵州民族地区是一座具有丰富绿色生态资源的“经济宝库”。最后，贵州民族地区的少数民族特色文化也十分丰富，节庆文化、服饰文化、饮食文化、歌舞文化等这些“人无我有”的民族特色文化优势本身就是一种重要的经济资源优势。因此，对于贵州民族地区而言，基于中国共产党的坚强领导及追求共同富裕的奋斗目标，可以充分利用红色

① 张琦，孔梅．打赢脱贫攻坚战的根本遵循治理相对贫困的思想指南［EB/OL］．中国共产党新闻网，2020-10-19.

文化传承发展的天然政治优势，探索“红色文化+”的发展思路，走以红色为主、绿配红与特配红相结合的复合型文化发展路子，把红色文化、绿色生态文化和民族特色文化等结合起来，寓思想教育于文化娱乐和观光游览之中，既有利于传播中国共产党和中国特色社会主义先进文化，又有利于把“红色文化+”的复合型资源转变为现实的社会生产力，从而推动贵州民族地区的经济发展，帮助贵州各少数民族脱贫致富、共赴小康。事实上，新时代人民美好生活需要的重要内容就是美好精神文化需要，就是绿色生态需要和旅游休闲需要。贵州民族地区红色文化恰好构成了新时代人民美好生活需要的内容基础，也为深入推进脱贫攻坚工作进而提升全体人民的获得感和幸福感提供了重要抓手。

3. 贵州民族地区红色文化提供了脱贫攻坚的工作方法价值

习近平总书记指出：“脱贫攻坚本来就是一场硬仗，而深度贫困地区脱贫攻坚是这场硬仗中的硬仗。”① 贵州少数民族地区大都属于我国深度贫困地区，贵州民族地区要想打赢新时代的脱贫攻坚这场硬仗，需要采用正确的战略战术和科学的工作方法。观照民族地区红色文化的生成过程，一方面它印证和揭示了中国共产党人领导各族人民群众在艰窘困厄的革命历程中所展现的“革命理想主义”与“革命乐观主义”② 精神。立足当下，贵州民族地区脱贫攻坚工作之所以异常艰巨，主要是因为少数民族贫困群众普遍存在内生动力不足，缺乏发展信心与斗志的问题。因此，脱贫攻坚首先要充分利用民族地区红色文化，紧紧围绕“扶志”来做文章，不断激发和强化民族地区贫困人口的信心与斗志，唤醒和点燃其脱贫致富共奔小康的热情与动力。从而帮助其实现“脱贫致富”的历史跨越。另一方面摆脱贫困需要智慧，而培养智慧的根本之策在教育、学习和培训。透视贵州民族地区的红色文化即可发现，无论是贵州民族地区的红色革命遗址、红色革命遗迹、红色革命场馆还是贵州民族地区的红色文化歌谣、红色文化标语、红色文化艺术等，无不映射着马克思主义先进文化元素，而这种先进性当然是需要通过教育培养、素质提升、智慧熏陶才可以体现出来的。因此，针对当代贵州民族地区脱贫攻坚的现状，要坚持扶贫先扶智、治贫先治愚，把优先发展教育作为阻断贫困代际传递的根本途径，重点从办学条件、师资配备、经费投入、学科建设等

① 习近平．在深度贫困地区脱贫攻坚座谈会上的讲话［N］．人民日报，2017-09-01（2）．

② 罗永宽，李燕．红色文化的精神内核与当代价值［J］．文化软实力研究，2017，2（1）：5-14．

方面给予倾斜支持，促进贵州民族地区人口的整体素质与能力的提升，同时，积极加强科技下乡与技能培训，对有劳动能力的贫困群众开展实用技术与就业技能培训，全面提升贵州各少数民族群众的就业创业能力。坚定红色文化自信，走一条扶贫与扶智、扶志相结合的脱贫新路。因此，贵州民族地区红色文化提供了扶志与扶智相结合的脱贫攻坚的工作方法价值。

二、充分利用红色文化助推贵州民族地区脱贫攻坚的创新路径

（一）保护留存好贵州民族地区红色资源

保护是传承与开发的前提。作为红色文化富集区域，革命老区与民族地区的脱贫致富与持续发展是党和国家非常关心和高度重视的热点问题。党的十八大以来，习近平总书记最为牵挂的大事就是扶贫脱贫工作。新时代贵州民族地区需要积极守护红色家园，留存和传承区域红色文化，不断激活红色文化背后的攻坚克难精神，用“苦不苦，想想红军两万五；累不累，想想革命老前辈”的精神动力助推脱贫攻坚和区域经济发展。随着党和国家有关红色旅游规划和革命文物保护等相关政策文件的出台，贵州省也先后出台了《贵州省文物保护条例》《贵州省红色旅游发展总体规划》《关于加强贵州省革命遗址保护利用的意见》等文件，这让全省的大部分革命文物、遗址和遗迹等都得到了不同程度的保护、改建和扩建。如遵义会议会址及附属陈列馆，经过多次修缮、改建和扩建，受重视和保护程度大大提高。近年来贵州省政府又先后对黔东特区革命委员会旧址、中共贵州省工委旧址、贵州抗日救国军司令部旧址文物陈列室等多处革命遗址进行了发掘、维修，不断丰富展示内容，从而更好地丰富贵州红色文化的资源内容体系并充分发挥这些红色文化遗址在新时代的价值与作用。值得一提的是，2016 年，贵州省利用长征胜利 80 周年的时机，积极争取国家有关部委对长征遗产保护的支持，实施了“长征——红色记忆保护工程”，计划建造贵州国家长征主题文化公园，并积极争取将区域内多处红军长征遗址申报为全国重点文物保护单位。① 贵州民族地区应积极争取和完善相关政策规划，守护好自己的红色家园，从而把区域红色文化保护留存下来，夯实红色革命精神的物质支撑。

（二）鲜活传播开贵州民族地区红色文化

文化的力量主要在于文化背后的精神力量。红色文化从根本上说就是中

① 林子．红军文化遗产保护利用与民族地区脱贫攻坚新路：以贵州省为例［J］．贵州民族研究，2018，39（1）：179-183.

国共产党领导各族人民团结奋斗、攻坚克难的革命理想主义、革命集体主义的精神写照和精神动力。在攻克新时代贵州民族地区脱贫攻坚这场硬仗时，需要充分传承和弘扬好红色精神。为了有效地传承和弘扬贵州民族地区红色文化和红色精神，就必须适应数字网络生态，采用现代传播科技，不断创新贵州民族地区红色文化传播方式、方法与路径，从而让贵州民族地区红色文化和红色革命精神得以鲜活传播开来。事实上，无论是基于“大众传媒是现代社会必不可少的信息生产者与提供者”① 的原则要求，还是新媒体时代的“数字化生存”与“联通一切”的客观事实，贵州民族地区红色文化这个“内容王者”都需要与时俱进地创新传播手段和方式，注重与现代传媒技术的融合及数字化转化。以人民日报客户端 2017 年推送的建军 90 周年 H5 产品《快看呐！这是我的军装照》为例，短短 7 天就“圈粉”无数，用户浏览量达 10 亿以上，这也因此成为一个红色文化与传播科技完美结合的经典案例。中共中央办公厅、国务院办公厅 2018 年联合下发的《关于实施革命文物保护利用工程（2018—2022 年）的意见》也明确提出要“融通多媒体资源”“建立革命文物大数据库”“让革命文物活起来”。所以说，要加强贵州红色文化资源的数字化保护、开发与传播必须通过对 VR、AR、裸眼 3D 等现代信息技术的积极应用，开发和建造一些具有高度开放性、远程观赏性、实时互动性的“红色文化网上纪念馆”和“红色文化融媒体聚合平台”，推出一批具有反映红色文化内涵与红色革命精神的新型文旅产品和纪念品，其目的就是满足不同传播对象和受众群体的差异化和多层次需要，从而实现让贵州民族地区红色文化“鲜活起来”“转动起来”和“红火起来”的目标，让红色文化披上新时代外衣、直抵新时代人心。②

（三）发展繁荣贵州民族地区红色经济

要啃下贵州民族地区脱贫攻坚这块“硬骨头”，最根本的还是要靠发展贵州民族地区经济、实现产业脱贫。只有通过产业脱贫，才能真正实现区域经济可持续增长和贫困户脱贫不返贫。为此，贵州民族地区可以充分利用区域红色文化优势，大力发展红色经济及其附属经济产业，探索“红色文化+”的产业发展新模式。所谓“红色文化+”，就是发展“红色文化+旅游”“红色文化+生态”“红色文化+农业”“红色文化+民族”“红色文化+大数据”等复合

① 王敏，邓庄．公共利益：政府与媒体的互动逻辑［J］．天津行政学院学报，2012，14（1）：59-62.

② 江勇，王敏．用数字化让贵州红色文化资源鲜活起来［N］．贵州日报，2019-02-25（9）．

型经济产业。贵州经过十多年的发展，主打“红色文化+”的红色经济产业化发展效果十分显著，省内外影响也越来越大，年接待人数和年综合收入持续保持着两位数的增长速度。据贵州省文化和旅游厅的数据统计，2018 年全省接待游客 9.69 亿人次，实现旅游总收入 9400 多亿元，同比分别增长 30.2% 和 33.1%，带动 30.3 万贫困人口受益增收。就当前贵州全省的红色经济发展现状而言，现已初步形成了以中央红军为主，红二、红六军团为辅的“一线两翼”的“红军长征在贵州”红色旅游发展主格局，同时辅之以贵州革命先驱文化、贵州抗战文化和中共贵州地下党斗争文化等红色文化旅游景点，大力发展“红色文化+”产业不仅产生了良好的社会效益和经济效益，而且极大地加快了贵州民族地区的脱贫攻坚进程。需要指出的是，随着近年来贵州基础设施建设特别是交通领域上取得的突破性进展，大大改善了贵州“红色文化+”的经济发展条件与环境，贵州红色文化繁荣发展的势头良好、前景光明。

三、红色文化助推贵州民族地区脱贫攻坚的典型样本与案例经验

（一）甘溪红色样本

位于我国贵州省铜仁市石阡县西南部的甘溪乡，全名甘溪仡佬族侗族乡。在民族成分上，甘溪乡是一个以仡佬族、侗族和羌族为主的少数民族乡。在经济发展上，包括甘溪在内的黔东北地区都属于我国武陵山连片特困地区，高山峡谷遍布，土壤贫瘠不堪，交通十分不便。在文化构成上，甘溪既具有典型的民族特色文化和绿色生态文化，又具有丰富的红色文化。

1934 年 10 月，红二、六军团长征先遣队在这里遭遇湘、桂、黔敌军主力，发生了著名的甘溪战役，曾有四五千名红军战士的鲜血洒在这片热土，为红军长征的开端书写了壮烈的一幕。由萧克将军题写的“甘溪死难烈士纪念塔”现在是县级爱国主义教育基地。2012 年，由甘溪陈氏祠堂改建而来的民族博物馆，将本地区优秀的民族特色文化和民俗文化传承展示出来，将错落有致的古村古寨保护开发起来。此外，境内风景迷人、生态保存完好，“中国十大‘非著名’山峰”之一、被誉为“梵净山的姊妹山”的佛顶山坐落其中，2016 年，佛顶山晋升为国家级自然保护区。然而，该乡经济几乎完全靠农业支撑，第二、三产业的比重非常少且境内山高谷深、群峰叠嶂、土地贫瘠，可供利用的农业用地十分稀少，人均耕地面积不足 0.45 亩（0.03 公顷），且主要是陡坡耕地，属全省 100 个极贫乡镇之一。

党的十八大以来，在国家和贵州省的精准扶贫和脱贫攻坚的大战略下，在省市县三级政府和扶贫单位的支持和帮助下，甘溪乡充分利用本地红色文化优势，传承攻坚克难的红色革命精神，不断激发脱贫攻坚的内生动力，大力发展“红色文化+”的复合型产业经济发展模式，持续促进区域经济发展，不断提升贫困户收入和生活水平。2018 年，甘溪乡全体干部群众团结一心、攻坚克难、努力前行、奋发有为，群众生产生活发生巨大变化，经济社会向好发展，顺利地实现脱贫摘帽的阶段性发展目标。

（二）土城红色案例

位于我国贵州遵义市习水县的土城镇，是一个有着千年发展历史的黔北古镇，也是红军长征时期四渡赤水战役的发生地。尽管土城镇并非民族乡镇，但汉族与黔、川各少数民族长期交流杂居，虽无民族地区之名却有民族地区之实。近年来，土城镇在国家的精准扶贫、脱贫战略的强力助推下，在国家和省市县各级政府的大力支持下，充分利用区域丰富的红色文化资源优势，打造土城红色文化旅游发展创新示范区，主打红色经济牌，区域经济社会发展迅速，成为远近闻名的“红色土城”。

早在 7000 多年前就有人类居住活动和繁衍生息的土城是赤水河上“黄木出山、川盐入黔”的交通隘口，素有“川黔锁钥”的称谓。元末明初，因镇民在改造房屋时发现大量土城墙，故有“土城”之名流传至今。土城镇悠久的历史、丰厚的文化积淀赋予了土城古朴、神秘的古镇人文景观，秦币、汉砖、古陶、汉墓、宋酒窖、古船帮、老盐号、明代军事屯堡文物古迹众多；古渡、老墙、茶馆、石板街、吊脚楼、牿牛船、老榕树古风犹存；龙灯、花灯、狮灯、秧歌、龙船调、川戏玩意、船夫号子等历史文化源远流长。

红军长征时期土城是举世闻名的“四渡赤水”发轫地和主战场，被誉为“长征路上的红宝石”“地球红飘带上的明珠”。1935 年 1 月，中国工农红军长征进驻习水，在土城镇青杠坡浴血奋战后从土城渡口挥师西渡，谱写了“四渡赤水”战役的伟大篇章，现保留着 12 处与红色文化相关的国家重点文物保护单位。近年来，土城镇又着力打造了土城红色文化旅游创新示范区，围绕红军四渡赤水纪念馆这个核心，倾力打造的一个“红色文化+”博物馆建筑群，具体包括中国工农红军第九军团陈列馆、中国工农红军战地医院纪念馆、中国女红军纪念馆、红军总参谋部旧址、青杠坡战斗遗址及反映地方特色的赤水河盐文化陈列馆，土城古镇博物馆等 12 处全国重点文物保护单位。

近年来，土城镇利用 2009 年四渡赤水纪念馆免费开放的契机，通过土城红色文化旅游创新区的设计打造与传播开放，年均接待游客数量逐年增加，经济效益和社会效益明显。2014 年，土城镇被评为“影响世界的中国文化旅游名镇”，2016 年又被评为“全国十佳生态文明景区”，“红色土城 · 灵性古镇”已成为土城的推介名片。土城镇以土城红色景区为抓手，探索发展“红色旅游+”的复合型产业。经过十多年的探索，土城古镇已经走出了一条革命老区脱贫攻坚、增收致富的新路子。

四、结语

中国共产党领导各族人民群众在争取民族独立和人民解放的革命过程中，在我国广大少数民族地区留下了丰富的红色文化，这种红色文化所凝练的崇高理想信念、不畏惧艰难险阻和勇求革命胜利的豪情壮志与红色精神，为今天民族地区脱贫攻坚工作提供了十分丰厚的原料与养分。蕴含了丰富红色文化资源的贵州民族地区在新时代脱贫攻坚的历史伟业中，高度重视和挖掘红色文化在攻克民族地区深度贫困这个坚中之坚的重大价值，通过积极守护红色家园以让区域红色文化被保护、留存下来，传承红色精神让红色文化鲜活传播开来，发展红色经济让红色文化繁荣发展起来。石阡县甘溪乡、习水县土城镇等一批脱贫摘帽和发展致富的典型案例启示我们高度重视和积极发展“红色文化+”产业是助推贵州民族地区乃至全国广大民族地区夺取脱贫攻坚战和实现同步小康梦的重要路径。

（本文载自《老区建设》2020 年第 2 期。）

为贵州脱贫攻坚装上“红色引擎”

谭　天①

贵州是红军过境次数多，并建立了多块红色革命根据地的革命老区，是一片拥有丰厚红色文化资源的沃土。但贵州又是全国贫困人口最多、贫困程度最深的革命老区，是全国脱贫攻坚的重要战场。这些贫困县又大多位于革命老区。为中国革命做出巨大牺牲和突出贡献的老区人民，依然过着相对贫困的生活，成为共产党人刻骨铭心的痛与遗憾。习近平总书记明确指出：“革命老区是党和人民军队的根，我们不能忘记我们是从哪里走来的，永远都要从革命历史中汲取智慧和力量。”② 贵州人民要打赢新长征路上脱贫攻坚这场硬仗，就必须按照习近平总书记的重要论述，“把红色资源利用好、把红色传统发扬好、把红色基因传承好”③。

一、以不忘初心的革命先驱文化坚定脱贫攻坚的时代使命

在民主革命时期，贵州涌现出了一批为民族独立、人民解放抛头颅洒热血并引领革命的先驱者。在庆祝新中国成立 60 周年活动中，评选出的全国 100 位为建立新中国做出突出贡献的英雄模范人物，贵州就占 74 位。有视死如归，“不惜唯我身先死，后继频频慰九泉”的中国共产党创始人之一的邓恩铭；有以自己生命践行“一切要为人民打算”的人生诺言的中共中央秘书长王若飞；有不忘初心，拥有“要像铁一样硬、钢一样强”钢铁意志的洪湖湘鄂西革命根据地缔造者、红二军团政委周逸群；有刚直不阿，向士兵大声疾呼“我拼杀多年就是想为工农大众打江山”的红四、红六、红二十五军军长

---

① 谭天，女，贵州师范大学马克思主义学院博士研究生，铜仁学院教师。

② 习近平．用好红色资源，传承好红色基因 把红色江山世世代代传下去［EB/OL］．求是网，2021-05-16.

③ 习近平．贯彻全军政治工作会议精神 扎实推进依法治军从严治军［N］．人民日报，2014-12-16（1）．

旷继勋。革命先驱以他们的壮丽人生，为贫困地区的共产党员和领导干部做出了表率。我们要以历史文化为骨、革命先驱为镜，以不忘初心的革命先驱文化坚定脱贫攻坚的时代使命。一方面，要通过大力开展革命先驱崇高精神教育活动，使贫困地区的党员干部认识到老一辈革命家的勇敢担当与雄伟抱负，认识到作为人民公仆甘于为人民牺牲一切的神圣责任，认识到党员干部必须在脱贫攻坚中发挥打头阵、当标兵、挑大梁的关键作用，切实把脱贫攻坚责任扛在肩上、记在心上、落实到行动上；另一方面，要鼓舞激励贫困地区广大共产党员不忘入党誓词，牢记历史使命，把握脱贫攻坚正确方向，坚持精准扶贫基本方略，确保目标不变、决心不变，深度聚力解决贫困问题，将更强大的能力、务实的态度、优良的作风贯穿到脱贫攻坚工作的全过程和各环节，确保脱贫有实效、可持续，经得起历史和人民的检验。

二、以艰苦卓绝的长征精神激发脱贫攻坚的不竭动力

1930 年至 1936 年，中央红军红三军、红七军、红八军、红二、红六军团先后转战贵州，足迹遍及 68 个县（市、区）。各路红军在贵州长征期间，留下了许多可歌可泣的动人故事，有中央红军突破乌江、四渡赤水的英雄壮举，也有红六军团百名红军为保护人民群众而英勇跳崖牺牲、红二军团黔东独立师为掩护主力部队而全军覆没的悲壮故事。红军在长征途中以对革命理想的无比忠诚和英勇无畏的革命英雄主义，给党和人民留下了坚韧不拔、自强不息、勇往直前的伟大长征精神。全面建成小康社会是我党历史上又一次伟大的新长征，决战脱贫攻坚是一项艰巨而复杂的任务，最需要长征精神的指引。扶贫的主体是人，脱贫攻坚过程应特别重视对革命老区的内生性扶贫，即“扶志”与“扶智”，两者缺一不可，必须相互共济、相兼并举，是以长征精神对老区人民“扶志”意义重大。大多数革命老区受客观因素制约导致贫困，但物质上的贫困不是最可怕的，精神的匮乏才是致命的。实施脱贫攻坚正如红军长征一样，需要坚如磐石的理想信念，需要一往无前的英勇奋斗精神，需要坚韧不拔的刚强毅力。正如习近平总书记指出：“‘安贫乐道’，‘穷自在’，‘等、靠、要’，怨天尤人，等等，这些观念应全在扫荡之列，弱鸟可望先飞，至贫可能先富。”① 以长征精神对老区人民“扶智”。在脱贫攻坚的新长征路上，发展贫困地区的教育事业是关键性战役，只有大力发扬百折不挠、战胜困难的长征精神，扎扎实实地打牢贫困地区的教育基础，才能使贫困地

① 习近平．摆脱贫困［M］．福州：福建人民出版社，2014：2.

区人民具有自强不息的底气和持续发展的动力。只有大力发展基础教育、职业教育和农民群众培训教育，有了懂科学、有技术、有创新创造能力的人才队伍，才能达到脱真贫、真脱贫的效果。

三、以丰富的红色印记挖掘脱贫攻坚的致富潜力

红军在贵州大地上播撒了无数革命火种，留下了大量革命遗迹。在这些红色印记中，比较重要的革命遗址达 2130 处，其中有 14 处为国家级重点文物保护单位，如周逸群故居、遵义会议会址、赤水红军陵园、黔东特区革命委员会旧址等，22 处省级文物保护单位，如红六军团抢渡乌江茶山关渡口，红二、红六军团木黄会师纪念馆，红花岗烈士陵园等。红色文化非物质资源同样丰厚，有革命先驱文化、红军长征文化、革命根据地文化、贵州地下党文化、贵州抗日文化等，特别是大量革命战争时期的诗词、歌谣、故事等构成了不可磨灭的红色记忆。这些红色印记见证了我党的发展历程，也给贵州留下了宝贵的物质和精神财富。我们要充分挖掘红军历史遗存这片"富矿"，将扶持红色文化产业作为脱贫致富突破口。一是发展红色文化产业。首先要在保护中开发红色文化资源，特别是加快红色遗址的恢复、修缮、维修、改建、扩建，让红色文化留下来。其次要通过再现红色文化抓好文化精品，注意运用现代科学技术手段，改造提升红色文化的表现形式，使贵州的红色文化呈现得更典型、更丰满、更有感染力，让红色文化"活"起来。二是发展红色旅游产业。自 2004 年第一期全国红色旅游发展规划纲要颁布后，贵州省相继出台了红色文化旅游发展纲要和规划，初步形成了以中央红军为主，红二、红六军团为辅的"一线两翼"的发展格局。就目前情况而言，贵州红色文化旅游产业还较为单薄，亟须加强与贵州多元文化、经济社会发展和城镇化建设的协同融合发展，打造保持红色底蕴、富有地方特色、自住民间乡愁的红色旅游品牌，让红色文化"火"起来，成为贵州脱贫致富的助推力和经济社会发展的增长点。

四、以密切联系群众的革命传统推进脱贫攻坚的民生工程

密切联系群众是党的优良传统，也是人民军队的一贯作风。当年红一方面军、红七军、红三军进入贵州后，都深入群众实际，了解群众疾苦，坚定相信和依靠群众。如红三军进入黔东后积极发动群众，打土豪、分田地，帮助群众建立政权，并且访贫问苦，帮助群众解决困难，坚持公平正义，清除

土匪恶霸，保障了黔东革命根据地的社会稳定和谐，这成为黔东人民对红军恩情永久而温馨的集体记忆。这些年来，贵州各级党组织和政府继承革命传统，坚持以人民为中心，重视关心贫困地区群众的各类民生问题，如在全国率先建成省市县乡四级公立医院远程医疗服务体系，对近50万户农村危房进行改造，完成易地搬迁入住132万人等。随着脱贫攻坚的逐渐深入，脱贫难度的持续增加，我们更要深入扶贫一线，直面群众苦难，为民办实事、为民谋实利，努力解决群众“两不愁”“三保障”问题。特别是在广大的易地搬迁地区，要进一步加强和完善“五个体系”。在基本公共服务体系上，要大力实施全民基本医疗保险、大病保险、医疗救助三重医疗保障，大幅度提高贫困群众医疗费用补助比例，克服因病致贫、因病返贫现象；在就业服务体系上，要确保每户家庭有一人以上稳定就业，确保搬迁群众搬得出、稳得住、能致富；在文化服务体系上，要广泛开展内容健康、形式多样的文化活动，丰富群众的精神生活；在基层党建体系上，要着力推进民主建设，进一步实现村民参与民主决策和民主监督制度化；在社会治理体系上，要配合扫黑除恶专项斗争，实施多元治理，努力建设平安稳定、团结友爱、健康进取的和谐社会，从而实现老区人民对美好生活的追求与渴望。

（该文载于《理论与当代》2020年第2期。）

第四篇 04

弘扬革命精神推进党的建设

“革命先烈为了理想和信念慷慨赴死，靠的是信仰。今天，像战争年代那种血与火的生死考验少了，但具有新的历史特点的伟大斗争仍然在继续，我们正面临着一系列重大挑战、重大风险、重大阻力、重大矛盾的艰巨考验。没有坚定的理想信念，就会在乱云飞渡的复杂环境中迷失方向、在泰山压顶的巨大压力下退缩逃避、在糖衣炮弹的轮番轰炸下缴械投降。我们要从红色基因中汲取强大的信仰力量，增强‘四个意识’，坚定‘四个自信’，做到‘两个维护’，自觉做共产主义远大理想和中国特色社会主义共同理想的坚定信仰者和忠实实践者，真正成为百折不挠、终生不悔的马克思主义战士。”

——2019 年 5 月 22 日，习近平总书记在江西考察工作结束时的讲话

“‘其作始也简，其将毕也必巨。’96 年来，我们党团结带领人民取得了举世瞩目的伟大成就，这值得我们骄傲和自豪。同时，事业发展永无止境，共产党人的初心永远不能改变。唯有不忘初心，方可告慰历史、告慰先辈，方可赢得民心、赢得时代，方可善作善成、一往无前。”

——2017 年 10 月 31 日，习近平总书记在瞻仰上海中共一大会址和浙江嘉兴南湖红船时的讲话

“希望广大党员、干部认真学习党史、新中国史，深刻认识红色政权来之不易、新中国来之不易、中国特色社会主义来之不易，牢记党的初心和使命，牢记党的性质和宗旨，坚定理想信念，坚定不移贯彻党的理论和路线方针政策，不断跨越前进道路上新的‘娄山关’‘腊子口’，在实现中华民族伟大复兴的历史进程中走好新时代的长征路。”

——2020 年 5 月，习近平对“记者再走长征路”主题采访活动作出重要指示

新征程赶考路上进一步坚定制度自信

汪勇　刘水波[①]

中国特色社会主义制度自信，就是广大人民群众发自内心地认为和相信中国特色社会主义制度是最适合中国国情，是拥有强大的政治优势、理论优势、制度优势、文化优势的社会制度的积极情感和稳定心理。在开启全面建设社会主义现代化国家的新征程上，要进一步坚定中国特色社会主义制度自信，就要彰显中国特色社会主义制度所独有的价值取向和显著优势。

坚定制度自信，彰显以人民为中心的价值取向。坚定中国特色社会主义制度自信，就要彰显中国特色社会主义制度以人民为中心的价值追求。改革开放 40 多年来，坚持和发展中国特色社会主义制度，使广大人民群众日益增长的物质文化需要得到了满足，并进一步转化为对美好生活的向往，彰显了中国特色社会主义制度的价值追求。新征程上，中国特色社会主义制度要进一步坚定广大人民的制度自信，就要秉承以人民为中心，不断满足人民日益增长的多样化、多层次、多方面的美好生活需要，倾听人民的心声，回应人民的期待，把“蛋糕”做大、做好，进一步夯实人民美好生活的根基；加大再分配调节力度，缩小收入分配差距，把蛋糕分好，促进社会公平正义；繁荣发展文化事业和文化产业，为人民提供丰富的精神文化资源，满足人民的精神生活需要；通过持续推动绿色发展，促进人与自然和谐共生，为人民提供良好的人居环境；等等。多管齐下，不断满足人民对美好生活的向往，彰显制度的价值取向，进一步坚定广大人民的制度自信。

坚定制度自信，以历史性成就彰显科学性。中国特色社会主义制度是党和人民在长期实践探索中形成的科学制度体系，其科学性体现在中国特色社会主义制度始终植根中国国情，瞄准中国问题，脚踏实地推动党和国家各项工作取得实效，实现从站起来到富起来再到强起来的历史性飞跃。当前，面

① 刘水波，男，贵州师范大学马克思主义学院博士生。

对错综复杂的国内外形势和艰巨繁重的改革发展稳定任务，我们的各项具体工作要以成效为先，坚持问题导向，通过卓有成效的具体工作切实解决人民急难愁盼问题和解决发展中的各项难题，特别是要以实干为重，努力避开形式主义，在各项工作中发扬求真务实、避虚就实作风，营造埋头苦干、勤劳肯干、撸起袖子加油干的氛围，使工作成效看得见、摸得着且经得起历史和人民的检验。

坚定制度自信，以党的自我革命引领社会革命。制度好则党风正，党风正则政风纯、社风好、家风良。中国特色社会主义制度的先进性就在于，始终要求中国共产党以自我革命的精神主动及时革除影响自身先进性和纯洁性的各种弊端，敢于以猛药去疴、重典治乱的决心，以刮骨疗毒、壮士断腕的勇气刀刃向内，进行自我净化、自我完善、自我革新和自我提高。新征程上，各级党员领导干部必须保持高度的使命感和责任感，勇于自我革命，以克己奉公树新风、以反腐倡廉扫陈风、以正风肃纪纠“四风”，做到权为民所用、情为民所系、利为民所谋，干净担当，才能化解各种风险考验，才能解决百年大党独有难题，以忠诚干净担当的形象彰显中国特色社会主义制度的先进性。

坚定制度自信，彰显“中国之治”的显著优势。党的十九届四中全会从政治、经济、文化、社会等 13 方面归纳总结了中国特色社会主义制度的显著优势，增强了“中国之治”显著优势的说服力、穿透力和影响力。相较于西方资本主义国家经常出现的政党纷争、政策连贯性差、议事效率低下、利益集团掣肘、周期性经济危机、改革困难、两极分化等自身无法消解的制度弊病，中国特色社会主义制度可以发挥党的集中统一领导优势，避免政党内耗，增强政策连贯性和议事效率；发挥集中力量办大事的优势，避免利益集团掣肘干扰；发挥公有制为主体、多种所有制经济共同发展优势，避免周期性经济危机；发挥走共同富裕道路优势，避免两极分化；等等。凸显了制度的优越性，获得了广大人民的肯定和信任。中国特色社会主义制度为实现中华民族伟大复兴创造了治理优势，为发展中国家走向现代化提供了新的思路，为 21 世纪全球治理贡献了中国智慧和中国方案，其显著优势经受住了实践检验，无可辩驳。

（该文载于《贵州日报》2023 年 4 月 26 日。）

新时代中国共产党人的奋斗目标就是人民对美好生活的向往

汪　勇

人民对美好生活的向往始终是中国共产党人一切行动的出发点和归宿，始终是中国共产党在不同历史时期取得胜利的根本原因。中国共产党为了更好地实现人民在不同历史时期的需要，针对自身存在的突出问题因时因事因势在全党范围内开展不同的主题教育并使其成为优良传统。党的十八大以来，中国共产党在相继开展了党的群众路线教育实践活动、“三严三实”专题教育和“两学一做”学习教育之后，又在全党以县处级以上领导干部为重点开展“不忘初心、牢记使命”主题教育。这次主题教育要求党员领导干部要永远铭记中国共产党人为中国人民谋幸福、为中华民族谋复兴的初心和使命，不仅秉承了革命、建设和改革开放时期，中国共产党人始终坚持以谋求人民的需要作为自己奋斗目标的初心不改，而且也充分体现了新时代中国共产党人坚持以人民为中心的发展思想，以更好地满足人民对美好生活需要的价值追求和使命担当。

不忘为人民谋幸福和为民族谋复兴的初心

党员领导干部要始终牢记建党之初谋求人民幸福和民族独立的初心丝毫未改。“革命理想高于天。中国共产党之所以叫共产党，就是因为从成立之日起我们党就把共产主义确立为远大理想。”① “我们要永远保持建党时中国共产党人的奋斗精神，永远保持对人民的赤子之心。一切向前走，都不能忘记走过的路；走得再远、走到再光辉的未来，也不能忘记走过的过去，不能忘

① 习近平．习近平谈治国理政：第 2 卷［M］．北京：外文出版社，2017：34.

记为什么出发。面向未来，面对挑战，全党同志一定要不忘初心、继续前进。”① 革命时期中国共产党人把广大人民渴望解放和民族独立的期盼牢记心间并“团结带领中国人民进行28年浴血奋战，打败日本帝国主义，推翻国民党反动统治，完成新民主主义革命，建立了中华人民共和国”②。中国人民勇敢地站了起来，实现了翻身做主人的渴望。改革开放后，中国共产党人坚持把人民日益增长的物质文化生活需要作为自己努力奋斗的目标，不仅解决了人民的温饱问题，并且即将全面建成小康社会，使人民过上小康生活。中国人民因此实现了由站起来到富起来的伟大变革，进而迈向强起来的宏伟征程。“我们党之所以能够经受一次次挫折而又一次次奋起，归根到底是因为我们党有远大理想和崇高追求。”“坚持不忘初心、继续前进，就要牢记我们党从成立起就把为共产主义、社会主义而奋斗确定为自己的纲领，坚定共产主义远大理想和中国特色社会主义共同理想，不断把为崇高理想奋斗的伟大实践推向前进。”③ 在新时代的历史条件下，中国共产党人仍然要坚守为人民的需要而奋斗的初心，更好地为人民的美好生活而努力奋斗，才能实现中华民族伟大复兴。

牢记为人民谋求美好生活努力奋斗的使命

新时代中国共产党人的使命，就是要把人民对美好生活的向往作为当下和今后不懈努力奋斗的目标。经过改革开放40多年的发展，我国人民生活水平显著提高，人民的需要也发生了质的变化，对美好生活的向往更加强烈。只讲“物质文化需要”已经不能真实反映人民群众变化了的需求。人民群众“期盼有更好的教育、更稳定的工作、更满意的收入、更可靠的社会保障、更高水平的医疗卫生服务、更舒适的居住条件、更优美的环境”④，期盼孩子们能成长得更好、工作得更好、生活得更好。党的十九大报告为此指出，“中国特色社会主义进入新时代，我国社会主要矛盾已经转化为人民日益增长的美

① 习近平．在庆祝中国共产党成立95周年大会上的讲话［M］．北京：人民出版社，2016：7-8.

② 习近平．在庆祝中国共产党成立95周年大会上的讲话［M］．北京：人民出版社，2016：2.

③ 习近平．习近平谈治国理政：第2卷［M］．北京：外文出版社，2017：34.

④ 习近平．习近平谈治国理政：第2卷［M］．北京：外文出版社，2017：61.

好生活需要和不平衡不充分的发展之间的矛盾”①。我国社会主要矛盾的变化是关系全局的历史性变化，尤其是人民对美好生活的需要，对党和国家的工作提出了许多新要求。人民对美好生活的需要日益广泛，不仅对物质文化生活提出了更高要求，而且在民主、法治、公平、正义、安全、环境等方面的要求也日益增长。人民的新需要就是我们的前进的号角，就是我们奋斗的目标。“人民对美好生活的向往，就是我们的奋斗目标。”② 这鲜明宣示了新时代中国共产党人以人民为中心全方位推进供给侧改革，大力提升发展质量和效益，更好地满足人民在经济、政治、文化、社会、生态等方面日益增长的需要，更好推动人的自由全面发展的使命和目标。“全党同志一定要永远与人民同呼吸、共命运、心连心，永远把人民对美好生活的向往作为奋斗目标，以永不懈怠的精神状态和一往无前的奋斗姿态，继续朝着实现中华民族伟大复兴的宏伟目标奋勇前进。”③

对照人民群众新期待找到自身工作的不足

面对人民日益增长的美好生活需要，中国共产党人必须在守初心、担使命的基础上勇敢地找到自己的工作与人民的期盼间存在的差距。新时代中国共产党人要坚持高标准、严要求，对照人民群众的新期待和党的新要求，对照先进典型、身边榜样，找到自己所做的实际工作与人民需要之间存在的差距，找准自己在群众观点、群众立场、群众感情、群众服务方面存在的差距，找准自己在思想觉悟、能力素质、道德修养、作风形象方面存在的差距，明确自己努力的具体目标，有的放矢地进行整改。如果我们看不到自己所做的工作与人民需要之间存在的差距，就会迷失方向、丧失奋斗目标，就会失去动力、唯我独尊，就会自以为是、远离人民，甚至高踞人民之上，丧失前进的压力和目标，“四风问题”就会死灰复燃，就会丧失群众基础。我们的工作与人民群众新期待间的差距判断，要“把人民拥护不拥护、赞成不赞成、高兴不高兴、答应不答应作为衡量一切工作得失的根本标准，使我们党始终拥

① 习近平．决胜全面建成小康社会 夺取新时代中国特色社会主义伟大胜利：在中国共产党第十九次全国代表大会上的报告［N］．人民日报，2017-10-28（1）．

② 习近平．习近平谈治国理政：第1卷［M］．北京：外文出版社，2014：4.

③ 习近平．决胜全面建成小康社会 夺取新时代中国特色社会主义伟大胜利：在中国共产党第十九次全国代表大会上的报告［M］．北京：人民出版社，2017：1.

有不竭的力量源泉”①。否则，为人民谋求美好生活就会变成一句空话。从人民日益增长的物质文化生活需要不断得到充分满足而向往美好生活的需要转变来看，是中国共产党团结和带领广大人民共同努力带来了辉煌巨变。人民日益增长的美好生活需要不仅多元、多样、多重，而且质量更高，阶层化、群体化、个性化更加突出，满足的难度也更大，对中国共产党人的工作提出了更多、更高的要求。站在新时代潮头的中国共产党人，必须明确自己的工作与人民需要的差距并更加努力，才能满足人民的新期待，才能圆人民美好生活之梦。

切实把人民对美好生活的向往落到工作实处

新时代要求全体党员领导干部把人民对美好生活的向往切实落到具体工作中去，而不是仅仅停留在纸上、嘴上、文件上和口头上；不是仅仅记心间，而是要落到行动中去。“全党必须牢记，为什么人的问题，是检验一个政党、一个政权性质的试金石。”② 我们必须始终把人民的利益摆在至高无上的地位，让改革发展成果更多更公平地惠及全体人民。“党的一切工作必须以最广大人民根本利益为最高标准。我们要坚持把人民群众的小事当作自己的大事，从人民群众关心的事情做起，从让人民群众满意的事情做起，带领人民不断创造美好生活！”③ 中国共产党人必须坚持全心全意为人民服务的根本宗旨，实现好、维护好、发展好最广大人民根本利益。带领人民创造幸福美好的生活，是我们党始终不渝做好具体工作的追求。新时代中国共产党人要把人民对美好生活的向往落实到推进改革发展稳定和党的建设各项工作的实际行动中，把初心使命变成锐意进取、开拓创新的精气神和埋头苦干、真抓实干的自觉行动。我们要顺应人民群众对美好生活的向往，坚持以人民为中心的发展思想，始终反对形式主义、官僚主义、享乐主义和奢靡之风，推动党的路线、方针、政策落地生根，以保障和改善民生为重点，推动解决人民群众反映强烈的突出问题，发展各项社会事业，加大收入分配调节力度，打赢脱贫

① 习近平．习近平谈治国理政：第2卷［M］．北京：外文出版社，2017：40.

② 习近平．决胜全面建成小康社会　夺取新时代中国特色社会主义伟大胜利：在中国共产党第十九次全国代表大会上的报告［M］．北京：人民出版社，2017：45.

③ 习近平．决胜全面建成小康社会　夺取新时代中国特色社会主义伟大胜利：在中国共产党第十九次全国代表大会上的报告［M］．北京：人民出版社，2017：50.

攻坚战，保证人民平等参与、平等发展权利，使改革发展成果更多更公平地惠及全体人民，不断增强人民群众获得感、幸福感、安全感，朝着全体人民向往的美好生活目标稳步前进。

从改革开放发展成就看
中国新型政党制度的比较优势

汪　勇

［摘　要］改革开放40年来，中国各方面均发生了翻天覆地的变化，令世界瞩目。这一切从根本上讲得益于具有国际政党制度比较优势的中国共产党领导的多党合作和政治协商的新型政党制度。中国新型政党制度克服了一党制难以监督容易导致腐败和多党制容易导致恶性竞争形成内耗等各种弊端，能够高效快速地整合各种资源，集中力量办大事，是最适合中国国情和发展需要的政党制度。新型政党制度不仅为发展中国特色社会主义提供了有力的制度保障，而且还为推动世界政党制度的文明健康发展提供了中国智慧，具有显著的比较优势。

［关键词］改革开放；新型政党；制度；比较优势

改革开放40多年来，我国广大人民的生活发生了翻天覆地的变化，经济社会发展持续向好，中国实现了从站起来到富起来的沧桑巨变。中华民族正在不断走近世界舞台的中央，由富起来迈向强起来的伟大征程。改革开放以来的中国巨变从根本上讲，主要得益于中国共产党领导的多党合作和政治协商的新型政党制度。政党制度是政治文明不可或缺的重要组成部分，主导着一个国家的政治实践和发展走向，在国家政治生活中起着至关重要的作用。2018年3月4日，习近平总书记看望参加全国政协会议的部分委员并参加联组会，在听取有关意见和建议时指出，“中国共产党领导的多党合作和政治协商制度作为我国一项基本政治制度，是中国共产党、中国人民和各民主党派、无党派人士的伟大政治创造，是从中国土壤中生长出来的新型政党制度”①。

① 坚持多党合作发展社会主义民主政治　为决胜全面建成小康社会而团结奋斗［N］.人民日报，2018-03-05（1）.

中国新型政党制度是在中国革命、建设、改革中内生演化、渐进发展，经历近百年实践检验，能够最大限度地整合各种资源和力量，且适合中国具体国情实际的政党制度。它不仅为中国革命的胜利和改革开放取得辉煌成就提供了重要的制度保证，而且克服了其他政党制度的诸多缺陷与不足，具有自身的显著特征且凸显出巨大的国际政党制度比较优势。

一、真实、广泛、持久地代表和实现最广大人民根本利益

马克思主义认为：政党本质上是特定阶级利益的集中代表者，是特定阶级政治力量中的领导力量，是由各阶级的政治中坚分子为了夺取或巩固国家政治权力而组成的政治组织。① 政党存在的根本目的在于要代表人民的利益、实现公民有序政治参与。产生于革命战争年代、形成于新中国成立、发展于改革开放大好时期的中国新型政党制度，在产生和发展的整个历史进程中始终真实、广泛、持久地以谋求中国最广大人民的解放和自由、幸福生活等根本利益为宗旨和目标。“共产党人不是同其他工人政党相对立的特殊政党。他们没有任何同整个无产阶级的利益不同的利益。”② “共产党人强调和坚持整个无产阶级共同的不分民族的利益”，“共产党人始终代表整个运动的利益。”③ 共产党人奋斗的最终目标是实现共产主义。以马克思主义作为指导思想建立的无产阶级政党及其政府最为重要和首要的合法性就在于其始终谋求最广大人民的根本利益。中国共产党自诞生之日起始终坚持立党为公、执政为民，把谋求中国最广大人民的解放和自由及幸福生活庄严而鲜明地写在了自己的旗帜上，并为之不惜流血牺牲而进行不屈不挠的革命斗争、社会主义建设和改革开放等。正因为中国共产党始终坚持真实、广泛、持久地代表和实现最广大人民根本利益，才赢得了各民主党派和无党派民主人士的认同和肯定，自愿接受其领导并与之密切合作，通过政治协商的方式，整合各种资源和力量，努力代表和实现最广大人民的根本利益。中国新型政党制度始终真实、广泛、持久地代表和实现最广大人民根本利益绝不是一句空话，而是真真切切、实实在在地具体体现在《中国共产党章程》和《中华人民共和国宪法》等根本性规章制度的明确规定及不同历史时期的路线、方针、政策中，体现在中国

① 王浦劬．政治学基础［M］．北京：北京大学出版社，2005：25.

② 中共中央马克思恩格斯列宁斯大林著作编译局．马克思恩格斯文集：第2卷［M］．北京：人民出版社，2009：44.

③ 中共中央马克思恩格斯列宁斯大林著作编译局．马克思恩格斯文集：第2卷［M］．北京：人民出版社，2009：44.

共产党、各民主党派和无党派民主人士代表完全来自人民并充分代表和反映我国各个行业、领域、地区、阶层、民族、群体等社会各界民众的利益诉求，体现在每一个共产党员和各民主党派及无党派民主人士为谋求最广大人民利益而做出的努力和贡献，乃至牺牲的具体行为，体现在中国最广大人民在革命和建设时期及改革开放40多年来所获得的解放和自由、迈向小康生活并期盼美好生活的奋斗中。

一个政党越是能够代表并实现最广大人民的根本利益，就越具有较高的制度效能；反之则只有较低的制度效能。中国共产党与参与政治协商的各民主党派和无党派民主人士代表不仅来自我国不同界别的基层人民群众，而且还代表和反映来自不同党派及社会不同群体的所有成员的利益，而非一党、一群体或一己之特殊利益。他们通过政治协商参政议政表达所代表民众的各种利益诉求，反映和体现所代表民众的切身利益。“各民主党派代表各界别各方面利益，社会基础广泛、深厚。在社会整合方面，中国政党制度有效地调节社会利益矛盾，整合不同利益群体要求，成为民族团结、社会和谐与国家稳定的有力保障。”① 中国新型政党制度始终能够很好地坚持以人民为中心，克服旧式政党制度和其他资产阶级政党制度仅代表少数人或少数利益集团利益的各种弊端，能够及时有效地制止脱离群众的官僚主义、贪污腐败、蜕化变质等不良现象并进行清除，进而保障人民权益、增进民生福祉，解决关系群众切身利益的重点、难点问题。中国新型政党制度使得曾经贫穷落后的中国夺取了民族独立和人民解放，解决了温饱并实现了整体小康并迈向美好富裕生活的新征途，充分证明了它能够有效代表和实现最广大人民根本利益的制度效能。中国共产党之所以能够成为执政党，就源于其始终坚持以全心全意为人民服务为宗旨，具有无比的先进性和人民性。比较于其他政党制度的中国新型政党制度既克服了其他政党制度的诸多不良弊病，又有利于协调我国社会的各种利益关系，凝聚各种社会力量；既着眼于当前与长期规划相结合，又在代表和反映、表达广大人民的利益上具有明显的优势。习近平总书记因此说，新型政党制度“新就新在它是马克思主义政党理论同中国实际相结合的产物，能够真实、广泛、持久代表和实现最广大人民根本利益、全国各族各界根本利益，有效避免了旧式政党制度代表少数人、少数利益集团的弊端”②。

---

① 周淑真．在比较中展现中国政党制度优势［N］．中国社会科学报，2014-01-15（B05）．

② 坚持多党合作发展社会主义民主政治　为决胜全面建成小康社会而团结奋斗［N］．人民日报，2018-03-05（1）．

二、有效团结各民主党派和无党派人士避免内耗形成合力

中国新型政党制度能够有效团结各民主党派和无党派民主人士及社会各界，有效避免了党际矛盾和冲突，群策群力共商国是，以更好地谋求最广大人民的根本利益。“历史活动是群众的活动，随着历史活动的深入，必将是群众队伍的扩大。”① 任何政党都希望尽可能多地争取到更多的社会阶层、群体和广大民众的衷心支持和拥护。唯有如此，才有可能走上执政舞台并巩固执政的合法性，这是任何一个政党必须考虑的最重大的问题。换言之，哪个政党越能获得最广大人民群众的衷心拥护和支持，哪个政党就能获得执政或统治的合法性。如果立党不能为公，执政不能为民，这样的执政党及政府就会丧失其存在的阶级和群众基础以及合法性，退出历史舞台。因此，为了实现谋求最广大人民的根本利益而获得其认同和支持，无产阶级需要采取灵活的斗争策略与其他民主政党结成同盟。“共产党人到处都努力争取全世界民主政党之间的团结和协调。”② 马克思主义“它始终力求把无产阶级的一切革命力量完全联合起来、组织起来”③，联合革命力量推翻资产阶级政权。以马克思主义为指导的中国共产党为了更好地谋求最广大人民的根本利益，紧密团结各民主党派和无党派民主人士，经过长期实践形成并坚持“长期共存、互相监督、肝胆相照、荣辱与共”的指导方针，共同致力于谋求最广大民众利益，形成了共产党领导的多党合作和政治协商的密切关系。这种多党合作和政治协商的关系不是恶性竞争与相互反对的对立关系，而是中国共产党执政、各民主党派积极参政，积极参与国家方针政策、法律法规的制定执行及领导人选的协商确定，积极参与国家各种经济社会事务的管理等，最大限度地代表和保障了最广大人民的利益和实行民主监督，具有强大的社会整合能力，体现出集中力量办大事的制度优势。

中国新型政党制度作为我国的一项基本政治制度，既不是苏联的一党专制，也不是西方的两党制或多党制。一党专制由于缺乏有力监督或监督不力而容易导致腐败和权力异化，容易造成党内派系林立和基层组织涣散，导致

① 中共中央马克思恩格斯列宁斯大林著作编译局．马克思恩格斯文集：第1卷［M］．北京：人民出版社，2009：287.

② 中共中央马克思恩格斯列宁斯大林著作编译局．马克思恩格斯选集：第1卷［M］．北京：人民出版社，2012：435.

③ 中共中央马克思恩格斯列宁斯大林著作编译局．马克思恩格斯全集：第10卷［M］．北京：人民出版社，1998：744.

经济社会发展成本过多、过高而停滞不前或倒退，以致最终不得不走向垮台，如苏联。两党制或多党制则容易造成党际间持续不断地互相倾轧而形成恶性竞争，即互相攻讦、相互拆台、反复拉锯，造成无谓的内耗，使诸多国家大事难以迅速形成有效决议，或有了决议也难以有效实施，不能及时有效地解决国家和社会发展遇到的各种重大问题，延误发展机遇；容易造成竞选追求"选票第一"和民主"短视化"的问题，即相互间为了拉到选票不得不竞相讨好选民而恣意开出各种空头支票。当选举成功上台要么不负责任，难以兑现竞选时许下的诺言；要么上台后为了兑现承诺而任意开出超出国家承受能力范围的各种福利支票，造成寅吃卯粮的债务依赖型经济社会发展模式，耗尽国库，严重影响经济社会的健康发展，甚至导致经济社会发展停滞、倒退和政治动荡、社会分裂的混乱局面等，给国家带来严重损失，最终给人民带来深重灾难。中国新型政党制度中的领导党与其他民主党派等相互间不仅是亲密的合作协商关系，而且还是相互监督的关系，不是互相反对和掣肘，而是有利于强化和发挥体制内的相互监督作用。它一方面能够有效避免一党专制由于缺少有力监督或无法监督而走向独裁所造成的万马齐喑、扼杀社会健康发展的政治活力的缺陷，另一方面也能够有效避免两党制轮流坐庄和多党制从相互制衡走向相互攻讦的恶性竞争的弊端，为百姓提供巨大的福祉。它坚持不打"拳击赛"，坚持"接力赛"，保证党和国家及经济社会持续不断地充满活力并朝着既定的目标前进。"在中国，执政党与参政党以合作、非竞争，互利共赢、稳定发展为基本价值取向，政党之间是合作共存的友党关系，是相辅相成的执政与参政关系。"① 总之，植根于中国土壤的新型政党制度既有利于团结一切可以团结的力量，充分调动人民参政议政的积极性，又能够有效避免一党专制和多党制的恶性竞争导致的各种政治僵局和弊端；既有利于加强和改善执政党的领导，又能实现多党紧密合作和通过政治协商，携手为谋求最广大人民根本利益和实现中华民族伟大复兴及中国特色社会主义伟大事业贡献力量，为世界政党的政治文明发展提供有益参考。为此，习近平总书记说，中国共产党领导的多党合作和政治协商制度作为新型政党制度，"新就新在它把各个政党和无党派人士紧密团结起来、为着共同目标而奋斗，有效避免了一党缺乏监督或者多党轮流坐庄、恶性竞争的弊端"②。

---

① 周淑真．在比较中展现中国政党制度优势［N］．中国社会科学报，2014－01－15（B05）．

② 坚持多党合作发展社会主义民主政治，为决胜全面建成小康社会而团结奋斗［N］．人民日报，2018-03-05（1）．

三、集中广大人民的意见和建议并推动社会民主化的进程

民主政治是全人类的共同追求，是社会主义的本质特征，也是我国政治体制建设和改革努力追求的方向和目标。政党制度好与坏的关键在于它是否能够树立正确的政权观和群众观，是否能够正确处理谋取政权和争取群众之间的关系。换言之，政党政治制度的生命力取决于政治制度竞争的绩效，取决于它的执政党能否有效集中或体现最广大人民的意见和建议，能否真正遵循民意执政、施政。中国新型政党制度能够有效保证各党派人士和无党派民主人士不仅来自广大人民群众，而且与广大人民群众保持密切联系，尊重人民意志，为民用权、为民履职、为民服务，即采取不同的方式充分倾听民众声音，收集民情，参与各种政治协商，回应人民诉求，形成有事多商量、有事好商量、有事会商量，自觉接受人民监督，激发人民创造活力，通过协商凝聚共识、凝聚智慧、凝聚力量，形成有效的政党协商民主形式和制度渠道。这种政党协商民主的形式和制度渠道，能够保证经过充分的多党合作和政治协商，既尊重了绝大多数人民的意愿，又照顾了少数民众的合理要求；既充分反映了社会各界的民众意志，又最大限度地保障了人民民主的实现，有效集中广大人民的意见和建议并不断推动社会民主化发展进程，促进社会和谐发展。它既实现了集中统一领导，又充分发扬了民主，既保证了广大人民井然有序参与政治，又使之充满各种生机活力，既能充分征集、反映和体现广大民意，又能保证政治决策及其执行的及时有效等，大力拓展了社会主义人民民主政治的广度和深度。

人民民主是我国多党合作制度的根本价值取向，多党合作是人民民主的重要实现形式。我国的多党合作和政治协商制度具有保证有序政治参与、合理利益表达、社会资源整合、人民民主监督、维护社会稳定等重要政治功能，在发展社会主义民主政治、实现人民当家作主中具有独特的优势和作用。中国新型政党制度是效能最大化和成本最小化的正确、科学、高效、理性的最佳选择，具有强大的凝聚力、更高的决策力和有效的执行效力及更为完善的廉洁自律保障。尽管历史与现实的选择不等同于未来的选择，但同一党制、两党制或多党制相比，中国的政党制度最能够代表并有效实现谋求中国人民和中华民族利益的最大公约数，在制度效能上符合中国国情的国际比较优势。中国新型政党制度是历史和人民的选择，既强调了中国共产党的全面统一领导，也强调了充分发扬社会主义人民民主，是实现人民民主的基本政治制度，为中国社会的发展进步创造了稳定的政治局面，维护了安定团结的社会环境，

增强了国家和社会发展的活力，体现了中国共产党的领导和人民当家作主与依法治国三者的有机统一。因此，中国共产党领导的多党合作和政治协商制度作为新型政党制度的又一比较优势，就在于“它通过制度化、程序化、规范化的安排集中各种意见和建议、推动决策科学化民主化，有效避免了旧式政党制度囿于党派利益、阶级利益、区域和集团利益决策施政导致社会撕裂的弊端。它不仅符合当代中国实际，而且符合中华民族一贯倡导的天下为公、兼容并蓄、求同存异等优秀传统文化，是对人类政治文明的重大贡献”①。

四、国情选择能够在自我发展完善中不断彰显中国的智慧

“履不必同，期于适足；治不必同，期于利民。”一种政党制度是否有效，归根到底要看它是否为历史和人民的选择，是否符合国情并能否促进国家的稳定和发展。在从站起来到富起来再到强起来的伟大征程中，中国共产党领导的多党合作和政治协商制度为民谋利的初心，始终风雨如磐不动摇。中国共产党与各民主党派始终坚持“长期共存、互相监督、肝胆相照、荣辱与共”的方针，积极投身中国革命、建设和改革开放及实现中国特色社会主义的伟大事业，最大限度地调动一切积极因素，团结一切可以团结的人，广泛凝聚实现中华民族伟大复兴的正能量。作为一个拥有 14 亿多人口的超级大国，在中国共产党的领导与各民主党派和无党派民主人士合作、协商下，经过 40 多年改革开放的共同努力，把中国引入欣欣向荣、充满生机的上升通道，人民生活不断改善，在发展中国家奔向现代化的艰苦卓绝而伟大的征途中脱颖而出。中国新型政党制度深深植根于中国土壤，“既保证中国共产党的领导地位和作用，又充分发挥民主党派参政议政、民主监督的作用，发挥作为其联系界别的政治利益代表的功能”②。在激烈的国际竞争中，新型政党制度能够把国内各种力量有序“组织起来”，而不是无序“竞争起来”，是适合中国国情的好制度，彰显了中国特色社会主义民主政治的巨大优势和旺盛生命力，已构成了中国特色社会主义制度的鲜明特色，具有鲜明的国际比较优势。当今世界各国的政党制度集中体现了人类政治文明的多样性和统一性相结合的特点。中国新型政党制度作为一种崭新的政治制度在世界舞台上闪耀着独特的

---

① 坚持多党合作发展社会主义民主政治，为决胜全面建成小康社会而团结奋斗［N］. 人民日报，2018-03-05（1）.

② 周淑真. 借鉴世界政党制度文明，创新中国政党制度［J］. 江汉论坛，2008（8）：5-9.

光芒，丰富和发展了世界政党制度文明的多样性。在中国政党制度的发展历程中，我们有充分的理由自信，又稳定而从容。“我们走自己的路，具有无比广阔的舞台，具有无比深厚的历史底蕴，具有无比强大的前进定力。”①

中国新型政党制度是以中国具体历史和现实基本国情为依据，建立在不断总结和借鉴人类社会政治文明发展优秀成果的基础上，并且在不断自我完善和发展的过程中形成的最适合中国国情的特殊政治制度。当然，凡是成功执政且富有成效的政党制度都不是僵化的，而是与时俱进的制度，都是随着社会历史的发展和进步而不断地发展完善和进步，这是一个普遍的规律。过去先进并不等于现在先进，现在先进并不等于未来先进。历史只能说明过去和现在。中国新型政党制度同西方的两党制或多党制虽然都各有自己的优势且存在一定的不足，即一方面既适合本国现实经济社会健康发展的需要，另一方面也需要随着政治实践的发展和进步而不断完善和发展。面向未来，中国共产党领导的多党合作和政治协商的新型政党制度仍然需要不断接受实践和历史的检验，并不断坚持自我完善和发展。坚持中国共产党的领导，不是不要民主，而是要形成更广泛、更有效的民主。多党合作、政治协商、民主监督、参政议政，就是民主最基本的体现。现代社会是不断分化并形成多元化阶层群体、多元化经济所有制形式、多元化利益主体、多元化社会思想文化等动态发展的多元化社会。在多元化社会中，各民主党派成员和无党派民主人士的思想变化巨大，价值意识凸显。“听、跟、走”的时代已经过去，希望更加有机会参与政治并展现和发挥自己的才能。为此，我们要始终不忘多党合作建立的初心，坚定不移走中国特色社会主义政治发展道路，决不搞花架子，完善政党协商制度“要做到言之有据、言之有理、言之有度、言之有物，真诚协商、务实协商，道实情、建良言，参政参到要点上，议政议到关键处，努力在会协商、善议政上取得实效”②，努力把我国社会主义政党制度坚持好、发展好、完善好。我们有充分的理由与事实相信，只要我们始终秉承全心全意为人民服务的宗旨，不断发展和完善中国新型政党制度并充分发挥和展现其应有的比较优势，就一定能够为实现两个一百年的奋斗目标和中华民族伟大复兴的中国梦提供重要保障，一定能够不断为世界政党制度文明的发展提供源源不断的中国智慧和中国动力。

---

① 习近平在纪念毛泽东同志诞辰 120 周年座谈会上的讲话［N］. 人民日报，2013-12-27（2）.

② 坚持多党合作发展社会主义民主政治，为决胜全面建成小康社会而团结奋斗［N］. 人民日报，2018-03-05（1）.

百年来中国共产党制度治党的逻辑、历程与启示

王敏[①]　汪勇

[摘　要] 百年来中国共产党始终注重并大力推行制度治党。因为制度治党既是马克思主义政党建设的“元逻辑”遵循，也是现代政治发展与政党治理制度化的“功能逻辑”表达。百年来中国共产党制度治党，先后走过新民主主义革命时期的孕育与萌芽、社会主义建设时期的开端与探索、改革开放新时期的起步与型构、新时代的发展与完善的艰辛历程。这为新时代全面从严治党的制度化推进提供了镜鉴启示，那就是必须坚持守正创新理念，必须坚持党的领导原则，必须坚持中国问题导向，让中国共产党制度治党辉映伟大新时代。

[关键词] 中国共产党；建党百年；制度治党

作为当今中国的执政党和世界上最大的政党，中国共产党自1921年成立以来所走过的百年历程，是一个由弱到强、由小到大、由局部执政到全国执政、由革命到建设再到改革的艰难曲折的光辉历程。从某种程度上讲，中国共产党所走过的百年历程就是一段不断加强党的建设，不断重视和加强制度治党的百年历程。鉴于目前学界对中国共产党百年制度治党历史进行研究的文献还不多见，笔者拟以中国共产党制度治党的立论逻辑与初心规定为起点，系统回顾中国共产党制度治党的百年历程，科学总结制度治党的镜鉴启示，以便有利于进一步推进新时代全面从严治党制度化，开创新时代管党治党新局面，从而为实现民族复兴伟业提供更坚实的政治基础和制度保障。

一、中国共产党制度治党的立论逻辑

作为政党治理范畴的重要概念，制度治党与党的制度建设密切相关但又

① 王敏，女，副教授，贵州师范大学数学科学学院，硕士生导师。

有明显不同。如果说，党的制度建设侧重于党内法规制度体系的建构与完善，那么，制度治党则更多强调的是运用制度手段对党组织内部事务、成员行为、内部政治生活、党组织与外部关系等进行管理和约束的治理形态。党的制度建设的目的是制度治党，制度治党依赖于党的制度建设。作为马克思主义政党的中国共产党，自成立后的百年来，高度重视党的制度建设，十分推崇制度治党，这不仅是马克思主义政党建设“元逻辑”的遵循，也是现代政治发展与政党治理制度化“功能逻辑”所在。

（一）制度治党是马克思主义政党建设的“元逻辑”遵循

马克思主义政党具有明确目标性、高度组织性和严格纪律性，并迥异于其他资产阶级政党或政治组织的工人阶级政党，这决定了马克思主义政党建设的“元逻辑”就是维护政党自身的先进性和人民性、组织力和战斗力。由于制度治党能有效地维护和体现马克思主义政党的本质属性与使命追求，因而构成了马克思主义政党建设“元逻辑”的一般要求与基本遵循。

1. 马克思主义政党依靠制度治党来保证其先进性和人民性。先进性和人民性是马克思主义政党的重要特征，也是马克思主义政党与其他一般政党或政治组织的本质区别。“马克思主义认为，共产党是无产阶级组织的最高形式，是无产阶级的先锋队的组织，是无产阶级‘最先进的和最坚决的’部分。”① 为此，马克思和恩格斯在《共产主义同盟章程》第二条中对入党条件做了严格的规定，以保证“共产党人是具有共产主义觉悟的‘最不知疲倦的、无所畏惧的和可靠的先进战士’，是‘最坚定的共产主义者也是最勇敢的士兵’”② 的马克思主义政党的先进性特质。就人民性而言，“共产党人强调和坚持整个无产阶级共同的不分民族的利益……始终代表整个运动的利益”③，共产党“是能够经常同群众保持真正的联系的党，善于领导这些群众的党”④，马克思和恩格斯当年成立共产党的初衷，就是要让“全世界受苦的人”做天下的主人。为实现党的人民性宗旨，马克思、恩格斯和列宁提出或

---

① 王沪宁. 政治的逻辑：马克思主义政治学原理［M］. 上海：上海人民出版社，2016：334.

② 王沪宁. 政治的逻辑：马克思主义政治学原理［M］. 上海：上海人民出版社，2016：335.

③ 中共中央马克思恩格斯列宁斯大林著作编译局. 马克思恩格斯文集：第2卷［M］. 北京：人民出版社，2009：44.

④ 中共中央马克思恩格斯列宁斯大林著作编译局. 列宁专题文集：论无产阶级政党［M］. 北京：人民出版社，2009：343.

践行“确保最广大人民的根本利益得到维护的集体领导制以及代表大会制”①、党内民主制度等以民主集中制为核心的组织运行制度，提出或践行加强权力监督的党内监督制度及问责“介绍人”机制等相关制度。

2. 马克思主义政党依靠制度治党来保证其组织力、凝聚力和战斗力。作为马克思主义政党的共产党，从诞生之初就确立了要创造一个“自由人联合体”② 的全新社会的理想目标。正是这种组织使命的崇高性与明确的目标性，让马克思主义政党同以严格遵守党的纪律和权威为核心的制度治党紧密联系在一起。马克思主义政党只有严格遵守党的纪律和权威，才能保证党的制度执行力；只有实行制度治党，才能提高党的组织力、凝聚力和战斗力。为此，马克思指出，“必须绝对保持党的纪律，否则将一事无成”③。恩格斯也提出：“没有任何党的纪律……会得到一个早期基督教徒那样的畏缩胆怯的而又阿谀奉承的组织。”④ 列宁还特别强调：“无产阶级实现无条件的集中和极严格的纪律，是战胜资产阶级的基本条件之一。”⑤ “谁哪怕是把无产阶级政党铁的纪律稍微削弱一点（特别是在无产阶级专政时期），那他事实上就是在帮助资产阶级来反对无产阶级。”⑥ 所以，高度严格的组织纪律性与权威性是马克思主义政党制度建设的根本要求与集中体现，是马克思主义政党实行制度治党的价值旨归，也是有效提高党的组织力、凝聚力和战斗力的理论规定与制度保障。

（二）制度治党是现代政治发展与政党治理制度化的“功能逻辑”表达

在现代民主政治条件下，任何政党或政治组织为了维护本组织的生存与发展，都必须借助法规制度体系的功能作用来予以规范和调节、治理和保障。或者说，制度治党是现代政治发展与政党治理制度化的“功能逻辑”表达。

1. 制度治党是现代政治发展与政党制度化建设的显著功能特征。现代政

① 李长龙．全面从严治党制度化推进的三重逻辑［J］．长白学刊，2020（3）：38-42.
② 中共中央马克思恩格斯列宁斯大林著作编译局．马克思恩格斯文集：第 5 卷［M］．北京：人民出版社，2009：96.
③ 中共中央马克思恩格斯列宁斯大林著作编译局．马克思恩格斯全集：第 29 卷［M］．北京：人民出版社，1972：413.
④ 中共中央马克思恩格斯列宁斯大林著作编译局．马克思恩格斯全集：第 17 卷［M］．北京：人民出版社，1963：519.
⑤ 中共中央马克思恩格斯列宁斯大林著作编译局．列宁选集：第 4 卷［M］．北京：人民出版社，2012：135.
⑥ 中共中央马克思恩格斯列宁斯大林著作编译局．列宁选集：第 4 卷［M］．北京：人民出版社，2012：155.

治都是政党政治，与制度有着千丝万缕的关系。马克斯·韦伯在论及政党与制度间的关系时指出："只有在拥有某种理性的制度和一个准备执行制度的人员机构共同体之内，才有可能形成政党。"① 塞缪尔·P. 亨廷顿在其经典著作《变化社会中的政治秩序》中划分了政党发展的宗派期、两极化、扩展期、制度化四个阶段，其中制度化阶段是政党发展的成熟期，是政党组织和程序获取价值观与稳定性的一种进程。② 换言之，所谓政党发展的制度化阶段，其实就是指政党权力及政党组织行为必须由法律法规及相关规章制度来加以调节、规范和约束的阶段。正因为政党的制度化水平直接关系到政党组织自身的生命力和影响力、持久性和稳定性，特别是对于执政党而言，执政党的制度化水平更是关系到其执政地位的稳固性与领导方式的合法性。为此，世界上的很多国家为了加强政党制度化建设，纷纷加强政党立法，有些国家如德国、俄罗斯等，甚至专门制定了《政党法》③，其目的就是为了通过正当的法律制度规范来全面规约政党权力及政党组织行为。

2. 制度治党是政党实现自我调适和贯彻政党治理底线思维的重要方式。所谓政党调适（political party adaptation），主要是指政党在政治发展过程中为应对外部政治环境变化、防范和应对政治风险和挑战，以制度化的规定和安排而做出的适应性调整的过程。在许多西方政治学家看来，政党调适的主要依据是休谟的"无赖原则"，目标指向是制度治党。"无赖原则"认为：在设计制度时必须把每个人都当作无赖，这是一条正当的政治准则。④ 既然所有的政治家和政治行动者都可能成为无赖，就必须对他们有所制约。⑤ 也正是因为休谟在普遍无赖的假定中采纳的是最坏情形的策略，故而，休谟式的制度安排在面临最坏的挑战时也能平安度过。⑥ 显然，基于休谟"无赖假设"的政党调适与制度设计，制度治党是从政党组织成员这一人格化主体视角切入治党管党的底线要求及其必要性，主要表征为政党组织通过制度化的方式和手段不断增强自身的环境适应能力与风险抵抗能力的自主调整、主动应变的过程。

---

① 韦伯．经济与社会：下［M］．林荣远，译．北京：商务印书馆，1997：261.

② 亨廷顿．变化社会中的政治秩序［M］．王冠华，刘为，等译．上海：上海人民出版社，2015：344.

③ 刘红凛．《政党法》的世界概况与主要成因［J］．当代世界与社会主义，2009（1）：117-121.

④ 何包钢．民主理论：困境和出路［M］．北京：法律出版社，2008：4.

⑤ 何包钢．民主理论：困境和出路［M］．北京：法律出版社，2008：4.

⑥ 何包钢．民主理论：困境和出路［M］．北京：法律出版社，2008：12.

二、中国共产党制度治党的百年历程

作为马克思主义政党，中国共产党自 1921 年诞生起，就自觉地传承了马克思主义政党制度治党的政党基因，进行制度治党的相关探索与尝试，先后走过了革命、建设和改革的百年制度治党之路，其间偶有曲折停滞，但其不断发展演进的历史线条仍旧十分清晰。

（一）新民主主义革命时期中国共产党制度治党的孕育与萌芽

新民主主义革命时期，中国共产党的主要任务是团结领导全国人民完成救亡图存和实现人民解放的社会革命，革命方式主要是开展军事斗争。又由于当时中国共产党还处于幼年时期，包括党的制度建设在内的党的总体建设都还处于孕育和萌芽阶段，所以这一历史时期的制度治党主要表现在总体层面的章程和纲领规定和聚焦军事斗争的具体纪律制定与党规文件约束中。

1. “总体制度”的初步探索与形成。党的“一大”通过了具有党章初步体例的“中国共产党第一个纲领”和“中国共产党第一个决议”，明确规定党的根本目的是实现共产主义，并对党员发展条件作了初步规定，这标志着中国共产党制度治党的正式孕育。党的“二大”制定出台《中国共产党章程》，对入党条件与程序、党的组织系统和组织纪律及其他制度等都作了详细规定。1938 年党的六届六中全会首次提出“党规”的概念：“为使党内关系走上正轨……必须制定一种较详细的党内法规，以统一各级领导机关的行动。”①

2. “具体制度”的相继出台与执行。在制度制定上，先是“三湾改编”确立了“党支部建在连上”的制度创造，后是“三大纪律、八项注意”的制度规定，再到党的六届六中全会制定并通过的《中共扩大的六中全会政治决议案》《中共扩大的六届六中全会关于各级党部工作规则与纪律的决定》《关于各级党委暂行组织机构的决定》等多项党内法规，规范了党内政治生活，推进了党的制度化建设。在制度执行上，强调纪律和制度的严格性与严肃性，如延安时期的黄克功案件是中国共产党从严执行治党制度的典型实例，为的是保证党的各级组织和全体党员能够在政治上和组织上“团结得如像一个人一样的程度”②，从而“避免个别人破坏党的团结与统一”③。概言之，新民主

① 毛泽东．毛泽东选集：第 2 卷［M］．北京：人民出版社，1991：528.

② 中共中央文献研究室，中央档案馆．建党以来重要文献选编：第 15 册［M］．北京：中央文献出版社，2011：764.

③ 中共中央文献研究室，中央档案馆．建党以来重要文献选编：第 15 册［M］．北京：中央文献出版社，2011：750.

主义革命时期，中国共产党在开展革命实践与军事斗争中大力推进的系列制度治党的尝试与举措，大大提高了党的组织力、凝聚力和战斗力，为新民主主义革命的胜利和新中国的成立奠定了坚实的政治基础。

（二）社会主义革命与建设时期中国共产党制度治党的开端与探索

1949 年中华人民共和国成立后，中国共产党实现了由局部执政到全国执政的历史性转变，实现了由领导军事斗争为主到领导国家建设为主的目标任务转变，中国共产党制度治党在这一阶段呈现出全新开端与曲折探索的历史特点。

1. 开启了纪检监察制度正规化建设之路。新中国成立之初，党不仅面对着社会主义改造与建设的历史重任，也面对着全国党的基层组织和党员人数急剧增加的客观事实，还面对着历史发展周期律“窑洞之问”，因而特别重视党内监督和纪律检查制度的作用。《中共中央关于成立中央及各级党的纪律检查委员会的决定》（1949）和《中央纪律检查委员会工作细则》（1950）的印发，正式标志着新中国成立后中国共产党推动全国性纪检监察与制度治党工作的历史开端。

2. 全国性管党治党制度规范陆续出台与推进。新中国成立后党的主要任务是领导国家的社会主义改革与工业化、现代化建设，实现国家富强与人民幸福。在此背景下，党的建设工作也开始从过去以制度建设促进思想建设服务于军事斗争，转变为思想建设与制度建设并重共同服务于社会主义革命与建设的时代任务。具体表现在：一方面，这一时期陆续出台的全国性管党治党的系列制度，对党在社会主义革命和建设中的地位、作用，以及党如何执政强党兴国的问题进行了艰辛的制度化探索。另一方面，对民主集中制这个党的根本组织原则进行了发展与完善，如党的八大通过的党章（修改稿）就提出了反对个人崇拜、扩大党内民主的要求，强调由过去过于注重“集中”转到更为注重“民主基础上的集中和集中指导下的民主”① 的领导体制改革的道路方向。此外，还出台了涉及党员干部教育管理工作的许多具体制度化规定，如提出“任人唯贤”的干部路线并探索出了一套识别、使用、爱护和团结干部的政策，党员干部学习教育制度、调查研究制度、党员干部轮训制度、党校工作制度以及党员干部考核制度。诚如上述，中国共产党不仅通过建章立制确保了党对国家的全面领导，而且确保了党的先进性与纯洁性建设。

---

① 中共中央文献研究室．建国以来重要文献选编：第 9 册［M］．北京：中央文献出版社，1994：318.

但由于党的执政角色适应问题及党和国家建设日趋严重的泛政治化倾向的问题，一些好的制度并未真正得到落实，制度治党在开端良好后又陷入曲折停滞的局面。

（三）改革开放新时期中国共产党制度治党的起步与型构

1978年党的十一届三中全会召开，翻开了中国改革开放与现代化建设的历史新篇章。中国共产党面对这一历史新时期国内外环境的深刻变化，总结历史经验教训，让“制度是决定因素”① 的制度治党思想嵌入改革开放新时期党治国理政与谋篇布局的全过程，推动了新时期中国共产党制度治党的快速起步并逐步趋向定型化。

1. 突出改革和完善党的领导制度。新时期改革和完善党的领导制度，包括两方面内容：一是破除领导职务终身制的提出。鉴于以往的深刻历史教训，邓小平特别强调：“任何领导干部的任职都不能是无限期的。”② 1982年通过的《中共中央关于建立老干部退休制度的决定》明确规定“老干部离休退休和退居二线的制度，是保障党和国家政治生活正常进行和健全发展的一项极其重要的制度，必须立即着手有系统地建立和健全起来，使之经常化，并且严格地加以实行”③。党的十三届四中全会和党的十六大等多次会议，先后对党的领导体制进行改革与完善，并践行着党的领导交接班制度。二是加强党领导经济社会发展的能力。邓小平针对改革开放所带来的经济利益的深刻变化和社会关系的复杂调整，认为要“解决党如何善于领导的问题。这是关键，要放在第一位”④。此后，以江泽民、胡锦涛为主要代表的中国共产党人，在党的领导体制、工作方式、组织形式和活动方式等方面进行了诸多改革与改进，使党的领导体制机制不断完善和定型。

2. 重点强化和严格党的纪检监察制度。邓小平在建立健全党的监督制度方面，提出要建立党的纪律检查机关，制定和颁布了一系列党的监督检察制度和纪律处分条例，实行党内监督与群众监督相结合的方式，对广大党员和领导干部实行监督。此后，以江泽民为主要代表的中国共产党人根据“注重制度建设……进一步建立科学的规章制度，形成适应新的历史时期所要求的

① 邓小平．邓小平文选：第2卷［M］．北京：人民出版社，1994：308.

② 邓小平．邓小平文选：第2卷［M］．北京：人民出版社，1994：331-332.

③ 中共中央文献研究室．改革开放三十年重要文献选编：上［M］．北京：中央文献出版社，2008：249.

④ 邓小平．邓小平文选：第3卷［M］．北京：人民出版社，1993：177.

新机制新规范”① 的制度治党理念，落实全面从严治党要求，大力加强反腐败斗争，建立了以权力监督为主线的党内监督体制。以胡锦涛为主要代表的中国共产党人进一步重视党的制度建设与其他各方面建设的密切关系，将“制度化”思想贯穿融于其他各方面建设之中；同时引入依法治国理念，将“法治化”思想对接渗透到管党治党的实践中，推进反腐倡廉制度建设。

3. 党内法规制度的体系化型构。改革开放初期，邓小平提出了“国要有国法，党要有党规党法。党章是最根本的党规党法。没有党规党法，国法就很难保障”② 的观点，还特别强调了以党章为根本的党内法规制度对于党和国家的极端重要性。基于此，中国共产党先是与时俱进地对党章进行了修订，然后围绕党章的原则基础和“民主集中制”的核心地位，“坚决解放思想，克服重重障碍，打破老框框，勇于改革不合时宜的组织制度、人事制度”③，先后对党的组织制度和工作制度、党内生活制度、党委会工作制度、干部管理制度等进行改革与完善。以江泽民为主要代表的中国共产党人根据党面临的新形势，不断补齐原有的党员领导干部选拔体制机制上的短板与漏洞，制定了党内选人用人制度、党内教育和管理及监督制度、党内通报制度和党的干部民主评议制度等。以胡锦涛为主要代表的中国共产党人，在保障党员民主权利、推进党内民主决策机制、开启党务公开制度、完善干部管理与选拔任用制度等制度创新与体系型构等方面进行了不懈探索。

（四）新时代中国共产党制度治党的发展与完善

新时代，以习近平同志为核心的党中央为团结带领全国各族人民实现中华民族伟大复兴的光荣梦想，深入推进党的建设伟大工程，不断推动全面从严治党制度化并走向纵深，首次明确提出了“制度治党”的科学概念，要求“全方位扎紧制度笼子，更多用制度治党、管权、治吏”④，进一步推动和促进中国共产党制度治党的发展与完善。

1. 新时代治党管党的“制度笼子”扎得更牢。党的十八大以来，党在加强党内法规制度体系建设的“立改废”上花了大力气，从而推动了党内法规制度体系的制度化、科学化建设。一是以“立”补空白，从战略高度对新时代制度治党做了顶层设计和系统安排，搭建了新时代“1+4”的党内法规制

---

① 江泽民．江泽民文选：第1卷［M］．北京：人民出版社，2006：410.

② 邓小平．邓小平文选：第2卷［M］．北京：人民出版社，1994：147.

③ 邓小平．邓小平文选：第2卷［M］．北京：人民出版社，1994：326.

④ 中共中央纪律检查委员会，中共中央文献研究室．习近平关于严明党的纪律和规矩论述摘编［M］．北京：中央文献出版社，中国方正出版社，2016：59-60.

度体系的新框架；二是以“改”来完善，应新时代发展变化，对一些党内法规及其不合时宜的条款进行了全面修订与调整完善，从而极大地解决了部分法规落后于党的建设发展的问题；三是以“废”清地基，对建党百年来特别是新中国成立70年来制定和颁布的党内法规制度进行了批次化和系统化清理，“共梳理出规范党组织工作、活动和党员行为的党内法规和规范性文件1178件，其中废止322件、宣布失效369件、继续有效487件”①。这为增强新时代制度治党的有效性提供了强大制度保障。

2. 新时代治党管党的“制度意识”立得更严。制度治党，不仅需要有完善的法规制度可依可循，还需要广大党员干部养成“守纪律、明规矩、崇法制”的制度意识。党的十八大以来，党高度重视制度因素对党和国家的重要作用，并将制度规矩意识放在党的建设中更为突出的位置。2014年，习近平在参加河南省兰考县委常委班子专题民主生活会时的讲话中指出：“我们的制度不少，可以说基本形成，但不要让它们形同虚设，成为‘稻草人’，形成‘破窗效应’。很多情况没有监督，违反了也没有任何处理。这样搞，谁会把制度当回事呢?”② 为此，习近平反复强调，必须严明党的规章制度，牢固树立制度意识，让纪律规矩和法规制度落地生根，用刚性的纪律规矩和法规制度管住全体党员，实施全面从严治党。党中央先后出台一系列关于“守纪明规崇法”的制度化、规范化的政策法规文件及相关举措，让新时代管党治党的“制度意识”大旗高高竖起，成效十分显著。

3. 新时代治党管党的“关键少数”盯得更紧。制度之要，在于执行。制度执行之要，在于以上率下，在于“关键少数”的率先垂范。2013年，习近平在全国组织工作会议上的讲话指出：“从严管理的要求能不能落到实处，领导机关和领导干部带头非常重要。”③ 2016年，党的十八届六中全会通过新修订的《关于新形势下党内政治生活的若干准则》和《中国共产党党内监督条例》两个文件，强调“各级领导干部要主动接受各方面监督”④，同时就抓好党员领导干部这个“关键少数”并对其进行严格监督等方面作出了明确的制

① 崔耀中．不忘初心 走向复兴：新时代 新思想 新征程［M］．北京：人民出版社，2018：232.

② 中共中央纪律检查委员会，中共中央文献研究室．习近平关于严明党的纪律和规矩论述摘编［M］．北京：中央文献出版社，中国方正出版社，2016：81.

③ 中共中央纪律检查委员会，中共中央文献研究室．习近平关于严明党的纪律和规矩论述摘编［M］．北京：中央文献出版社，中国方正出版社，2016：94.

④ 习近平．习近平谈治国理政：第2卷［M］．北京：外文出版社，2017：187.

度规定。党的十九届四中全会再次明确强调和指出："重点加强对高级干部、各级主要领导干部的监督，完善领导班子内部监督制度，破解对'一把手'监督和同级监督难题。"① 可见，新时代以来，以习近平同志为核心的党中央，一贯高度重视并时刻紧盯对各级领导班子及"一把手"这些"关键少数"的监督治理。通过"关键少数"的自我革命把住"关键重点"、做出一系列相关制度安排，从而辐射和带动管党治党的全面从严。事实也证明，党的十八大以来，全面从严治党的制度化整体态势基本形成，新时代党员领导干部不敢腐、不能腐、不想腐的大好局面基本形成。

三、中国共产党制度治党的镜鉴启示

随着全面建成小康社会目标的达成与第二个百年奋斗目标的开启及民族复兴中国梦的追逐，中国共产党制度治党必将面临全面从严和纵深推进的艰巨任务。梳理中国共产党制度治党的百年演进历程，其根本目的与意义在于为新时代全面从严治党的制度化推进提供重要的镜鉴启示。

（一）坚持守正创新理念，不断继承和发展马克思主义制度治党学说

百年来中国共产党制度治党的演进历程呈现出来的第一个启示就是始终坚持守正创新的制度治党理念，不断发展和完善马克思主义制度治党学说，从而探索出一条具有鲜明的中国特色的马克思主义政党制度治党的发展道路。

1. 百年来中国共产党始终高擎马克思主义理论大旗，把马克思主义立场、观点和方法贯彻落实到制度治党整体性过程中。这表现在，中国共产党始终坚持马克思主义政党所独有的高度严格的组织纪律性与先进本色的组织目的性的优良传统，始终坚守着中国共产党在长期革命、建设与改革实践中一以贯之注重的党的制度建设的优良作风，始终注重从厚重的中华优秀传统制度文化土壤中吸取丰富养料。同时针对百年来中国革命、建设与改革等不同时期面临的任务，中国共产党又能充分借鉴、吸收世界政党治理的有益经验与人类制度文明的优秀成果，与时俱进地将马克思主义制度治党学说推向新的历史发展阶段。回望中国共产党"制度治党"由潜到显的概念演进史，中国共产党先是强调党的纪律约束，然后又明确提出要借助"党规"而"使党内关系走上正轨"，再往后逐渐聚焦党的制度建设并要求更为重视"从国家制度

---

① 中共中央关于坚持和完善中国特色社会主义制度 推进国家治理体系与治理能力现代化若干重大问题的决定［M］. 北京：人民出版社，2019：40-41.

和党的制度上作出适当的规定，以便对于党的组织和党员实行严格的监督”①，最后到新时代“制度治党”概念的明确提出与习近平新时代制度治党学说的逐渐形成，清晰地呈现出中国共产党制度治党的萌芽、开端、发展、完善的历史线条与演进逻辑。

2. 百年来中国共产党始终坚持以党的章程为根本遵循，把制定与完善党章、维护和执行党章作为制度治党的一项基础性工作。这表现在，一是坚持党章在制度治党中的统帅地位。在中国共产党制度治党所凭借的党内法规制度体系中，党章是规约党内关系与全体党员的“宪法”和总章程，是具有最高地位的根本大法，也是制定其他党内法规制度的“上位法”和总依据，由此决定了中国共产党制度治党中“党章至上”的统帅地位与根本制度遵循的确立，以及这种统帅指导地位被深深贯穿于党内法规制度的“立改废”等各方面的制度总布局。二是把修订完善党章作为制度治党的重要内容。作为体现权威性、先进性和科学性价值的党章，不在于它的一成不变性，而在于它的与时俱进性。换言之，随着时代的发展演进，党章本身也应该与时俱进地进行修订与完善。事实上，百年来，中国共产党根据自身所面临的形势任务的发展变化，先后 18 次对党章进行相应修改。其中，虽偶有少数几次的失败教训，如“文化大革命”中召开的中共“九大”上通过的党章修正案，就给党和国家事业带来冲击与损失，但总体上绝大多数的党章修订工作都是成功的，特别是改革开放以来的历次党章修订工作，既正确地反映了党的建设工作的新变化、新理论和新成果，也极大地推动了百年党内法规制度体系的“立改废”和与时俱进，从而有力地促进了党的自身建设及党和国家事业的快速发展。

（二）坚持党的领导原则，为增强制度治党实效提供坚强的政治保障

中国共产党制度治党百年历程呈现出来的第二个启示就在于坚持党的核心领导地位是原则前提。只有坚持党的核心领导地位，才能进一步推动制度治党的落地生效，也才能进一步推动党和国家事业的新发展。

1. 坚持在党的领导原则前提下的制度治党，有利于“围绕核心、服务大局”，从而为新时代改革开放和社会主义现代化建设提供坚强的政治保障。马克思主义制度治党学说要求必须致力于维护党的领导核心及其权威，必须注重党的领导能力建设。马克思和恩格斯在回顾和总结巴黎公社失败的原因时，

---

① 邓小平．邓小平文选：第 1 卷［M］．北京：人民出版社，1994：215.

就一针见血地指出“巴黎公社遭到灭亡，就是由于缺乏集中和权威”①。中国共产党制度治党的百年历程，昭示着要特别重视领导核心和权威建设。毛泽东提出“实行一元化的领导很重要，要建立领导核心”②，邓小平也特别强调“任何一个领导集体都要有一个核心，没有核心的领导是靠不住的”③。党的十八届六中全会上“以习近平同志为核心的党中央”的提出，具有深刻的现实意义，这既是中国共产党制度治党百年历程的实践总结与经验启示，也为推进新时代全面从严治党制度化取得显著实效提供了坚强的政治保障。

2. 坚持党的领导原则前提下的制度治党，有利于“加强供给、强化执行”，从而为新时代党的建设目标与方向提供良好的制度环境。党的百年历史表明，中国的事情在党，党要管党和全面从严治党必须依靠制度治党。新时代制度治党需要解决三个问题：一是解决“依何而治”，就需要通过完善的党内法规制度体系建设，不断提供优质的制度供给和制度遵循。二是解决“治理什么”，即解决治理对象是什么的问题。新时代制度治党把党组织、党员、党内政治文化以及党内政治生活当作治理对象，主要目的就是实现党组织建设、规范党员行为、培育党内良好政治文化及推进党内政治生活制度化、规范化和科学化。三是解决“如何治理”，主要途径是注重刚柔并济、系统配套、协同推进的方式和手段，将制度治党与思想建党紧密结合并推动二者同向、同时发力，将制度治党与依法治国相结合并推进法治精神和法制权威的政党治理实践，强化制度执行与监督保障作用的发挥。

（三）坚持中国问题导向，立足中国社会发展实际与时代特征

解决突出矛盾问题是时代的声音。国情不同，时代不同，就会产生属于特定国家、民族和时代的特殊矛盾和问题。坚持中国问题导向，“以中国做中心，把屁股坐在中国身上”④，立足中国社会发展实际，解决突出矛盾与问题，既是马克思主义认识论与辩证法的基本理论规定，也是中国共产党制度治党百年历程呈现出来的重要启示。

1. 历史地看，大革命时期，中国共产党的主要任务是制定革命纲领，发动工农运动，实行国共合作，掀起大革命高潮。此时的大部分党员都来源于农民，小农意识和小资产阶级思想对党的影响比较严重，这对党的事业发展

---

① 中共中央马克思恩格斯列宁斯大林著作编译局. 马克思恩格斯选集：第4卷［M］. 北京：人民出版社，2012：500.

② 中共中央文献研究室. 毛泽东文集：第3卷［M］. 北京：人民出版社，1996：69.

③ 邓小平. 邓小平文选：第3卷［M］. 北京：人民出版社，1993：310.

④ 中共中央文献研究室. 毛泽东文集：第2卷［M］. 北京：人民出版社，1993：407.

十分不利，党的制度建设工作侧重于组织纪律教育。土地革命时期，中国共产党的主要任务是实行工农武装割据，开展军事斗争，针对党组织过于软弱无力的状况，毛泽东提出了“党指挥枪”的思想并确立了“每连建设一个支部，每班建设一个小组，这是红军中党的组织的重要原则之一”①。延安时期，中国共产党为了克服党内分散主义的不良倾向，开始重视党内制度的规约作用，先后作出“一九四一年中央关于增强党性的决定，一九四二年中央关于抗日根据地领导一元化的决定，一九四八年中央关于建立请示报告制度、加强组织性和纪律性的指示，一九四八年中央关于健全党委制的决定，都主要是针对着克服这种分散主义倾向而发出的”②。新中国成立后，中国共产党开始由局部执政转向全国执政，所面临的主要任务是领导全国各族人民开展社会主义革命与建设，这也决定了中国共产党制度治党较之以前有着显著的不同。改革开放以后，制度治党的主要任务转向协调政党与国家的关系上，并着手实行大规模的制度治党管党新举措，推动了中国共产党制度治党走上了快速发展的新世纪轨道。

2. 现实来看，中国特色社会主义进入新时代以后，新使命、新问题的现实国情对新时代中国共产党制度治党提出了许多新要求，也必然决定新时代中国共产党制度治党具有一些相较以往不同的新特质。习近平在党的十九大报告中明确提出了新时代的历史方位，决定了中国共产党的新时代使命是实现中华民族伟大复兴的中国梦，实现这个“伟大梦想”，需要借助党的建设这个“伟大工程”。其中，由于党的制度建设又是贯穿于党的政治、思想、组织、作风、纪律建设及推进反腐败斗争全过程的重点工作，这就决定了中国共产党必须进一步强化制度治党的思想与实践。此外，又由于处在百年未有之大变局的当代中国面临前所未有且极为复杂严峻的挑战，故而以习近平同志为核心的党中央从“顶层设计”的高度来推进党的制度建设，不仅将前期探索实践中所积累的宝贵经验总结上升为党内的法规与制度，而且注重对已有的党内法规制度进行优化、调整、完善和落实。正如习近平所说：“制度不在多，而在于精，在于务实管用……要搞好配套衔接，做到彼此呼应，增强整体功能。要增强制度执行力，制度执行到人到事。”③ 诚如上述，中国共产党制度治党在百年演进的历程中，都是围绕各个不同时期的中国具体问题与

① 中共中央文献研究室．毛泽东文集：第1卷［M］．北京：人民出版社，1993：88.

② 邓小平．邓小平文选：第1卷［M］．北京：人民出版社，1994：227.

③ 习近平．在党的群众路线教育实践活动总结大会上的讲话［M］．北京：人民出版社，2014：18.

时代任务使命而展开的，既具有十分明确的针对性与靶向性，又留下了十分宝贵的历史经验与启示。历史是最好的营养剂和教科书。中国共产党制度治党的百年演进历程，就是党不断加强党的自身建设、用法规制度管党治党以确保党的先进性和长期执政地位的历史见证，也是党始终牢记并努力践行为中国人民谋幸福、为中华民族谋复兴的初心使命的历史见证。只有不忘来时路，才能走向新未来。新时代、新阶段、新格局，新征程、新使命、新目标，作为百年大党的中国共产党，面对当今世情、国情、民情、党情的深刻复杂变化，面对中华民族伟大复兴战略全局与世界百年未有之大变局，需要重点把握和明确强化制度治党的立论逻辑，认真梳理与总结回顾建党以来关于制度治党的百年演进历程与丰富历史经验，通过坚持守正创新理念、坚持党的领导原则、坚持中国问题导向，不断将新时代制度治党推向纵深。

（原文载于《湖南农业大学学报（社会科学版）》2021 年第 3 期。）

弘扬伟大建党精神推进党的现代化建设

汪勇　刘剑①

立志于中华民族千秋伟业和致力于人类和平与发展崇高事业的中国共产党，吹响了全面建成社会主义现代化强国和实现中华民族伟大复兴中国梦的嘹亮号角。“从现在起，中国共产党的中心任务就是团结带领全国各族人民全面建成社会主义现代化强国、实现第二个百年奋斗目标，以中国式现代化全面推进中华民族伟大复兴。”② 办好中国的事情关键在党。“全面建设社会主义现代化国家、全面推进中华民族伟大复兴，关键在党。”③ 现代化强国建设和中国梦的实现，关键在党的现代化建设。这是由中国共产党在现代化强国建设和实现中国梦这个伟大事业中的领导地位和执政地位决定的。党的现代化建设是中国共产党领导全面建成社会主义现代化强国和实现中国梦的首要前提、重要基础和根本保证。伟大的革命事业要取得伟大的成功就必须有伟大的革命精神作为支撑和动力。一百年前，中国共产党的先驱们创建了中国共产党并形成了坚持真理、坚守理想，践行初心、担当使命，不怕牺牲、英勇斗争、对党忠诚、不负人民的伟大建党精神，创造了百年伟大成就。伟大建党精神，是中国共产党立志于中华民族千秋伟业、致力于人类和平与发展崇高事业的革命精神。站在新征程赶考路上，我们必须弘扬伟大建党精神，汲取强大的革命精神力量，把自身建设得更加坚强有力，才能担负起领导全面建成社会主义现代化强国和实现伟大复兴中国梦的宏伟事业。

---

① 刘剑，贵州师范大学思想政治教育专业 2023 级博士生，铜仁学院副教授。

② 习近平．高举中国特色社会主义伟大旗帜　为全面建设社会主义现代化国家而团结奋斗：在中国共产党第二十次全国代表大会上的报告［M］．北京：人民出版社，2022：21.

③ 习近平．高举中国特色社会主义伟大旗帜　为全面建设社会主义现代化国家而团结奋斗：在中国共产党第二十次全国代表大会上的报告［M］．北京：人民出版社，2022：63.

首先，始终坚持真理、坚守理想，明了党的现代化建设的目标方向。新时代弘扬“坚持真理、坚守理想”，是党的现代化建设的命脉和灵魂。百余年来，中国共产党正是因为把马克思主义科学理论作为思想武器，不断推进党的自身的建设，坚持在中国实践和时代发展中不断推进马克思主义中国化，才创造了百年伟大成就。中国共产党发展壮大的百年历程中，虽然由于自身建设没有跟上时代的步伐而经历了“左”倾冒险主义错误等曲折，也曾面临“东欧剧变”“苏联解体”等外部风险的考验，但始终坚持把马克思主义普遍真理与中国具体实际和中华优秀传统文化相结合，不仅克服了各种风险考验，而且还全面建成了小康社会，实现了第一个百年奋斗目标。站在宏伟的现代化建设新征程的赶考路上，中国共产党更要始终不渝地坚持真理、坚实理想，大力解放思想，修正谬误和扫除各种障碍，以马克思主义的科学理论改造主观世界和客观世界，正确把握现代化建设的共性和个性，明了党的现代化建设的目标和方向并不断加强自身建设，团结带领14亿中国人民朝着既定的理想目标奋勇前进，把全面建成社会主义现代化强国和伟大复兴中国梦不断变成现实。

其次，始终践行初心、担当使命，明确党的现代化建设的价值追求。新时代弘扬“践行初心、担当使命”，是党的现代化建设的宗旨和根本。中国共产党一经诞生，就把为中国人民谋幸福、为中华民族谋复兴确立为自己的初心使命，百余年来未曾动摇和改变。回望历史，正因为我们党始终不渝践行初心、担当使命，才有力地团结带领人民浴血奋战，从推翻“三座大山”走向民族独立和人民解放，从改革开放到全面小康，从实现“四个现代化”到“两步走”战略有序推进，并创造了百年伟大成就。践行党的初心和使命，仍然是中国共产党现代化建设的价值追求和实践指向，是党的现代化建设的宗旨和根本。站在新征程的赶考路上，中国共产党的现代化建设不是悖逆党的初心和使命，不是谋少数人而是谋广大中国人民的幸福和中华民族的伟大复兴，永不走回头路、老路或歧路。中国共产党唯有始终不忘初心、牢记使命，锚定奋斗目标不松懈，时刻保持解决大党独有难题的清醒和坚定，才能加强自身的现代化建设，才能扫除“四风”问题，才能勇于直面“四大考验”和化解“四大风险”，才能清除影响党的先进性和纯洁性的各种不良因素，净化政治生态环境，才能汇聚起团结全党全国各族人民奋斗的磅礴力量，形成全面建成社会主义现代化强国、同心共筑中国梦的强大合力，把宏伟蓝图变成现实。

再次，始终不怕牺牲、英勇斗争，确保党的现代化建设的实现路径。新时代弘扬“不怕牺牲、英勇斗争”，是党的现代化建设的价值取向和气节风骨。“世界上没有哪个党像我们这样，遭遇过如此多的艰难险阻，经历过如此多的生死考验，付出过如此多的惨烈牺牲。”① 中国共产党领导下的社会主义发展史是一部无数革命英烈不怕牺牲、英勇斗争的伟大战斗史。无论是“枪杆子里面出政权”的革命年代，还是“摸着石头过河”的改革开放时期，抑或是中国特色社会主义进入新时代。每一个阶段性目标的实现都是无数共产党人不怕牺牲、英勇斗争铸就的辉煌。现代化强国和中国梦更不是轻轻松松、敲锣打鼓就能实现的。党的现代化建设肯定会面临各种艰难困苦、风险挑战，肯定会有流血和牺牲。站在新征程的赶考路上要加强党的现代化建设，就必须继承弘扬不怕牺牲、英勇斗争的价值取向和气节风骨，以“得罪千百人，不负十四亿”的自我革命精神，以一马当先、攻坚克难、敢于担当、善于作为的鲜明品格和实践本色，扫除自身现代化建设的“拦路虎”和“绊脚石”，以“咬定青山不放松”的执着，以“行百里者半九十”的清醒坚持不懈推进党的自身建设的现代化。

最后，始终对党忠诚、不负人民，坚守党的现代化建设的立场要求。新时代弘扬“对党忠诚、不负人民”，是党的现代化建设的根本立场和政治品格。对党忠诚是党章明确的党员义务，是共产党人入党时的庄严承诺；不负人民是党百年奋斗始终坚守的立场，是党的现代化建设的出发点和落脚点，是中国共产党的永恒追求。纵观党的百年建设发展史，党员队伍中虽有对党不忠诚、不老实的“两面人”，但更有一大批视死如归的革命烈士、顽强奋斗的英雄人物和忘我奉献的先进人士。作为世界上最大的政党，置身于百年未有之大变局的历史洪流，站在全面建成社会主义现代化强国的新征程路上，党的现代化建设面临的任务和挑战会更加艰巨和严峻。贪污腐败的存量仍然没有得到根本清除，增量却没有得到完全遏制，清廉指数仍然不尽如人意等，使得加强党的现代化建设仍然是新时代不得不勇于面对和大力解决的重大时代课题。党的现代化建设就是要让每一名党员领导干部始终坚守和弘扬对党忠诚、不负人民的根本政治立场和政治品格，要求每一名党员领导干部始终不做“两面人”，始终坚持把人民放在心中的最高位置，心系人民、情系人民，在解决人民群众急难愁盼的问题中彰显自身的价值，不断推进党的现代化建设迈向新台阶。

---

① 习近平．在党史学习教育动员大会上的讲话［EB/OL］．求是网，2021-03-31.

新时代中国共产党勇于自我革命的必然性

汪 勇

习近平总书记指出："勇于自我革命是中国共产党区别于其他政党的显著标志。"① 进入新时代的中国共产党要勇于自我革命，既是自我与外在的要求，也是理论与实践发展的要求，既是历史、现实和未来的要求，同时也是实现中国梦和发展科学社会主义、构建人类命运共同体的要求。

勇于自我革命是不忘革命初心和秉承革命烈士遗志的要求。新时代中国共产党人一定要秉承革命先烈遗志及其革命精神，勇于面对自身存在的各种问题，深入推进自我革命，才不负千千万万革命先烈及其创下的伟大的事业。勇于自我革命是满足最广大人民群众美好生活需要的祈盼。立党为公、执政为民，是中国共产党人的誓言和不懈追求，同时也是中国共产党不断进行自我革命的必然要求。中国共产党只有勇于把自我革命不断推向深入，真正坚持以人民为中心思想，与自身内部存在或滋生的损害最广大人民根本利益的思想和言行作坚决斗争，敢于"拿起手术刀"革除自身的病症、解决自身的问题，才能不断满足人民对美好生活的需要和祈盼。

勇于自我革命是加强党建提高执政能力和领导水平的基础。中国共产党的领导是中国特色社会主义最本质的特征。作为世界第一大党的中国共产党，唯有勇于进行自我革命，即勇于不断进行自我净化、自我完善、自我革新、自我提高，坚定不移全面从严治党，坚持和完善党的领导，不断提升执政能力和领导水平，才能从根本上有效应对"四大考验"和"四大危险"，解决"四风"问题，才能推进新时代的伟大工程并完成时代所赋予的重大历史课题。

勇于自我革命是建设现代化强国和实现伟大复兴中国梦的保证。面对新

---

① 习近平．在庆祝中国共产党成立100周年大会上的讲话［M］．北京：人民出版社，2021：19.

时代赋予的历史重任，中国共产党必须毫不动摇地坚持推进自我革命，把自身建设得更加坚强有力，才能为推进“四个伟大”提供组织保障，才能把中国特色社会主义伟大事业推向前进并实现伟大复兴中国梦，才能不负时代重托。

勇于自我革命是推动科学社会主义实践不断向前发展的需要。中国共产党勇于进行自我革命是推动科学社会主义在中国的实践欣欣向荣的保证。中国共产党能够深入推进自我革命，既坚持了马克思主义的基本原理，又在实践中坚持和创新发展了科学社会主义，彰显了马克思主义和科学社会主义的旺盛生命力，为社会主义运动的复兴提供了强大动力。中国共产党必须勇于自我革命，才能为世界各国执政党建设提供样板和示范，充分彰显中国共产党人的先进性、纯洁性和强大的生命力，才能够更加坚强有力地推动世界和平和推动人类社会的发展。

（该文载于《贵州日报》2021 年 7 月 21 日第 9 版。）

论党风廉政建设的人民性

汪　勇

人民性是党风廉政建设的根本特征和价值标准。党风廉政建设不仅是党和政府与人民间关系的特定反映，还是赢得民心和强本固基的重要工程，同时也是区别不同政党和政府及其优越与否的重要标志，更是衡量和评判一个政党及其政府是否真正代表最广大人民的根本利益、是否相信和依靠最广大人民的主要标志。

一、党风廉政状况反映了政党及其政府与人民间的关系

马克思主义经典作家运用历史唯物主义学说把政党与阶级利益紧密结合起来，科学地提示了“政党本质上是特定阶级利益的集中代表者，是特定阶级政治力量中的领导力量，是由各阶级的政治中坚分子为了夺取或巩固国家政治权力而组成的政治组织”①。政党的出现及其发展史也表明：政党是特定阶级（层）、群体为了追求自身利益的最大化而结成的特殊组织。任何政党及其政府都不可能代表所有群体的利益，只可能尽量多地代表最广大群体的利益。政党及其政府能否真正地代表最广大人民群众的根本利益，在很大程度上就反映在其党风廉政建设上。党风廉政建设做得好，执政党的组织及其成员的特殊利益或不法利益就会受到限制，广大人民群众的利益就能得到切实有效的维护和保障，就会支持和拥护执政党及其政府。反之，当党风廉政建设不尽如人意，则部分党组织及其成员的官僚主义、形式主义、享乐主义、奢靡之风盛行，公权私用的贪污、腐败、堕落成风，广大人民的利益不仅得不到有效维护，甚至遭受损害，人民群众就会心生不满，甚至采取各种方式反抗，削减执政党的合法性基础。因此，党风廉政状况在很大程度上直接或间接地反映出执政党及其政府是否真正谋求最广大人民的根本利益和在多大

① 王浦劬．政治学基础［M］．北京：北京大学出版社，2005：265.

程度上谋求广大人民的根本利益。事实说明，任何社会动荡和革命的根源都源于统治者的腐败堕落及其对最广大人民根本利益的损害后遭受的强烈反抗。总之，任何执政党，只要党风纯洁、干部清正、政府清廉、政治清明，广大人民就会因为自己的利益能得到最大维护和保障而对它给予拥护和支持。反之，则不然。党风廉政建设是民心向背的一个风向标。“我们完全有理由为党和人民取得的一切成就而自豪，但我们没有丝毫理由因此而自满，我们决不能也决不会躺在过去的功劳簿上。”① “如果长期执政以后我们的干部丧失了当年夺取政权和建设初期那样一种蓬勃朝气，那样一种昂扬锐气，那样一种浩然正气，而变得明哲保身，事不关己、高高挂起，形式主义、官僚主义严重，以至滥用权力，使党和人民的利益受到损害，那么，我们最后必然失去最广大人民的拥护和支持。这是历史兴亡的规律，古今中外，概莫能外。”②党风廉政建设状况始终是衡量和反映执政党及其政府是否全心全意为人民服务的最重要标准。

二、党风廉政建设的推动力主要来自广大人民

“人民，只有人民，才是创造世界历史的动力。”③ 广大人民不仅是政权兴亡更迭的动力，同样也是促进党风廉政建设的主要推动力。一般而言，执政党的党风廉政建设动力除了自身的推动，更为主要的是来源于广大人民对执政党及其政府腐败堕落等的不满和反抗的推动，即当党风廉政建设问题突出而损害最广大人民的根本利益时，必然遭遇广大人民的不满和反抗，进而直接或间接地影响或威胁到执政党及其政府的合法性，使之不得不在某种程度上加强自身的党风廉政建设，以重新赢得和凝聚民心。诚如马克思所言，“人们为之奋斗的一切，都同他们的利益有关”④。相对于政党及其政府而言，广大人民始终高度关注党风廉政建设，因为党风廉政建设做得好，人民受益；反之，则不然。人民对各种不良党风及贪污腐败问题可谓深恶痛绝。从“本质上讲，政党代表的总是社会中的特定阶级、而不是全部阶级的利益，任何

① 胡锦涛．在庆祝中国共产党成立90周年大会上的讲话［M］．北京：人民出版社，2011：29.

② 江泽民．江泽民文选：第3卷［M］．北京：人民出版社，2006：419-120.

③ 毛泽东．毛泽东选集：第3卷［M］．北京：人民出版社，1991：1031.

④ 中共中央马克思恩格斯列宁斯大林著作编译局．马克思恩格斯全集：第1卷［M］．北京：人民出版社，1995：187.

阶级的政党都很难同时把所有阶级和社会阶层的利益表现出来"。① 政党发展史也说明，根本不存在任何谋求超越阶级利益的政党。古今中外的各种史实说明：统治阶级或执政者能够顺应民心，处处谋求广大人民的利益，严格要求自己，为政清廉，那么人民就会因受益最大而给予支持和拥护，就会出现太平盛世。反之，如果统治阶级或执政者无视民心、昏庸无道、贪污腐败成风，施行暴政，则怨声载道、民不聊生，人民就会揭竿而起。当前，"由于我们党处在执政地位并长期执政，党内有一些人逐渐产生了一种错误的思想倾向，他们把党和人民赋予的职权，把自己的地位、影响和工作条件，看成是自己的所谓'既得利益'，不是用这些职权和条件来为党、为人民更好地工作，而是用来为自己捞取不合理的、非法的私利。他们甚至把这些东西看成是谁也碰不得、动不得的私有财产，想方设法地要去维护和扩大这种所谓'既得利益'"②。应该说，广大人民对此早已愤恨不满并通过各种形式表现出来，各种各样的群体性事件就是一种体现和反映。我们要破解"兴勃亡忽"周期律问题的根本是"只有让人民来监督政府，政府才不敢松懈；只有人人起来负责，才不会人亡政息"③。

三、党风廉政建设的主要目的也是为了广大人民

"过去的一切运动都是少数人的，或者为少数人谋利益的运动。无产阶级的运动是绝大多数人的，为绝大多数人谋利益的独立的运动。"④ "共产党人始终代表整个运动的利益"，"没有任何同整个无产阶级的利益不同的利益。"⑤全心全意为人民服务，是无产阶级政党及其政府一切行动的根本出发点和落脚点，是我们党和政府区别于其他一切政党和政府的根本标志。全心全意为人民服务是党的根本宗旨，是党向人民公开作出的承诺，同时也是执政党获得人民支持和拥护的关键。党风廉政建设首要和最主要目的就是为了人民，这是由无产阶级政党及其政府的性质决定的。加强党风廉政建设，必须以广

---

① 聂平平，胡其柱．执政党合法性的意识形态视域分析［J］．求实，2008（2）：19-22.

② 江泽民．江泽民文选：第3卷［M］．北京：人民出版社，2006：183-184.

③ 中共中央文献研究室．十六大以来重要文献选编：上［M］．北京：中央文献出版社，2005：144.

④ 中共中央马克思恩格斯列宁斯大林著作编译局．马克思恩格斯文集：第2卷［M］．北京：人民出版社，2009：42.

⑤ 中共中央马克思恩格斯列宁斯大林著作编译局．共产党宣言［M］．北京：人民出版社，2014：41.

大人民根本利益作为最高标准。“共产党人的一切言论行动，必须以合乎最广大人民群众的最大利益，为最广大人民群众所拥护为最高标准。”① 为了人民始终是党风廉政建设的出发点和落脚点。“全心全意为人民谋利益，不能挂在嘴上，不能搞‘虚功’，而是要实实在在为群众办事，要从群众最关心、最迫切需要解决的实际问题入手开展工作，把我们党的根本宗旨切实落实到各项工作中，落实到广大人民群众身上。”② “如果党的领导干部自己不严格要求自己，不遵守党纪国法，违反党的原则，闹派性，搞特殊化，走后门，铺张浪费，损公利私，不与群众同甘苦，不实行吃苦在先、享受在后，不服从组织决定，不接受群众监督，甚至对批评自己的人实行打击报复，怎么能指望他们改造社会风气呢!”③ 在解体前的苏共内部，掌握公共权力者因谋求私利而使得特权思想、特权行为滋生泛滥并固化、长期存在，形成了事实上的既得利益集团，走向与人民利益相悖逆的歧途，造成苏共逐渐丧失了合法性而最终导致苏联走向解体。事实告诉我们，真正的马克思主义执政党和政府必须强化党风廉政建设，始终坚持为民务实、清正廉洁，坚持立党为公、执政为民，坚持权为民所用、情为民所系、利为民所谋，尊重并保障人民的各项权益，切实解决群众反映强烈的突出问题，坚决维护群众切身利益，以人为本，坚持问政于民、问需于民、问计于民，努力真正做到为群众排忧解难。

四、党风廉政建设成效的真正评判者主要是人民

执政党及其政府的性质及人民在社会历史发展中的地位和作用决定了人民始终是党风廉政建设成效的评判主体。廉政建设做得好不好、成效如何的评判者不是执政党及其政府，而是广大人民。人民，只有人民，才是党风廉政建设成效的真正评判者和最高裁决者。检验党风廉政建设工作的成效的标准不是党和政府的自说自话，最终是要看人民的态度及评价，即人民是否真正得到了实惠，人民的生活质量是否真正得到了提升，人民的权益是否真正得到了保障，人民内心深处是否说好。“知屋漏者在宇下，知政失者在草野。”党风廉政建设的成效与好坏只能由人民评判，离开了人民评判的党风廉政建设只能是执政党及其政府的自言自语。执政党和政府由于地位的改变等会在不知不觉中放纵自己而苛求于人民，往往最不易觉察自己身上滋生和存在的

① 毛泽东．毛泽东选集：第3卷［M］．北京：人民出版社，1991：1096.
② 江泽民．江泽民文选：第2卷［M］．北京：人民出版社，2006：365-366.
③ 邓小平．邓小平文选：第2卷［M］．北京：人民出版社，1994：177-178.

各种问题。相反，人民群众对党风廉政建设中滋生和存在的各种突出问题，受害最深，关注最高，看得最清，反应最强烈，也最有发言权。任何政党和政府如果不能以人民的评判作为一面镜子，严格要求自己，反而骄傲自满、自诩高明、自以为了不起，把人民自身谋求的幸福生活视为自己的恩惠，认为人民就应该感恩戴德；脱离人民，自己做得不好却说很好，对人民的意见和不满充耳不闻，听不见人民的批评，或者凌驾于人民之上，甚至把人民的不满和批评视为敌对行动，最终必将被人民抛弃。这是历史发展的铁律，古今中外无不如此。人民不仅仅在听执政党和政府说什么，更重要的是在看党和政府如何兑现自己的诺言。权赋于民要求我们只有把监督党和政府的权力还给人民，把自己的一切行为置于人民的监督之下，我们的党风廉政建设才会真正做好并取得实效。大量的事实说明，缺少广大人民参与的任何监督可能好看、好听但不实用；理论上讲很好，实践中却难以发挥作用。只有人民的监督才是最强大的监督，才最有力量。我们不仅要坚持把人民作为党风廉政建设成效的真正评判者，同时还要坚持把人民"拥护不拥护""赞成不赞成""高兴不高兴""答应不答应""满意不满意"作为评判党风廉政建设成效的标准。我们只有还监督权、裁判权于民，真正让人民来参与、监督、评判党风廉政建设的成效，党风廉政建设才会真正取得实效。

五、搞好党风廉政建设的基础是要充分相信人民

共产党人相信谁？相信人民群众是由我们党的性质和与人民群众的血肉联系决定的。相信群众能够自己解放自己，虚心向人民群众学习，尊重群众的首创精神不仅是我们党的群众观点，还是党和政府干事创业的基础，也是抓好党风廉政建设的保证。人民不仅占人口的绝大多数，而且人民中间有真理、有方略、有智慧、有力量，蕴藏着巨大的创造力，能够创造出多种多样的方法和措施来为实现自己的利益督促和推进党风廉政的建设。"只有相信人民的人，只有投入生气勃勃的人民创造力泉源中去的人，才能获得胜利并保持政权。"① 脱离人民的各种官僚主义、形式主义、享乐主义和奢靡之风、贪污腐败等不良的党风、政风与人民的利益相悖逆，为人民恨之入骨。广大人民无处不在，其对党员领导干部的监督几乎不受时空等条件的限制，这是其他任何监督都无法比拟的。虽然党纪国法规定的监督形式多样、组织机构不

① 中共中央马克思恩格斯列宁斯大林著作编译局．列宁全集：第 33 卷［M］．北京：人民出版社，1985：57.

少，但往往因为各种局限而难以发挥其应有的作用以至当前不得不充分相信和利用广大人民的各种检举、揭发和举报查处出不少令世人震惊的“老虎”。现实中，不少民众往往因保障机制的不健全，惧怕遭受打击报复而忍气吞声，这不利于党风廉政建设。我们要相信，人民群众中始终蕴藏着巨大的力量。只要党和政府能够相信人民并积极创造条件，广大人民一定会尽职尽责、公平公正地当好党风廉政建设的裁判员。因此，我们说搞好党风廉政建设的基础在于我们是否相信人民，是否给人民维护和谋求自己的合法权益创造有利条件。抓好党风廉政建设，要求我们必须充分相信广大人民群众渴望强化党风廉政建设的积极性、主动性和创造性。“我们应当相信群众，我们应当相信党，这是两条根本的原理。如果怀疑这两条原理，那就什么事情也做不成了。”① 广大人民雪亮的眼睛一看就知道：谁在为人民服务，谁没有为人民服务，谁在假称为人民服务。因此，只有充分真正相信广大人民渴望搞好党风廉政建设的积极性、主动性和创造性，党风廉政建设才可能做得更好。

六、抓好党风廉政建设的关键是要紧紧依靠人民

为什么人、靠什么人的问题，历来是革命和建设的首要问题。“一切问题的关键在政治，一切政治的关键在民众，不解决要不要民众的问题，什么都无从提起。”只有人民才是历史的主人。“如果哪个党组织严重脱离群众而不能坚决改正，那就丧失了力量的源泉，就一定要失败，就会被人民抛弃。”②不紧紧依靠人民，就不会有中国革命的胜利，就不会有社会主义建设的成功，就不会有改革开放的伟大成就。同理，没有广大人民群众的参与，党风廉政建设就难有成效。只有紧紧依靠广大人民，才是反腐倡廉的决定性力量。“只要我们依靠人民……和人民打成一片，那就任何困难也能克服，任何敌人也不能压倒我们，而只会被我们所压倒。”③ 只要我们紧紧依靠人民，营造出有利于广大人民参与党风廉政建设的巨大声势和浓厚氛围，充分调动广大人民群众的积极性、主动性和创造性，就没有搞不好的党风廉政建设。要真正想抓好党风廉政建设，就必须坚决反对各种与人民同苦不同甘的不良现象，即在革命时依靠人民，在执政后不依靠人民；在建设时需要人民，在分享成果时不依靠人民；流血牺牲时依靠人民，喝酒吃肉时不依靠人民；在困难时依

---

① 中共中央文献研究室．毛泽东文集：第6卷［M］．北京：人民出版社，1999：423.

② 邓小平．邓小平文选：第2卷［M］．北京：人民出版社，1994：368.

③ 毛泽东．毛泽东选集：第3卷［M］．北京：人民出版社，1991：1096.

靠人民，顺利时就不依靠人民；需要时依靠人民，不需要时不依靠人民；口头上依靠人民，思想上并不依靠人民；表面上依靠人民，实际上不依靠人民；等等。当前，制约广大人民参与党风廉政建设的不利因素主要有：人民群众在反腐败斗争中地位不明确、作用发挥不充分；缺乏简洁便利、高效安全的群众参与机制；群众参与渠道较少、参与质量不高、参与程度和力度不够；参与方式略显单一；等等。为了更好地构建良好的党风廉政建设机制，我们要积极完善群众参与机制，拓展群众参与的渠道和平台，实现群众参与的广泛性和深入化，真正把群众放在心中的最高位置，做到抓好党风廉政建设的思路向人民群众问计，查找抓好党风廉政建设中的问题倾听人民群众的意见，改进抓好党风廉政建设的措施向人民群众请教，落实抓好党风廉政建设的任务靠人民群众努力，衡量党风廉政建设成效由人民群众评判。我们只有紧紧依靠人民，汲取人民的智慧、尊重人民的创造，真心拜群众为师、真诚倾听群众呼声、真实反映群众愿望、真意关心群众疾苦，最大限度地激发和凝聚人民的积极性、主动性和创造性，才能抓好党风廉政建设。

深入推进党的自我革命

汪　勇

习近平总书记在庆祝中国共产党成立100周年大会上，首次提出了中国共产党的伟大建党精神并指出伟大建党精神是中国共产党的精神之源，还指出“勇于自我革命是中国共产党区别于其他政党的显著标志”。

从伟大建党精神与自我革命的关系来看，伟大建党精神是中国共产党自我革命的源头和基础，而自我革命则是中国共产党伟大建党精神的体现和延伸。一百年来，中国共产党弘扬伟大建党精神，不断勇于自我革命，坚决反对官僚主义、形式主义、本本主义和贪污腐败等，保证党的先进性和纯洁性，不断团结带领中国人民进行革命、建设和改革开放、社会主义现代化建设以及习近平新时代中国特色社会主义的伟大实践。小康社会已经全面建成，为了全面建成社会主义现代化强国和实现中华民族伟大复兴的中国梦，我们必须弘扬伟大建党精神，把自我革命不断推向深入，不断加强党的自身建设并永葆党的先进性和纯洁性，广大人民才愿意在党的团结带领下不懈努力奋斗，把中华民族伟大复兴的中国梦不断变成现实。

弘扬伟大建党精神坚决反对官僚主义。官僚主义本质上是封建专制残余思想的遗毒，根源是官本位思想严重、权力观扭曲。官僚主义不仅与伟大建党精神相悖逆，而且与人民对公平正义、民主法治等人民美好生活日益增长的期盼相悖。人民对美好生活的向往就是中国共产党人的奋斗目标。官僚主义绝不能成为中国共产党根除不了的痼疾。党的根基在人民、血脉在人民、力量在人民。我们要不断实现人民对美好生活的向往和中华民族伟大复兴的中国梦，就必须弘扬伟大建党精神，大力加强民主法治建设，充分保障人民的民主法治权利，绝不允许任何一个党员领导干部凌驾于法律和广大人民的根本利益之上，从根本上铲除各种形式的官僚主义。

弘扬伟大建党精神坚决杜绝形式主义。形式主义是官僚主义的产物并往往与官僚主义结伴而行。形式主义不仅会造成各种工作的空转效应和各种有限资源的无谓耗费，而且会损害党的伟大形象。形式主义的实质是主观主义、功利主义，根源是政绩观错位、责任心缺失等。形式主义的现实表现复杂多样，主要是喜欢用轰轰烈烈、热热闹闹的形式代替扎扎实实的落实，用光鲜亮丽的外表掩盖内部矛盾和问题，如大搞各种政绩工程、面子工程、形象工程、样板工程和报喜不报忧等。针对形式主义及其危害，我们必须弘扬伟大建党精神勇于自我革命，秉承对党忠诚、不负人民的精神，大力完善形式主义的治理体系并不断提升治理能力，从根源上扫除其存在的土壤和环境，不搞虚功，扎扎实实做好工作。

弘扬伟大建党精神坚决防止本本主义。本本主义曾经给党的革命带来严重危害。理论联系实际，实事求是，在实践中检验和发展真理是党的思想路线，是正确制定、理解和执行党的路线、方针、政策的保证。当前，本本主义主要表现为各种不敢坚持真理而唯书唯上的文牍主义的盛行，诸多学习、贯彻和工作落实等不结合自身实际和发展变化要求，不考虑基层工作人员的实际困难和沉重负担，只是生搬硬套地根据文件要求和领导的意思，以文件贯彻文件、以会议落实会议，文山会海成了不争的事实，甚至出现了以是否开会和材料的多少作为检查的主要内容而不管工作的实际效果。在实现第二个百年奋斗目标的伟大征程中，我们必须弘扬伟大建党精神，联系实际，坚决防止各种形式的本本主义，不唯书不唯上只唯实，真正把党的各项工作和伟大事业落实落细。

弘扬伟大建党精神坚决清除贪污腐败。中国共产党的百年历史，也是一部不断与党内的各种贪污腐败作斗争的历史。党的十八大以来，在以习近平同志为核心的党中央的坚强领导下，我们取得了反腐败斗争的压倒性胜利，形成了反腐败斗争的高压态势。我们要秉承对党忠诚、不负人民的伟大建党精神，坚持党要管党、全面从严治党，构建科学治理体系，提高治理能力，全过程、全方位扎紧扎牢防止权力滥用的制度笼子，让不敢腐、不能腐、不想腐成为现实。让“中国共产党能够解决贪污腐败这个世界性难题”，中国共产党“没有任何自己特殊的利益，从来不代表任何利益集团、任何权势团体、任何特权阶层的利益”① 等在人民的内心深处得到认同。

（本文载于《贵州日报》2021 年 9 月 1 日第 8 版。）

---

① 中共中央关于党的百年奋斗重大成就和历史经验的决议［N］. 人民日报，2021-11-17（1）.

推进党的自我革命的四个向度

汪勇　王敏①

［摘　要］中国特色社会主义进入新时代，“四大考验”“四大风险”“四风”问题等依然在某种程度上客观存在，加之人民的民主法治、公平正义、监督维权等意识日益增强及需要不断提升，对中国共产党的执政能力和领导水平提出了更高的要求。中国共产党要团结带领广大人民进行新的伟大斗争、推进中国特色社会主义伟大事业、实现中华民族伟大复兴的中国梦，就必须坚守初心，从以下四方面深入推进党的自我革命：推进思想建党，扎实开展党性教育，坚定远大理想信念；推进制度治党，不断扎紧防止权力被滥用的“笼子”；推进作风建设，大力整治“四风”，确保党的先进性、纯洁性；推进反腐败斗争，切实采取措施，确保立党为公、执政为民。

［关键词］党的建设；思想建党；制度治党；作风建设；反腐败斗争

中国特色社会主义进入新时代，人民对民主法治、监督维权、政治参与、公平正义等的需要不断增强，“四大考验”“四大风险”仍然一定程度存在，“四风”问题改头换面或隐形变异等，都对中国共产党的建设提出了更高层次和更高水平的要求。治国必先治党，治党务必从严。“党要管党，首先是管好干部；从严治党，关键是从严治吏。”② “如果管党不力、治党不严，人民群众反映强烈的党内突出问题得不到解决，那我们党迟早会失去执政资格，不可避免被历史淘汰。”③ 党的十八大以来，作为中国特色社会主义事业的领导者，中国共产党勇敢地开展自我革命并取得了显著成效。党的十九大更是旗帜

---

① 王敏，女，副教授，贵州师范大学数学科学学院，硕士生导师。

② 中共中央文献研究室．习近平关于全面从严治党论述摘编［M］．北京：中央文献出版社，2016：131.

③ 中共中央文献研究室．习近平关于全面从严治党论述摘编［M］．北京：中央文献出版社，2016：5.

鲜明地指出，“勇于自我革命，从严管党治党，是我们党最鲜明的品格”①。中国特色社会主义进入新时代后，中国共产党要团结带领广大人民进行新的伟大斗争、推进中国特色社会主义伟大事业、实现中华民族伟大复兴的中国梦，就必须坚守初心，从以下四方面深入推进党的自我革命：推进思想建党，扎实开展党性教育，坚定远大理想信念；推进制度治党，不断扎紧防止权力被滥用的“笼子”；推进作风建设，大力整治“四风”，确保党的先进性、纯洁性；推进反腐败斗争，切实采取措施，确保立党为公、执政为民。

一、深入推进思想建党，扎实开展党性教育，坚定远大理想信念

思想是行动的先导，行动是思想的反映。深入推进自我革命，首先要高度重视并开展思想革命。马克思、恩格斯提出无产阶级政党建设首先要以科学理论作为思想的基础，即用无产阶级思想对全体党员领导干部的世界观、人生观和价值观进行改造和武装，才能使整个无产阶级政党变得坚强有力，才能去改造客观世界。列宁曾指出，“没有革命的理论，就不会有革命的运动”②。在无产阶级政党的建设中，勇于开展思想革命，加强党员领导干部的党性教育并坚定其理想信念始终是马克思主义政党建设的基础。“只有以先进理论为指南的党，才能实现先进战士的作用。”③ 中国共产党领导和团结广大人民进行革命、建设和改革的历史，就是一部以深入推进思想建党作为自我革命首要任务的历史。第一次国民革命失败后，中国共产党通过自我思想革命纠正了右倾机会主义的错误路线，提出了“枪杆子里面出政权”的著名论断并指导武装革命，挽救了党和革命事业；在第五次反“围剿”失败后，中国共产党再次通过自我思想革命，召开遵义会议纠正了“左”倾错误路线，挽救了党、挽救了红军、挽救了中国革命，成了中国共产党历史上一个生死攸关的转折点；延安时期坚持“惩前毖后，治病救人”的方针，有效整顿了主观主义学风、宗派主义党风和党八股文风，使全党上下达到了空前团结和高度统一，为取得革命胜利奠定了坚实的基础；改革开放之初，中国共产党勇于开展解放思想、实事求是的思想革命，把党员领导干部的思想从“以阶

① 习近平．决胜全面建成小康社会　夺取新时代中国特色社会主义伟大胜利：在中国共产党第十九次全国代表大会上的报告［M］．北京：人民出版社，2017：26.

② 中共中央马克思恩格斯列宁斯大林著作编译局．列宁全集：第 6 卷［M］．北京：人民出版社，2013：23.

③ 中共中央马克思恩格斯列宁斯大林著作编译局．列宁全集：第 6 卷［M］．北京：人民出版社，2013：24.

级斗争为纲”的束缚中解放出来，从而走上了改革开放的康庄大道；改革开放后，中国共产党又持续不断地开展“三讲”和保持共产党员先进性等思想教育活动，推动了中国特色社会主义伟大事业的不断蓬勃发展。

党的十八大以来，中国共产党人更是充分认识到坚定党员领导干部的共产主义理想信念对加强党的建设这个伟大工程至关重要。远大而崇高的共产主义理想信念就是党员领导干部的精神之“钙”。“坚定理想信念，坚守共产党人精神追求，始终是共产党人安身立命的根本。对马克思主义的信仰，对社会主义和共产主义的信念，是共产党人的政治灵魂，是共产党人经受住任何考验的精神支柱。形象地说，理想信念就是共产党人精神上的‘钙’，没有理想信念，理想信念不坚定，精神上就会‘缺钙’，就会得‘软骨病’。现实生活中，一些党员、干部出这样那样的问题，说到底是信仰迷茫、精神迷失。”① 党员领导干部的精神一旦“缺钙”，思想和灵魂就会遭受不良诱惑侵蚀而引发灵魂分裂、精神空虚，进而导致“三观”扭曲，然后“四风”问题、以权谋私、贪污腐败等就会滋生泛滥。为共产主义事业而奋斗的远大理想信念动摇是党员领导干部思想上最大危险的动摇，为共产主义事业而奋斗的理想信念滑坡是党员领导干部思想道德最危险的滑坡。“对党员、干部来说，思想上的滑坡是最严重的病变，‘总开关’没拧紧，不能正确处理公私关系，缺乏正确的是非观、义利观、权力观、事业观，各种出轨越界、跑冒滴漏就在所难免了。思想上松一寸，行动上就会散一尺。”② 因此，新时代的中国共产党人更是紧紧抓住思想建党这个核心问题，找准党员干部思想上“缺钙”的根源，坚持思想建党、理论强党，勇于深入推进思想革命，在全党上下相继组织开展了党的群众路线教育实践活动以着力解决“四风”问题后，又在县处级以上党员领导干部中集中开展“三严三实”的专题教育并开展“两学一做”的学习教育以推动党员领导干部教育的常态化、制度化，再到开展“不忘初心、牢记使命”主题教育等，不断进行思想革命的“接力跑”，并不断突出和增强马克思主义信仰、共产主义理想、中国特色社会主义信念的教育。通过不断深入推进思想革命，拧紧了党员领导干部思想上的“总开关”，使之不断增强“四个意识”、坚定“四个自信”、做到“两个维护”，并将其作为检验理想信仰信念信心的基本要求，祛除了理想信念动摇和思想混

① 中共中央文献研究室．习近平关于全面从严治党论述摘编［M］．北京：中央文献出版社，2016：57.

② 中共中央文献研究室．习近平关于全面从严治党论述摘编［M］．北京：中央文献出版社，2016：63.

乱问题。深入推进思想革命，已经成为中国共产党永葆青春、生机与活力的关键所在和革命基因的有机组成。

从革命到建设，从改革开放到不断走向深入，中国共产党百年的建设史和新中国成立 70 多年的辉煌历史充分说明：中国共产党正是因为在不同的历史时期始终坚持革命精神，并针对党内存在的严重思想问题勇于深入地推进思想革命，带动自我革命，才能不断地增强党的执政能力和领导水平，使中国人民由站起来到富起来并迈向强起来的伟大征程，使中国特色社会主义伟大事业不断蓬勃向上、健康发展。中国共产党人面向未来仍然只有始终高度重视并把思想革命作为开展党内自我革命的首要任务，不断地把坚定党员领导干部的共产主义远大理想和建设中国特色社会主义的共同理想信念作为共产党人永远不可缺少的精神支柱和政治灵魂，才能不断增强党内团结统一的思想基础，才能大力提高中国共产党的执政能力和领导水平，从而为进一步取得更大成就提供重要的思想保证。“无论过去、现在还是将来，对马克思主义的信仰，对中国特色社会主义的信念，对实现中华民族伟大复兴中国梦的信心，都是指引和支撑中国人民站起来、富起来、强起来的强大精神力量。”① 统筹推进“四个伟大”，要求中国共产党必须“在党的思想建设方面，要坚持不懈加强理论武装，坚定理想信念，牢记党的性质宗旨，强化党性修养，切实解决一些党员、干部理想信念缺失、宗旨意识淡化等问题，不断增强全党同志党的意识、党员意识”②。作为长期执政的马克思主义政党，在即将迎来建党百年的历史时刻，中国共产党为了不辱使命，仍然需要不断深入推进思想革命，始终坚持用马克思主义中国化最新理论成果武装全党，为制度治党、作风建设和反腐败斗争奠定坚实的思想基础，把党建设得更加坚强有力，坚定广大党员领导干部的信仰信念信心，并使之矢志不渝地为实现中国特色社会主义伟大事业和中国梦而不懈努力奋斗，为不断开创中国特色社会主义发展道路提供思想保证。

二、深入推进制度治党，不断扎紧防止权力被滥用的“笼子”

法治远胜于人治。全面依法治国要以全面依法依规治党为基础。全面依法依规治党的前提和基础是健全和完善党内法规并保证其得到有效执行。“制

---

① 习近平．在庆祝改革开放 40 周年大会上的讲话［M］．北京：人民出版社，2018：42-43.

② 习近平．习近平谈治国理政：第 3 卷［M］．北京：外文出版社，2020：533.

度好可以使坏人无法任意横行，制度不好可以使好人无法充分做好事，甚至会走向反面。”① 虽然中国共产党在改革开放后制定和颁布了一批重要的党内法规，为更好地管党治党提供了重要的制度保障，但随着改革不断深入推进和发展，一系列新情况、新问题、新挑战不断涌现，原有的党内法规制度存在的系统性、整体性不足等问题也日益突出，特别是有的基础主干党内法规、配套性党内法规亟须完善和制定颁布，已有的部分党内法规明显滞后于实践的发展和形势任务的需要等，使得制度管党治党的任务更加紧迫。党的十八大以来，中国共产党明确提出到建党100周年时形成比较完善的党内法规制度体系的战略目标，为此系统地清理了中华人民共和国成立以来印发的已不符合实践发展的规章制度，同时紧锣密鼓地修改、完善和制定并形成了包括党章、准则、条例及系列规则、规定、办法、细则等较为完整的党内法规体系，在深入推进制度治党上迈出了新的历史步伐。党的十八大以来，中国共产党高度重视和完善党内法规体系建设，在中国共产党历史上第一次实施加强党的制度建设战略工程。从2012年年底审议通过中央政治局关于改进工作作风、密切联系群众的八项规定开始，中国共产党2013年发布了《中央党内法规制定工作五年规划纲要（2013—2017年）》，同年印发了《党政机关厉行节约反对浪费条例》和《中国共产党党内法规制定条例》，2014年印发了《党政领导干部选拔任用工作条例》《中国共产党发展党员工作细则》，2015年中共中央印发《中国共产党廉洁自律准则》《中国共产党纪律处分条例》，2016年颁布《关于新形势下党内政治生活的若干准则》《中国共产党党内监督条例》《中国共产党问责条例》，2017年颁布《中国共产党纪律检查机关监督执纪工作规则（试行）》《中国共产党党委（党组）理论学习中心组学习规则》《中国共产党党务公开条例（试行）》《中国共产党巡视工作条例》等。从2012年年底到2017年的5年间，中国共产党修订或出台了50余部党内法规，谱写了制度治党的新篇章，大力健全完善了党内法规。为了到建党100周年时形成比较完善的党内法规制度体系，党中央2018年又制定出台《中央党内法规制定工作第二个五年规划（2018—2022年）》并对5年来党内法规制度建设进行顶层设计，先后颁布了《中国共产党纪律处分条例》《中央企业领导人员管理规定》《关于深化中央纪委国家监委派驻机构改革的意见》《中央企业领导人员管理规定》《中国共产党政法工作条例》《关于加强

① 中共中央纪律检查委员会，中共中央文献研究室．习近平关于严明党的纪律和规矩论述摘编［M］．北京：中央文献出版社，中国方正出版社，2016：57.

新时代人民政协党的建设工作的若干意见》《关于党的基层组织任期的意见》《中国共产党支部工作条例（试行）》《干部人事档案工作条例》《党组讨论和决定党员处分事项工作程序规定（试行）》《关于进一步激励广大干部新时代新担当新作为的意见》《中国共产党纪律处分条例》等党内法规制度。2018 年印发党内法规共计 74 部。党内法规体系基本建成并不断完善和健全，不仅保证了权力依法依规行使有章可依，同时对滥用权力形成了有效制约，标志着中国共产党在依法依规全面从严治党和全面依法治国的法治文明大道上迈出了更加坚实有力的一步。

“徒善不足以为政，徒法不足以自行。”为了保证党内法规得到切实有效的执行，中国共产党采取了一系列有力措施。首先，实行执纪与监督相结合，把纪律挺在前面，特别是强化政治纪律和政治规矩，落实全面从严治党主体责任和党风廉政建设主体责任，层层传导、压实，让已经制定颁布印发的党内法规不折不扣地得到有效执行。“把纪律挺在前面，严明政治纪律和政治规矩，实践监督执纪‘四种形态’，净化党内政治生态。把纪律挺在法律的前面，立起来严起来执行到位。坚持纪严于法、纪在法前，实现纪法分开，全面加强纪律建设，实现由‘惩治极少数’向‘管住大多数’拓展。”① 其次，强化党内监督。省（区、市）实行巡视、市县实行巡察且巡视巡察监督坚持无禁区、无死角；坚持完善分级负责的巡视巡察领导体制和建立、实施巡视巡察上下联动监督网络；利用全面从严治党的巡视利剑，坚持常规巡视、专项巡视、机动巡视共用，把巡视巡察与整治广大民众反映强烈的突出问题、解决日常监督发现的突出问题等结合起来，形成监督合力，增强监督实效；把常规、专项、“机动式”巡视巡察和“回头看”有机结合起来，充分发挥不同巡视巡察方式监督的优势作用；等等。同时，为了防止巡视巡察工作表面化、形式化、赶进度、轻质量，要求切实做到政治巡视巡察要深、发现问题要准、分析问题要透、整改问题要实，以全面诠释全面从严治党的内在要求。再次，为了加强对所有行使公权力的公职人员的监督，实现国家监察的全面覆盖，推进国家治理体系和治理能力的现代化，中国共产党不仅通过人民代表大会颁布了《中华人民共和国监察法》，而且还在《中华人民共和国宪法》中明确了监察委员会作为国家机构的法律地位，实现对所有公职人员监察的全面覆盖，实现了国家机关监督和党内监督有机结合、国家监察和党的

① 十八届中央纪律检查委员会向中国共产党第十九次全国代表大会的工作报告［J］. 中国纪检监察，2017（22）：6-15.

纪律检查有机统一。最后，为了加强对纪检工作的有效监督，还采取了切实有效的措施，加强对纪检监察干部的监督，有效地防止了“灯下黑”。纪检监察干部并非天生就具有防腐的免疫力。中国共产党为此于2017年颁布的《中国共产党纪律检查机关监督执纪工作规则（试行）》就明确对违反“依规、秉公、廉洁、安全”执纪审查要求和违反保密规定的工作人员根据情节和程度等作出相应的处分，严防执纪审查“灯下黑”，为党的各级纪检监察机关、纪检监察干部依规治党、依规执纪提供了强有力的制度保障。随着自我革命的深入推进，制度治党还在继续向前发展。这既把思想革命成果固化为制度，同时又为推进作风建设和反腐败斗争提供了有力的制度保障，不断开创新时代党的建设新的伟大工程的新局面。

三、深入推进作风建设，大力整治“四风”，确保党的先进性、纯洁性

党风是党的组织及其成员在思想、学习、工作、生活等方面表现出来的态度和行为。中国共产党党风的核心是保持党同人民群众的血肉联系。这不仅体现了以人民为中心的价值取向和道德要求，而且还在本质上反映了党的性质和宗旨；不仅事关党的形象和民心向背及党的生死存亡，而且决定着党和社会主义建设事业的前途和命运。“党的作风是党的形象，是观察党群干群关系、人心向背的晴雨表。党的作风正，人民的心气顺，党和人民就能同甘共苦。”① 中国共产党正是因为在革命、建设和改革开放的不同历史时期和不断深入推进改革的过程中始终把着力解决党的思想作风、工作作风、领导作风和干部生活作风等方面存在的突出问题作为自我革命和加强自身建设的重要内容，特别是把防止和克服形式主义、官僚主义作为自我革命和党的建设的重要内容及党的优良传统从严要求，不断深入推进作风建设从严管党治党，把党建设得更加坚强有力，才取得了中国革命的胜利与社会主义建设和改革的辉煌成就。社会的发展进步和人民的民主法治、公平正义、监督维权等意识的不断增强及需要与日俱增，对党的作风建设提出了更高的要求。党的“工作作风上的问题绝对不是小事，如果不坚决纠正不良风气，任其发展下去，就会像一座无形的墙把我们党和人民群众隔开，我们党就会失去根基、

---

① 中共中央文献研究室．习近平关于全面从严治党论述摘编［M］．北京：中央文献出版社，2016：170.

失去血脉、失去力量”①。为此，中国共产党全面整治党组织和党员领导干部在思想、学习、工作、生活等方面存在的不良作风，以此加强党的建设。这既顺应了广大人民的呼声，又体现了加强自身建设的理性自觉。“执政党如果不注重作风建设，听任不正之风侵蚀党的肌体，就有失去民心、丧失政权的危险。我们党作为一个在中国长期执政的马克思主义政党，对作风问题任何时候都不能掉以轻心。”② 否则，不良风气就会侵蚀党的健康肌体，形成恶性循环，甚至肆虐成灾。

党风建设在任何时候都始终是广大党员干部和人民群众高度关注的重大政治问题。党的十八大以来，中国共产党人始终把深入推进作风建设作为全面从严管党治党的重要内容，从中共中央制定和执行“八项规定”开始，为全党立规矩并严格执行，严字当头、刀刃向内。为了让中央的“八项规定”更细化并扎根于广大党员干部心中，中央制定实施细则、开展巡视巡察、颁布“六条禁令”、整治舌尖上的腐败、整顿会所歪风、刹住车轮上的铺张，公款吃喝、公费旅游、公车私用等问题得到有效遏制。2013 年，中国共产党开展群众路线教育实践活动，坚决反对和严厉整治形式主义、官僚主义、享乐主义和奢靡之风，严肃查处各种“四风”问题典型案件，驰而不息，反“四风”常抓不懈，既抓思想引导，又抓行为规范，严格执纪问责，同时还根据“四风”问题的变形变异及时把整治活动推向深入，破解了全面从严治党的难题。2015 年，中国共产党开展“三严三实”专题教育，要求“各级领导干部都要树立和发扬好的作风，既严以修身、严以用权、严以律己，又谋事要实、创业要实、做人要实”③。不仅如此，中国共产党还坚持以踏石留印、抓铁有痕的劲头毫不放松地严肃查处和严厉整治各种变异的、隐形的“四风”问题，不断把作风建设推向深入，党的作风得到明显改善。新时代的中国共产党不仅把作风建设作为全面从严治党的切入点和突破口，而且要求持之以恒地抓常、抓细、抓长，驰而不息整治“四风”问题，形成了全面从严治理不良党风的高压态势，刹住了各种歪风邪气，扭转了不正之风，以崭新的实践展现加强党的作风建设的新时代要求。

---

① 中共中央纪律检查委员会，中共中央文献研究室．习近平关于党风廉政建设和反腐败斗争论述摘编［M］．北京：中央文献出版社，中国方正出版社，2015：5-6.

② 中共中央纪律检查委员会，中共中央文献研究室．习近平关于党风廉政建设和反腐败斗争论述摘编［M］．北京：中央文献出版社，中国方正出版社，2015：8.

③ 中共中央纪律检查委员会，中共中央文献研究室．习近平关于党风廉政建设和反腐败斗争论述摘编［M］．北京：中央文献出版社，中国方正出版社，2015：143.

古人云：政者，正也。子帅以正，孰敢不正？为政以德，譬如北辰，居其所而众星拱之。其身正，不令而行；其身不正，虽令不从。因此，大力加强作风建设就是要紧紧地抓住具有重要影响的“关键少数”，全面从严要求，以上率下，层层传导压力并做好压实工作，形成示范带动影响效应。党的十八大以来，党中央坚定不移地加强作风建设，紧紧抓住领导干部这个“关键少数”，坚持从中央政治局委员到省部级领导干部、再到厅级干部，从处级干部到小小“村官”，从上至下率先垂范，身体力行，用无私无畏的勇气，带头抵制、纠正歪风邪气，带头转变工作作风，形成巨大的“头雁效应”及风清气正的政治生态。同时，党中央还要求各级党员领导干部在深入推进作风建设的过程中自觉进行自我反省、自我批评、自我教育，持之以恒地克服各种范围和程度的形式主义、官僚主义，坚持不懈祛除享乐主义和奢靡之风，为全党树立起光辉典范，取得作风建设的显著成效。

作风建设永远在路上，永不止步。作风建设始终是中国共产党人在革命、建设和改革过程中加强自身建设的永恒主题。作风问题不是一天两天形成的，也不会在大力整治下就能短时间内得到完全有效的根治。作风问题具有很强的顽固性和随着形势的发展而不断反复的特性。消除不良作风不可能一蹴而就，优良作风的形成也需要很长时间，不可能一劳永逸。因此，纠正“四风”问题不可能毕其功于一役。首先，要建章立制并不断完善以筑牢制度藩篱，确保反“四风”的常态化、长效化；还要保证加强作风建设有章必循、违规必究，从根本上遏制歪风邪风；此外，要深化改革，破除体制机制障碍，为作风建设形成有效保障。其次，针对“四风”问题在高压下改头换面、隐形变异、潜入地下的情况以及仍然存在的形式主义、官僚主义等，要采取更切实有效的方法举措，让“四风”问题无处遁形。反“四风”还“要发扬钉钉子精神，保持力度、保持韧劲，善始善终、善作善成，不断取得作风建设新成效”①。最后，对于各种“四风”问题绝不手软，要敢于真抓实干，毫不松懈地狠抓下去，让人民群众不断看到实实在在地推进作风建设的成效和变化，决不能搞一阵风。总之，作风建设要坚持不懈地在严和实、深和细、常和长上狠下功夫，密切关注形式主义、官僚主义、享乐主义和奢靡之风的新动向、新表现，坚决予以纠正，及时防止“四风”问题死灰复燃。针对群众反映强烈的突出作风问题，要不断重拳出击，集中整治，防患于未然，不断营造风

① 中共中央纪律检查委员会，中共中央文献研究室．习近平关于党风廉政建设和反腐败斗争论述摘编［M］．北京：中央文献出版社，中国方正出版社，2015：144.

清气正的政治生态。

四、深入推进反腐败斗争，切实采取措施，确保立党为公、执政为民

腐败是任何执政党或统治者面临的最大威胁，是执政党的毒瘤。“物必先腐，而后虫生。”权力天生就有谋私的本性，绝对权力导致绝对腐败是一条亘古不变的法则。若反腐败斗争的力度小，则腐败就会滋长泛滥。世界上一些长期执政的大党、老党之所以丢失政权，其中一个重要原因就是由于贪污腐败而走向了人民的对立面，最终被人民抛弃。无产阶级政党在追求和实现共产主义远大理想的征途中，必须时时保持理性自觉，高度警惕并且毫不松懈地坚持与各种消极腐败现象作坚决的斗争，永葆无产阶级政党清正廉洁的政治本色，从而持续赢得民众的支持。苏共失败的教训说明，如果无产阶级执政党不能战胜和打赢反腐败斗争，就不可能长期执政而最终必然被人民抛弃。

中国共产党的领导干部也并非对贪污腐败有天然的免疫力。从党的发展历史看，不同时期的腐败和反腐败斗争总是呈现出不同历史阶段的特点。长期以来，反腐败与腐败的斗争始终随着党在不同历史阶段的革命事业而不断前行。《十八届中央纪律检查委员会向中国共产党第十九次全国代表大会的工作报告》公布的相关数据显示，党的十八大后的五年间查处的塌方式腐败问题主要有：湖南衡阳破坏选举案中 467 人受到责任追究，四川南充拉票贿选案中 477 人被严肃处理，辽宁省系统性拉票贿选问题查处 955 人（其中中管干部 34 人）；经党中央批准立案审查的省军级以上党员干部及其他中管干部 440 人（其中十八届中央委员、候补委员 43 人，中央纪委委员 9 人）；全国纪检监察机关处分 153. 7 万人，其中厅局级干部 8900 余人，县处级干部 6. 3 万人，涉嫌犯罪被移送司法机关处理 5. 8 万人。① 党的十八大以来，中国共产党坚持“老虎”“苍蝇”一起打，同时公布红色通缉令并开展“天网行动”，清理“裸官”并抓获数百名外逃腐败分子。党的十八大以来，惩贪反腐始终坚持党员领导干部全覆盖、零容忍，绝不手软。“打虎”“拍蝇”“猎狐”、扫黑除恶等行动，坚决有力地遏制了腐败的蔓延势头，不仅取得了压倒性胜利，而且还在不断巩固发展，充分表明了新时代中国共产党人勇于与腐败进行毫不妥协的革命斗争的决心和勇气。

事实说明，贪污腐败不仅会侵蚀党的健康肌体，同时也会影响党的建设

① 十八届中央纪律检查委员会向中国共产党第十九次全国代表大会的工作报告［J］. 中国纪检监察，2017（22）：6-15.

新的伟大工程的推进，进而影响中国梦的实现。中国特色社会主义进入新时代，持续推进党的建设新的伟大工程的关键就在于要坚定不移地坚持全面从严治党，勇于直面自身存在的各种贪污腐败问题，敢于刀刃向内刮骨疗毒，不留死角、边角和缝隙，清除侵蚀党的肌体的病毒；对任何贪污腐败都绝不能宽、松、软，要严肃查处损害党的先进性和纯洁性的贪污腐败行为，并把反腐败斗争不断推向深入，以保证立党为公、执政为民落到实处。“全党同志要深刻认识反腐败斗争的长期性、复杂性、艰巨性，以猛药去疴、重典治乱的决心，以刮骨疗毒、壮士断腕的勇气，坚决把党风廉政建设和反腐败斗争进行到底。”① 在反腐败斗争问题上，中国共产党必须坚决打赢，必须毫不妥协，必须坚持不懈地深入推进。“开弓没有回头箭，党风廉政建设和反腐败斗争是一场输不起的斗争，必须决战决胜。”② 反腐败斗争不仅一刻也不能放松，而且还要加大力度，构筑起坚强有力的反腐败机制体系，严防死守腐败的发生。特别是“要加强对权力运行的制约和监督，把权力关进制度的笼子里，形成不敢腐的惩戒机制、不能腐的防范机制、不易腐的保障机制”③。当前或今后一段时间，反腐败斗争仍然是中国共产党全面从严治党的攻坚战、堡垒战，仍然需要持续不断地巩固和加强并继续以刀刃向内的勇气切除自身内部的顽瘴痼疾、腐肉烂疮，不断深化和构建不敢腐、不能腐、不想腐的长效机制，坚持不懈地深入推进反腐败斗争，不断实现自我净化、自我完善、自我革新、自我提高，永葆党的先进性和纯洁性。

中国共产党要深入推进反腐败斗争还必须紧紧依赖和借助广大人民的监督。早在1945年，毛泽东在延安会见民主党派人士黄炎培时就说过，“只有让人民起来监督政府，政府才不会懈怠；只有人人起来负责，才不会人亡政息”④。腐败损害了人民群众的切身利益，所以人民群众最痛恨腐败。人民有天然的反腐败的强烈要求和积极主动性，腐败一旦滋生或出现就容易被广大人民群众察觉和发现，只有借助人民的力量深入推进反腐败斗争，才能使之无处隐藏和逃遁而净化党的肌体并确保党的先进性和纯洁性。这同时也是坚

---

① 中共中央纪律检查委员会，中共中央文献研究室．习近平关于党风廉政建设和反腐败斗争论述摘编［M］．北京：中央文献出版社，中国方正出版社，2015：97.

② 中共中央文献研究室．习近平关于全面从严治党论述摘编［M］．北京：中央文献出版社，2016：186.

③ 中共中央纪律检查委员会，中共中央文献研究室．习近平关于党风廉政建设和反腐败斗争论述摘编［M］．北京：中央文献出版社，中国方正出版社，2015：121.

④ 习近平．在庆祝全国人民代表大会成立60周年大会上的讲话［M］．北京：人民出版社，2014：11.

持群众路线的重要体现。为此，中国共产党要实现长期执政，把中国特色社会主义伟大事业不断推向前进，就必须充分激发和调动广大民众反对腐败的积极性，多听群众反腐败的心声、意见和办法，在此基础上坚持不懈地继续以壮士断腕、刮骨疗毒的勇气对更加隐蔽、更深层次的腐败顽症下猛药、动刀子，作坚决斗争，保证党的肌体健康，才能够提高执政能力和领导水平，赢得民众，才能不负新时代所赋予的伟大使命。

“中华民族伟大复兴，绝不是轻轻松松、敲锣打鼓就能实现的。全党必须准备付出更为艰巨、更为艰苦的努力。”① 在党内外和国内外各种形势日益复杂的现实背景下，中国共产党要战胜具有复杂性和长期性的“四大考验”，消除具有严峻性和尖锐性的“四种危险”，革除“四风”问题，就必须从思想、制度、作风、反腐败等方面深入推进自我革命，确保立党为公、执政为民，把党建设得更加坚强有力，唯此，才能不断地提高党的执政能力和领导水平，才能最终带领和团结 14 亿人民奋勇拼搏，朝着建设中国特色社会主义现代化强国和实现中华民族伟大复兴的中国梦不断前进。

（本文载于《理论探索》2020 年第 3 期。）

① 习近平．决胜全面建成小康社会 夺取新时代中国特色社会主义伟大胜利：在中国共产党第十九次全国代表大会上的报告［M］. 北京：人民出版社，2017：15.

新征程赶考路上全面从严加强党建的四个维度

汪勇　程前远[①]

［摘　要］党的十八大以来，以习近平同志为核心的党中央抓铁有痕，踏石留印，提出了全面加强党的建设，开启了党自我革命的征程。党的十九大作出我国社会主要矛盾发生转变的重大历史性判断，为党的自我革命提出了新的使命与任务。我们要以伟大建党精神为指引，持续不断增强“四个意识”和坚定“四个自信”并做到“两个维护”；坚持不懈加强理论武装以坚定理想信念并牢记党的性质和宗旨；整顿软弱涣散的党组织，激发增强各级党组织的创造力、凝聚力、战斗力；坚持不懈整治“四风”、高压反腐，永葆党的肌体健康，全面健全和完善党的自我治理体系和全面提升党的自我治理能力，为实现“两个一百年”奋斗目标和中华民族伟大复兴提供保证。

关键词： 新时代；中国共产党；自我革命；透视

中国共产党历经百年光辉岁月，从中共“一大”时的50余名代表发展成为今天拥有超过9600万党员的世界第一大执政党。纵观中国共产党在百年的革命、建设、改革的各个关键历史时期，始终不忘坚持加强自身建设，以此团结带领全国各族人民，直面各种困难挑战，取得了各种伟大成就。在每一个关键的历史转折点，中国共产党人总是从“打铁必须自身硬”的要求出发，不为外部客观条件所限，也“不要人夸颜色好”，而是不断查找自身问题；坚持宠辱不惊的战略定力，以独立自主、自强不息、谦虚谨慎、戒骄戒躁的科学态度，不断分析自身问题；发扬革命时期的顽强斗争精神，壮士断腕，刮骨疗毒，猛药去疴，不断解决自身问题，从根本上保证中国特色社会主义事业的强大生命力。党的十八大以来，中国共产党更是勇敢地直面“四大考验”“四种危险”，从“八项规定”开始通过开展党的群众路线教育实践活动、

---

① 程前远，贵州遵义人，贵州师范大学思想政治教育专业2020级硕士生。

“三严三实”专题教育、“两学一做”学习教育，将自我革命与自我净化、自我完善、自我革新、自我提高有机结合，实现党风政风根本性好转。站在新的征程上，全面建成社会主义现代化强国、全面推进中华民族伟大复兴的关键在党，关键在党始终坚守初心使命，落实新时代党的建设的总要求，坚定不移地把全面从严治党不断推向深入，深入推进新时代党的建设新的伟大工程，永葆党的先进性和纯洁性，确保自身始终成为以中国式现代化全面推进中华民族伟大复兴中国梦的坚强领导核心。

一、政治建设上持续不断增强“四个意识”和坚定“四个自信”并做到“两个维护”

中国共产党要在自我革命中取得胜利，必须首先解决“举什么旗，走什么路”的关键核心问题。如果这个问题没有解决好，自我革命就会变质成为“颜色革命”，就会“城头变幻大王旗”，走上苏联人亡政息、曲终人散的老路，中国特色社会主义事业就会被葬送，国际共产主义运动也将长期陷入低谷。毫无疑问，作为马克思主义政党，中国共产党必须始终高举中国特色社会主义伟大旗帜，走中国特色社会主义道路要把握好正确的政治方向。习近平总书记指出：“该改的、能改的我们坚决改，不该改的、不能改的坚决不改。”① 在党的政治建设方面所进行的自我革命绝对不能走西方资本主义民主宪政、三权分立、改旗易帜的邪路，也不能走本本主义、教条主义，封闭僵化的老路，必须增强“四个意识”、坚定“四个自信”、做到“两个维护”，在思想和行动上与以习近平同志为核心的党中央保持高度一致。

政治意识、大局意识、核心意识、看齐意识，以政治意识为统领，以上率下，识大局、护核心、抓看齐，使“四个意识”向纵深发展。“四个意识”是广大党员领导干部和各级党组织在新时代党的自我革命中必须牢牢掌握的思想武器。在新的历史条件下，社会存在发生深刻变革，尤其是我国社会主要矛盾发生变化之后，经济上不平衡不充分的发展在一定程度上导致了主流意识形态领域之外出现一些噪声、杂音，再加上国外敌对势力通过各种方式对我国意识形态领域进行的干扰和渗透，没有硝烟的意识形态领域斗争和保卫战如火如荼。早在1939年，毛泽东在《〈共产党人〉发刊词》中指出党的建设过程“同党的政治路线密切地联系着”②。新时代党的政治路线就是“以

① 习近平．在庆祝改革开放40周年大会上的讲话［M］．北京：人民出版社，2018：28.

② 毛泽东．毛泽东选集：第2卷［M］．北京：人民出版社，1991：605.

人民为中心”。习近平总书记指出“民心是最大的政治”。增强“四个意识”就是时刻提醒广大党员不忘全心全意为人民服务的初心，树立正确人生观，做新时代的人民公仆。

“四个自信”是广大党员领导干部和各级党组织在新时代党的自我革命引领社会革命的过程中必须牢牢掌握的从道路、理论、制度、文化四个维度全面彻底地批判“全盘西化”错误思潮的意识形态武器。一段时期以来，我国政界、学界、经济界不同程度地存在“全盘西化”思潮，推崇“西方道路”“西方理论”“西方制度”“西方文化”，用“西洋镜”看中国，甚至歪曲马克思主义基本原理，将马克思主义与西方“普世价值”混为一谈等错误思想观点。他们通过巧妙的理论包装，以“西方马克思主义”或者“国外马克思主义”为名在国内广泛传播西方错误思潮，妄图与中国化马克思主义争夺意识形态领域的话语权，挑战中国道路、中国理论、中国制度、中国文化，以达到西化、分化广大干部群众的目的，在一定程度上阻碍了党的自我革命和党领导下的社会革命。习近平总书记为此指出，对待国外马克思主义的正确态度是“既不能采取一概排斥的态度，也不能搞全盘照搬。同时，我们要坚持把自己的事情办好”①。只有树立正确的价值观，把自己的事情办好，开展党的自我革命引领社会革命，彰显中国特色社会主义制度的优越性和强大生命力，推动全党全社会坚定“四个自信”。

“两个维护”是进一步强化核心意识的具体要求，是广大党员领导干部和各级党组织在新时代党的自我革命中必须坚守的政治底线和不可逾越的政治红线。坚决维护习近平总书记党中央的核心、全党的核心地位，坚决维护党中央权威和集中统一领导，是历史的选择，是人民的选择。一段时期以来，党内“两面人”现象较为突出，在私人场合和互联网空间妄议中央大政方针，同时还不同程度存在“低级红”和“高级黑”现象，严重污染了政治生态，严重影响了党中央形象。“两个维护”是政治高压线，一旦触碰，就必须承担政治责任，做到“两个维护”，做老实人，忠于党、忠于人民，才能在党的自我革命大潮中劈波斩浪、奋勇前行。

二、思想建设上坚持不懈加强理论武装以坚定理想信念并牢记党的初心使命

毛泽东同志在《井冈山的斗争》中指出：“我们感觉无产阶级思想领导的

---

① 习近平．习近平谈治国理政：第2卷［M］．北京：人民出版社，2018：67.

问题，是一个非常重要的问题”①，提出了“思想建党”这个时代命题。中国特色社会主义已经进入新时代，思想上建党这个命题仍然具有十分重要的现实意义。因为党内依然存在“思想不纯”的问题，如一些党员干部精神上“缺钙”，患上了“软骨病”，不愿学、不勤学、不善学马克思主义理论，无法运用马克思主义的立场、观点和方法去解决工作中的实际问题，更无法经受住“历史虚无主义”“新自由主义”“普世价值”“和平演变”“儒化中国”等错误思潮的冲击，甚至认为这些错误思潮“很有道理”，违法违规阅读传播境外书刊，“翻墙”浏览境外反动网站，甚至采用录音、录屏、截图等方法在境内传播，妄图动摇人心，搞“颜色革命”，严重干扰党的思想政治工作。

加强理论武装，就是要求加强理论创新和理论学习。理论创新的内涵是将新时代中国特色社会主义建设过程中发现新问题、解决新问题的实践经验上升为理论。理论创新必须遵循“四项基本原则”“四个意识”“四个自信”“两个维护”，始终为中国特色社会主义事业服务。理论创新不是打着“理论创新”“学术研究”等旗号，故意在一些理论热点问题上混淆视听。例如，有学者故意将“依宪治国”与西方“宪政民主”相混淆，将“弘扬中华优秀传统文化”与“儒化中国”相混淆，利用“理论创新”搞打着“红旗”反红旗、搞假革命等。针对这些思想问题和现象，我们必须时刻保持高度警惕。我们要对理论创新成果进行严格审查，对于“借古讽今”“以西反中”等“高级黑”的“创新理论”必须予以严肃处理。

理论学习必须明确为什么学、为谁学、学什么、怎么学四个问题。首先，解决为什么学的问题，马克思主义作为科学的世界观和方法论，能够为我们想问题、办事情提供科学指引。广大党员要在新时代自我革命中取得胜利，提升自身的理论修养，就必须学习马克思主义理论。其次，要解决为谁学的问题，从“要我学”转变为“我要学”，调动学习的主动性，必须明确“为自己学”的理念。再次，要解决学什么的问题。学什么的首要任务是系统学习中国化马克思主义最新理论成果，即习近平新时代中国特色社会主义思想和党的十九届六中全会及党的二十大精神等，并根据个人工作、学习的专业需要，掌握新时代马克思主义理论的创新成果。学习要从国内国外两个大局着眼，从哲学、政治经济学、科学社会主义三个层次出发，以习近平新时代中国特色社会主义的核心要义为重点，既要整体把握，又要重点突破。同时也要学习马克思列宁主义、毛泽东思想、邓小平理论、“三个代表”重要思

---

① 毛泽东．毛泽东选集：第1卷［M］．北京：人民出版社，1991：77.

想、科学发展观、中共党史、中华优秀传统文化等。最后，要解决怎么学的问题。毛泽东同志在《实践论》中指出，“实践是真理的标准”①。这就说明学习马克思主义理论一定要理论联系实际，在实践中学习理论，切记在理论学习过程中要避免把理论“语录化”“口号化”“标语化”。否则，创新理论学习就会落入形式主义、教条主义的泥淖。因时而变、因势而动、与时俱进是马克思主义的优良学风。因此，学习要注意理论必须以时间、地点为转移，区分马克思主义基本原理和马克思主义的个别结论，基本原理是长期不变的，但是“个别结论可以改变”②。

坚定理想信念就必须牢记党的性质宗旨，强化党性修养，如果忘记了“全心全意为人民服务”的“初心”，理想信念就必定发生动摇，甚至丧失，走上违纪违法的道路。纵观党内腐败分子理想信念丧失的过程，可以看出判断理想信念是否坚定的标准在于如何处理“公”与“私”的利益问题。理想信念坚定的人，大公无私，公而忘私；理想信念动摇、丧失的人，假公济私，损公肥私。刘少奇同志在论述党员党性修养时指出，“党员个人利益无条件地服从党的利益”③。从利益观的角度指出党性修养的核心，坚定理想信念，就是要坚守一心为公，做新时代的人民公仆，才能实现“两个一百年”奋斗目标，实现共产主义伟大理想。

三、组织建设上从严要求加强建设以增强各级党组织的创造力、凝聚力、战斗力

新时代自我革命要取得实质成效，要对损害党的民主集中制的五种错误思潮有清醒的认识。其一是个人主义。个人主义用所谓“集中”压制党内民主，在组织内部搞“一言堂”，在干部选拔任用上搞所谓“举贤不避亲”、打招呼、开后门等把党组织变成“家天下”，把党的事业变成自己的“家业”，搞家族式腐败。有的党员领导干部，在党组织内部立山头，拉帮派，搞团团伙伙，对没有“跟对人”的组织成员进行排挤、打压。这既严重污染了政治生态，干扰党组织的正确决策，又使决策脱离实际，脱离群众，违反党纪国法，产生严重社会后果。个人主义还会以“集体决策”的名义逃避个人责任，实现个人利益的最大化。其二是分散主义。分散主义用“分散”对抗“集

① 毛泽东. 毛泽东选集：第1卷［M］. 北京：人民出版社，1991：293.

② 中共中央文献研究室. 毛泽东文集：第8卷［M］. 北京：人民出版社，1999：1.

③ 刘少奇. 刘少奇选集：上卷［M］. 北京：人民出版社，1981：129.

中”，导致党组织机构臃肿膨胀，人浮于事，效率低下，空耗财力；打着“专业化”管理的幌子，在组织内部违规设立各种领导小组、办公室，到处是组长、科长、处长，人人做“官”，事无人干，九龙治水，互相推诿的乱象。其三是自由主义。党内的自由主义者往往受到西方自由主义思潮影响，分不清什么是资产阶级的自由，什么是无产阶级的自由，对损害党的形象的言行置之不理、放任自流，变相助长不良言行，流毒天下。其四是本位主义。本位主义的提法最早见于1920年。恽代英在《论社会主义》中提出“以个人为本位”①。但是这一提法并没有在建党初期被广泛使用，而是较多地使用“个人主义”的提法。1929年，毛泽东在《关于纠正党内的错误思想》一文中明确将本位主义定义为“是一种放大了的小团体主义”②。由此可见，本位主义的危害性远大于个人主义，不是小的团团伙伙，而是较大的既得利益集团，还往往伴有里通外国现象。奉行本位主义的这些既得利益集团头目往往是党内的“大老虎”，在境内外拥有数额巨大的非法资产，在中央和地方上培植庞大的派系势力，有的还把配偶、子女转移到国外，尾大不掉，阳奉阴违；泄露国家机密，对抗中央，被西方反华势力利用，污蔑我国是所谓的“官僚资本主义”国家等，严重威胁党和国家的政治安全，严重破坏党的形象。其五是好人主义。好人主义中的“好人”，并不是真正的好人，而是毫无立场的“老好人”，本质上是坏人。这种“老好人”怕事、忍事，不生事，事不关己，高高挂起，毫无斗争精神，既不批评别人，也不自我批评。好人主义盛行，使得党内政治生活不正常，民主生活会也无法正常进行，既不红脸，也不出汗，一团和气，掩盖问题，问题越拖越大，人心越拖越散。

健全党的组织体系，整顿软弱涣散的党组织，要重点抓好党的基层组织建设，基础不牢，地动山摇。习近平总书记强调，“上面千条线、下面一根针，必须夯实基层”③。党的基层组织软弱涣散的现象是较为突出的。基层党组织建设首先面临的是人、财、物相对匮乏的问题。基层党组织建设面临事情多、责任大、资源少、人才留不住、资金引不来、物资运不进等问题。为此，加强基层党组织建设，必须改善和保障基层党组织工作人员生活、工作条件，实行干部能上能下制度，激励接受过高等教育的人才担任主要负责人，配齐、配好干部队伍，让德才兼备、能力突出的基层干部能获得提拔，让腐

① 恽代英．恽代英全集：第4卷［M］．北京：人民出版社，2014：266.
② 毛泽东．毛泽东选集：第1卷［M］．北京：人民出版社，1991：87.
③ 中共中央宣传部．习近平新时代中国特色社会主义思想三十讲［M］．北京：学习出版社，2018：317.

化堕落、能力不足的基层干部接受问责。其次，基层党组织必须牵头开展好扶贫和社会保障工作，即要用好上级拨付的资金，量入为出，降低杠杆，清正廉洁，切实改善基层党组织的社会经济条件，打通路网、互联网建设的最后一公里，缓解基层社会矛盾，维护基层社会稳定。最后，加强基层党员教育工作，强化党员主体地位，发扬党内民主，提高基层党员的政治参与度，用铁的纪律严防基层选举过程中拉票贿选事件的发生；基层党组织要积极配合开展“扫黑除恶”工作，防止基层治理“家族化”和“黑社会化”。

四、作风纪律建设上坚持不懈整治“四风”和高压反腐，永葆党的肌体健康

2019 年 6 月，习近平总书记在十九届中央政治局第十五次集体学习时的讲话中将党的“作风建设”“纪律建设”相结合，提出“作风和纪律建设”这一重大理论。作风和纪律建设的目标是锻造“不敢腐”“不能腐”“不想腐”的干部队伍。作风建设侧重于党员干部提升党性修养，在思想上解决“想腐”的内部矛盾。纪律建设则侧重于通过打造铁的纪律，在制度上解决“敢腐”和“能腐”的外部矛盾。作风和纪律建设从自律与他律两个维度入手规制党员领导干部的言行，目的就是要造就一支“四铁”干部队伍。这是新时代自我革命理论的重大创新，运用内外因辩证原理分析腐败问题产生的深层次原因，对症下药，提出的科学解决方案。

作风建设必须坚持党中央集中统一领导，坚持以上率下。英国学者阿克顿片面认为“绝对权力导致绝对腐败”，将一切腐败的根源归结为权力过度集中。这种观点曾长期影响我国学界，有学者据此提出“党政分开”的谬论，妄图削弱党的领导，搞分散主义。甚至还有学者提出实行“三权分立”，才能彻底消除腐败。实际上，纵观实行分权制衡的西方发达国家，其中不少国家也存在相当严重的腐败问题，甚至发生社会动乱。这就说明“分权”并不能抑制腐败，更不能消除腐败，也不能化解社会矛盾。当然我们也要看到，党内“一言堂”“一支笔”的独断专行的不良工作作风确实容易滋生腐败，脱离群众。为此，我们必须发扬好党内民主，推行“一事一议”、集体决策，通过党内民主带动人民民主，让党更好地接受人民监督，改善工作作风，强化党的民主执政。

党的作风建设永远在路上，绝不能有停下来歇一歇的想法，不能让作风建设成为“一阵风”，成为形象工程、烂尾工程。在反腐败斗争已经取得压倒性胜利之后，有的党员干部认为反腐败斗争已经结束，一些地方“四风”问

题、违反中央八项规定问题有所回潮，根本原因还是干部党性不纯，丧失“初心”的问题。党性就是人民性，党性不纯就无法做到全心全意为人民服务，党性不纯的根本就是“特权”思想浓厚。恩格斯在《法兰西内战》导言中揭示了特权的本质就是“为了追求自己的特殊利益，从社会的公仆变成了社会的主人”①。“特权”思想是产生“四风”问题的根源。特权思想与中国社会长期存在的“官本位”思想紧密联系。官是“父母官”，民则是“子民”，官与民的地位在历史上长期不平等。官员的“特权”思想造成干群关系的长期紧张。有学者借用西方概念，指出中国应该警惕“塔西佗陷阱”。这种说法虽然在学理上可以商榷，但确实在一定程度说明了党员领导干部公信力缺失的问题。重建公信力是一件长期工程，需要常抓不懈，重点防范群众身边的“特权”现象，防范“官大一级压死人”“小官大贪”现象的发生。基层窗口单位要率先转变工作作风，改变百姓办事门难进、脸难看、话难听、事难办的局面。“特权”思想还会导致领导干部生活作风腐化堕落，出现“三玩干部”。“三玩干部”的生活作风腐化，严重败坏了政风、家风、民风，加速社会道德水平滑坡。被查处的诸多干部大多“有才无德”“无才无德”，甚至认为“良心不能当钱花”。干部选拔必须始终坚持“以德为先”，坚决杜绝“带病提拔”等现象。诚然，共产党员不是“圣徒”，也有“七情六欲”。但是，“共产党员应该具有人类最伟大、最高尚的一切美德”②。

党的纪律建设是作风建设的强有力保障。新时代党的自我革命也是党规党纪的一次自我革命。习近平总书记指出，“党的纪律是全党必须遵守的行为准则”③。党的纪律建设作为一种贯穿于党的政治建设、思想建设、组织建设、作风建设的制度建设，包括以党的十九大后新修订的《中国共产党章程》《中国共产党纪律处分条例》为核心的若干准则、条例、规则、规定、办法、细则、规范性文件、解释答复等。在政治建设方面，党中央 2019 年 1 月印发了《关于加强党的政治建设的意见》，为党在新时代自我革命中加强政治建设指明了方向。在党的思想建设方面，党中央 2019 年 5 月印发了《中国共产党党员教育管理工作条例》，为广大党员干部深入学习贯彻习近平新时代中国特色社会主义思想提供了行动指南。在党的组织建设方面，为了严格管理干部

---

① 中共中央马克思恩格斯列宁斯大林著作编译局．马克思恩格斯文集：第 3 卷［M］．北京：人民出版社，2009：110.

② 刘少奇．刘少奇选集：上卷［M］．北京：人民出版社，1981：133.

③ 中共中央纪律检查委员会，中共中央文献研究室．习近平关于严明党的纪律和规矩论述摘编［M］．北京：中央文献出版社，中国方正出版社，2016：84.

档案，防止档案造假，党中央 2018 年 12 月印发了《干部人事档案工作条例》、2019 年 3 月印发了《党政领导干部选拔任用工作条例》，同年 4 月，党中央印发了《中国共产党党组工作条例》《党政领导干部考核工作条例》，为新时代干部选拔任用和党组织建设工作提供了基本遵循。为重点加强党的基层组织建设，党中央 2019 年 1 月印发了《中国共产党农村基层组织工作条例》，党中央 2019 年 5 月印发《关于加强和改进城市基层党的建设工作的意见》。在党的作风建设方面，中共中央政治局 2012 年 12 月审议通过了《关于改进工作作风密切联系群众的规定》，拉开了党的十八大以后全面从严治党的序幕。为加强党员廉洁自律，党中央 2016 年 1 月印发的《中国共产党廉洁自律准则》，为强化党内问责提供了依据。党中央 2016 年 7 月印发的《中国共产党问责条例》，为加强党内监督，永葆党的纯洁性提供了保证。党中央 2016 年 11 月印发的《中国共产党党内监督条例》、2017 年 7 月印发的《中国共产党巡视工作条例》等，对党的巡视工作作出了全面要求，进一步强化了党内监督。党的十九大之后，为推动党务公开，党中央 2017 年 12 月印发了《中国共产党党务公开条例（试行）》。总之，新时代党的纪律建设已经进入快车道，为扎紧制度的笼子，全面从严治党，锻造铁的纪律，净化政治生态，推进自我革命做出了彪炳史册的贡献。2022 年 6 月 17 日，习近平在中共中央政治局第四十次集体学习时强调，提高一体推进“三不腐”能力和水平，全面打赢反腐败斗争攻坚战、持久战，充分显示了中国共产党勇于深入推进自我革命的决心和恒心。

我们有充分的理由相信，中国共产党站在新的征程上，只有且一定能够不断坚持党的领导并把全面从严治党推向深入，深入推进党的建设新的伟大工程，以自我革命引领社会革命并创造新的辉煌成就，确保中华民族伟大复兴中国梦如期实现。

（本文载于《贵阳学院学报》2023 年第 3 期。）

论以党的自我革命祛除形式主义、官僚主义

汪勇　欧庭宇①

［摘　要］党的十八大以来，党中央持续不断深入整治“四风”问题使享乐主义与奢靡之风得到了有效控制，但形式主义、官僚主义等“顽瘴痼疾”却以一些新面目和形式出现且危害不小，成为党必须高度重视和预防并化解的重大风险内容。“不忘初心、牢记使命”和“打铁必须自身硬”要求我们必须透过新表象揭露“真面目”、找出“真病根”，进一步加强自我革命，以刀刃向内的巨大勇气开展自我净化、自我完善、自我革新、自我提高，彻底有效地祛除形式主义和官僚主义等“顽瘴痼疾”。为此，我们必须准确把握新时代形式主义、官僚主义的基本特征，从思想根源上加强全面从严治党、固本培元，从制度根源上深化体制机制与党政机构改革，从解决方法上增强决策工作的科学性、有效性，彻底祛除形式主义和官僚主义。

［关键词］新时代；自我革命；形式主义；官僚主义；治理策略

党的十八大以来，党中央持续不断深入整治“四风”问题使享乐主义与奢靡之风得到了有效控制，但形式主义、官僚主义等“顽瘴痼疾”却以一些新面目和形式出现，甚至更加触目惊心，危害不小，成为党必须着力防范化解的重大风险。形式主义、官僚主义等歪风顽疾既是危害党与群众的关系的“坚固隔离墙”，又是严重阻碍我们党的理念秉承、战略实施的“万恶拦路虎”。当前，形式主义、官僚主义在党风问题中表现较为突出、普遍。《中国纪检监察报》调查显示，以哈尔滨为例，“失职失责”不作为占51.6%，“违规决策”乱作为占23.2%，“精准留痕”假作为占7.8%，“虚多实少”打折扣占5.8%，“庸懒怠政”慢作为占5.8%。② 这反映了形式主义、官僚主义正

① 欧庭宇，男，贵州师范大学马克思主义学院2019级博士研究生。

② 管筱璞．坚决破解形式主义官僚主义［N］．中国纪检监察报，2019-01-23（4）．

在危害党的各项事业。2017 年 12 月，习近平在以《形式主义、官僚主义新表现值得警惕》为题的重要讲话中指出：“聚焦突出问题，充分认识形式主义、官僚主义的多样性和变异性……既解决老问题，也察觉新问题；既解决显性问题，也解决隐性问题；既解决表层次问题，也解决深层次问题，抓出习惯，抓出长效。”① 他后来又在中纪委三次全会上再次强调，“要把刹住‘四风’作为巩固党心民心的重要途径，对享乐主义、奢靡之风等歪风陋习要露头就打，对‘四风’隐形变异新动向要时刻防范”②。当前，我们党正在开展“不忘初心、牢记使命”主题教育，要求既要防止和消除形式主义、官僚主义的滋长，又要以优良作风促进主题教育，筑好防止形式主义和官僚主义反弹的“堤坝”，帮助广大党员干部树好政绩观、把好思想观、引好行动观，使反复无常的“老病根”得到有效根治。为此，我们必须揭示形式主义、官僚主义的“真面目”、找出“真病根”，用科学且切实有效的办法加以根治。

一、要用革命态度认清党内形式主义、官僚主义存在的“真面目”

以党的自我革命祛除形式主义和官僚主义的前提就是要认清其“真面目”。形式主义、官僚主义并非什么新鲜事物，只是它善于妖魔化身，使一些思想抵抗力弱、意志力不坚定的党员同志容易感染上这一顽疾。针对形式主义和官僚主义等不良病症及危害，坚定的马克思主义者曾对其作出过科学论述。马克思、恩格斯曾面对工人组织内一些怀有“心中贼”的派系，发出了“我不是马克思主义者”的怒斥；列宁面对危害苏维埃政权的官僚主义，则“采取千百个措施”使国家机关的工作作风变得井然有序；毛泽东同志针对形式主义和官僚主义“顽疾”，曾十分愤怒地作出了要“将其扔进粪坑”的指示；邓小平同志不仅指出官僚主义危害巨大，而且还要求以制度改革和整顿思想作风来加以解决。针对形式主义的影子作怪、官僚主义的背后使坏，习近平总书记则一针见血地指出，“形式主义实质是主观主义、功利主义，根源是政绩观错位，责任心缺失，用轰轰烈烈的形式代替了扎扎实实的落实，用光鲜亮丽的外表掩盖了矛盾和问题。官僚主义实质是封建残余思想作祟，根源是官本位思想严重、权力观扭曲，做官当老爷，高高在上，脱离群众，脱

---

① 中共中央党史和文献研究院，中央“不忘初心，牢记使命”主题教育领导小组办公室．习近平关于“不忘初心、牢记使命”论述摘编［M］．北京：党建读物出版社，中央文献出版社，2019：194.

② 全国干部培训教材编审指导委员会．全面加强党的领导和党的建设［M］．北京：人民出版社，党建读物出版社，2019：4.

离实际"①。不仅如此，习近平总书记一谈作风建设便总是并提"形式主义"和"官僚主义"，他强调："要把力戒形式主义、官僚主义作为加强作风建设的重要任务，大力弘扬真抓实干作风，推进工作要实打实、硬碰硬，解决问题要雷厉风行、见底见效，面对难题要敢抓敢管、敢于担责。"② 按照党中央关于力戒形式主义和官僚主义的有关要求，既要看到形式主义和官僚主义的问题涉及面广、表现繁多等外在表现，又要看到其实质是上级安排部署，下级先用"兄长"的官僚主义方式贯彻落实，再以"贤弟"的形式主义套路应付交差。因此，力戒"四风"之首的形式主义、"四风"后台的官僚主义，必须由表及里、主次明确地撕破其"假面具"。

从思想根源来看，形式主义与官僚主义同为宗亲、血脉相承，具有同根性。它们是以主观思想、主观条件作为出发点，习惯于脱离实际、形而上学的思想作风。在这样的主观唯心主义萦绕的歪风邪气中，即使最初血气方刚、充满斗志的奋斗者，也容易在扫除不良作风的持久战过程陷入主观主义的思想泥潭。这对"孪生兄弟"生长在主观主义的"沃土"中成为绵延"顽疾的子孙"也就不足为奇。形式主义往往割裂了原本一体的内容与形式，在主观立场上做文章，顺理成章地会陷入主观唯心的泥潭。党员干部如果在形式主义中没有自我反省、依旧我行我素，则官僚主义这一主观主义的"升级版"就会粉墨登场，实为在所难免。从人们的心理和习惯来看，都比较容易接受毫不费力、容易交差的"懒汉哲学"。这便为形式主义、官僚主义这对"孪生兄弟"提供了"野火烧不尽，春风吹又生"的思想土壤，使"顽瘴痼疾"复发反弹、久治不愈。

从外在表现来看，形式主义和官僚主义彼此形影不离、携手共度，具有共生性。它们常常交织一起，摆出讨巧唯上、声势浩大的姿态，穿上光鲜亮丽、图名挂号的"遮羞布"，唱出同步亮相、同台演奏的"双簧戏"。形式主义开始伪绩虚功、盗名窃誉，以喊破嗓子的表态代替甩开膀子的行动，将本没有错的形式扩大化，将本应有的内容淹没了。为纠正形式主义、官僚主义，习近平强调："调查研究是谋事之基、成事之道。"③ 但有的单位和领导则将

---

① 中共中央文献研究室．习近平关于全面从严治党论述摘编［M］．北京：中央文献出版社，2016：153-154.

② 本书编写组．党员必须牢记的 100 条党规党纪：《中国共产党纪律处分条例》解读［M］．北京：人民出版社，2018：293.

③ 习近平．干在实处 走在前列：推进浙江新发展的思考与实践［M］．北京：中共中央党校出版社，2006：475.

调查研究视为旅游路线一样的“经典调研路线”，特别是调研主题永远一条路线、调研对象永远一批人员、调研内容永远相似相同，仅仅是说辞、表述变换而已，调研成果为“所有人表演、领导们观看”，实则是作秀式调研。实际上，外在形态是形式主义，实际是官僚主义在背后作祟。倘若，上级领导并不知晓下级的形式主义和官僚主义产生的实情或不明就里，实质上就表明了上级也不愿到基层调查研究，同样偏好形式主义和官僚主义，必然造成其被基层欺骗而不知情的后果；如果上级领导知情而不制止、明知而默许，甚至怂恿形式主义和官僚主义，则必然酿成形式主义和官僚主义在基层泛滥成灾的大祸。换言之，上级领导怂恿和支持了下级的形式主义和官僚主义，下级的形式主义也成全了上级领导的官僚主义。上级和下级都不以损害党和人民的事业的代价而羞愧，反以大搞形式主义和官僚主义遂合上下心意而自豪，可谓是上下合奏“双簧戏”，携手划动“作秀船”。

从价值追求来看，形式主义和官僚主义往往臭味相投、目标一致，具有同心和同向性。它们习惯将一己私利作为主要目的，往往表现为急功近利、弃长取短和狭隘偏私等行为，秉承“功利”至上的利己原则，采取欺上瞒下、粉饰太平的手段，来谋取个人的政治利益和名誉。形式主义往往只注重表面的“形象工程”，力图自我利益不断扩大而名利双收，而官僚主义则大多使用好评不断的“厚黑学”、心领神会的“潜规则”等不良官场哲学来加固和延展自身的名利资本，二者可谓一拍即合、相向而行。如有的单位和领导热衷于与基层签订“责任书”，表面是力图有效提醒和监督，实际是将不履职的“炸弹”转移、下放，似乎拿到了万事大吉、权力稳固的“免死金牌”，这不就是明知形式主义而搞形式主义的官僚主义吗？为了进一步降低问责、追责的风险，有的领导干部重申“明知无效，也要实施”的“愚人规则”，消磨在相互推脱、永久循环中的“文字旅行”，这不就是为了自身乌纱帽而不惜做无用功的官僚主义吗？综上所述，形式主义和官僚主义这对“孪生兄弟”和“顽瘴痼疾”在思想根源、外在行为、价值追求上都存在诸多的共通性且危害不小，意味着使用“打针吃药”只能治标不能治本，而是需要深入灵魂、全身检查，以“手术方式”切除可能扩散的“肿瘤病毒”，才能有效预防和化解形式主义和官僚主义的危害及其带来的重大风险，使党内政治生态趋于良好、国家发展趋于善治。

二、要以革命的理念剖析形式主义、官僚主义滋生的“真原因”

以党的自我革命消除形式主义、官僚主义，不仅要认清其“真面目”，更要剖析其滋生的“真原因”。找出问题原因、厘清根源是解决问题的必经之路。只有撕破形式主义和官僚主义的“假面具”，才能进一步在全身体检中找到“真病根”。有学者认为，形式主义和官僚主义的背后隐藏着错误的政绩观、缺乏担当，“官本位”思想、监督难，上下欺瞒等深层原因。[①] 在这里，深化对形式主义、官僚主义形成原因的探寻，旨在开好“秘方”以提升思想认识，优化制度机制，拟好“手术方案”，祛除顽疾病根，从而彻底治愈“顽瘴痼疾”。

（一）形式主义、官僚主义的主观根源剖析

第一，对待政事懒散懈怠，上行下效。如前所述，为了自身的政绩、利益，既没有将人民群众的根本利益放在心中，也不会为后继者打下基础、做利益长远的政事。这些懒政和怠政的行为表现为关上门拍脑袋做决策，凭借主观意愿行事，以偷工减料的心态对待实地考察调研，以首长“一言堂”的方式作出决策指示，要求下面必须贯彻落实，甚至做出“创新”。这种盲人摸象的决策方式，原本就是难以站住脚跟、缺乏真材实料的决策，但下级难以拒绝执行。不仅如此，针对下级因为各种实际困难执行不到位等情况，上级不仅不会考虑下级实情而就此罢休，甚至反以监督检查、成绩评比、落实考核等“政策”体现政绩，作出更加不切实际的要求，导致下级层层效仿，以各种学习材料、会议材料、伪造数据等“对策”层出不穷。“上级一发话，下级累断腿”就不足为奇了。总之，一些领导干部习惯于上下打着“积极作为”的旗号，简单粗暴地完成任务、体现政绩，这是导致形式主义、官僚主义的“罪魁祸首”。

第二，对待政事不敢担当，推脱下放。不少领导干部为了保住领导的位置，为了讨好上级，不是积极谋划、率先垂范，而是绞尽脑汁地将责任分解、下推，制造层出不穷的讲话、文件、要求等。从过程和结果来看，虽然均为毫无实质意义的安排。但究其原因，主要是领导干部缺乏担当作为，为了自己的仕途升迁和政治地位，往往不敢说或不说“讨上面人嫌”的实话，不做“得罪他人”的实事，进而绕开主要矛盾、远离棘手问题、避开风险挑战等，不断降低因下级不力而牵连自己的风险。倘若下级得力，则是上级英明的指导，真是坐收渔利、进退有路。从这个意义上讲，不愿担当、不敢担当、不会担当已成为一些领导干部的道德“精神短板”，是造成形式主义、官僚主义

① 余哲西．系列述评之三看似新表现，实则老问题：深挖形式主义官僚主义五大根源[J]．中国纪检监察，2018（1）：29-31.

败德坏风的关键原因。

第三，对待政事能力不足，掩人耳目。老子曰：“政善治，事善能。”善治的前提是领导干部的善能。对于没有领导能力的党员干部，不仅在办事能力上存在牵不住事物的“牛鼻子”、工作改革无从下手等不足，而且在工作态度上还缺乏“本领恐慌”的危机感和“不达目的不罢休”的紧迫感。譬如，有的领导干部下基层慰问群众，在询问“家中几口人”“收入怎么样”等问题之后便无言再问，反映出他们存在以老眼光看新问题、以老方法干新工作和能力不足、进取不足等问题。党中央顶层设计和精心部署原本高瞻远瞩、可信可期，但总是遭遇擅长搞形式主义、官僚主义的“懒和尚”和“歪嘴和尚”把“好经”歪念的厄运。这群“坏和尚”和“歪嘴和尚”貌似兢兢业业、为国为民，实际上为了掩饰自身的能力不足而花样翻新，大搞形式主义、官僚主义并使之成为能力不足的“遮羞布”。

第四，对待政事邀功请赏，令人憎恨。作为领导干部，如果甘愿做“懒和尚”、能力不足、没有担当，至少可以尽其所能，为何助推形式与官僚“歪风”？若不愿下狠功夫，则是懒政怠政之风；又不愿冒风险，则是推脱责任、分解责任之举；再若没有真功夫，则是能力不足之因。然而，最可怕的是擅长借助大搞形式主义和官僚主义的“歪风”“邪风”邀功请赏，即为了搞出动静而做足表面功夫、摆足花式架子、摆足“面子工程”，不为干事创业，只为哗众取宠、博得领导好评；即使遭受民众憎恨也嗤之以鼻，但倘若被同样注重表面功夫和政绩形象的领导看重，则就取得了上下串通、勾结并取得升迁提拔的资本。

（二）形式主义、官僚主义的客观根源解析

第一，浮躁不安的社会风气是造成形式主义、官僚主义的环境因素。《庄子》曰：“其作始也简，其将毕也必巨。”一开始毫不起眼的、简单的事物，经过发展将会产生巨大的影响。毛泽东同志曾引用这句话告诫全党“戒骄戒躁”，做到谦虚谨慎，并指出“进京赶考”面临的新挑战，告诫领导干部不能忘记人民的疾苦、共产党人的初心与使命。形式主义、官僚主义在某种程度和范围的泛滥成灾，虽然没有面临在血与火中你死我活的威胁，是安与乐中的形式主义和官僚主义的歪风，但令人担忧且亟须高度重视、预防和化解。因为形式主义和官僚主义反映的是一些领导干部奉行事不关己、高高挂起的哲学思维，把人民疾苦和工作难题甩在脑后，将“保住乌纱帽、升迁中南海”作为人生的最高追求。这些领导干部本身也有“理想信念”，只是为了追求自身名利的信念，借浮躁不安的社会环境的东风，为升官发财打下基础。不少

领导干部在浮躁不安的社会风气影响下难抵“温柔乡”“聚宝盆”等诱惑，一心只在不求有功、但求无过，针对自上而下的形式主义、官僚主义等歪风邪气不敢亮剑，不敢坚持实事求是，当然也就难以尽职尽心。于是，热热闹闹走形式、轰轰烈烈搞官僚主义便成了“正常”现象。

第二，不够完善的体制机制是造成形式主义、官僚主义的制度因素。《易·节》中讲：“天地节，而四时成。节以制度，不伤财，不害民。”任何事物必须遵循科学规律，才能有序推进。只有做到讲求限度、有所制约，才能真正做到利国利民。在新中国成立之前的革命年代，容不得半点形式主义、官僚主义，否则只能成为敌人的俘虏。中国特色社会主义进入新时代，党员领导干部远离了你死我活的威胁，不少尝到甜头的“歪嘴和尚”开始处心积虑地钻营政绩考核和选人用人制度的空子，利用组织建设中体制机制存在的“牛栏关猫”缺陷，大搞形式主义和官僚主义。究其深层原因，主要是权力高度集中而又缺乏有效制约，上级往往掌握着下级的考核和升迁等，上级一旦搞形式主义和官僚主义则下级无力抗衡和反对，加之缺乏和难以给擅长于搞形式主义、官僚主义的领导干部进行准确问责和有力追责等，使得下级为了博得上级的认可和肯定或显示忠诚执行上级的指示或安排等不得不罔顾更下层的实际而不断“创新”，形成层层加码地搞形式主义和官僚主义并使之恶性循环。不仅如此，越是权力高度集中而又得不到有效约束的时期、范围和领域，形式主义、官僚主义就更加突出，甚至出现用形式主义反对形式主义和用官僚主义反对官僚主义等怪象。

总之，面对形式主义、官僚主义，只要我们敢于不断剖析这对“孪生兄弟”的主客观根源，对症下药，敢于刀刃向内大力开展自我革命，把手术刀精准对准顽瘴痼疾所在，忍痛切除，形式主义和官僚主义就一定能够得到有效根治。

三、要以革命的精神探寻祛除形式主义、官僚主义的“真办法”

以党的自我革命祛除形式主义、官僚主义，最终要运用“真办法”。习近平总书记指出：“中国共产党的伟大不在于不犯错误，而在于从不讳疾忌医，敢于直面问题，勇于自我革命，具有极强的自我修复能力。”① 党的自我革命之所以能祛除形式主义、官僚主义的顽瘴痼疾，就在于它符合马克思主义政

① 中共中央党史和文献研究院．十八大以来重要文献选编：下［M］．北京：中央文献出版社，2018：589.

党的本质属性和追求，是我们党的历史经验总结及现实逻辑的需要。党的自我革命关乎马克思主义政党的先进性和纯洁性，是我们党的优良传统和先进经验，也是化解党内突出问题的必然选择。我们一定要以“自我革命的政治勇气，着力解决党自身存在的突出问题，不断增强党自我净化、自我完善、自我革新、自我提高能力”①，用自我革命祛除形式主义和官僚主义。

（一）准确把握新时代开展自我革命、祛除形式主义和官僚主义的基本特征

形式主义、官僚主义这一对“孪生兄弟”具有极强的“生命力”，表现为顽固性和反复性。这就注定祛除这“顽瘴痼疾”的自我革命是一场持续时间较长、难度较大的激烈斗争。我们必须勇往直前，用彻底的革命精神开展自我革命，坚持不懈地坚决打赢祛除形式主义、官僚主义这场攻坚战。

首先，反对形式主义、官僚主义必须有毫不妥协地开展彻底的自我革命的斗争精神。习近平在中央政治局民主生活会上指出：“中央政治局的同志不仅要带头不搞形式主义、官僚主义，而且要同形式主义、官僚主义的种种表现进行坚决斗争。”② 这里的“斗争”“绝不是轻轻松松、敲锣打鼓就能实现的”，而是科学把握斗争规律、斗争方法、斗争艺术，发扬共产党人的斗争精神、提升斗争本领。为中国人民谋幸福和为中华民族谋复兴的中国共产党人面向新时代形式主义、官僚主义的新变化和新挑战这些“具有许多新的历史特点的伟大斗争”，不仅要坚定方向、站稳立场并坚持原则，而且还要充分展现出不畏牺牲的强大勇气和担当，增强战胜各种困难的斗争本领并调整斗争策略，还要有敢于与形式主义和官僚主义长期作战的斗争定力和斗争耐性。

其次，反对形式主义、官僚主义的自我革命必须做好长期作战的准备。习近平指出：“作风问题具有反复性和顽固性，不可能一蹴而就、毕其功于一役，更不能一阵风、刮一下就停。”③ 这一猖獗现象跟中国封建专制文化的侵害、党内的歪风邪气具有普遍性有关。从历史渊源讲，中国 2000 多年的封建专制社会残留着中华文化中的“糟粕”部分，即以官为先、为官为本、以官为上的“官本位”思想。针对官本位思想的批判，《孟子》认为“民为贵，社稷次之，君为轻”；《资治通鉴》认为“才者，德之资也；德者，才之帅也”。作为新时代的中国共产党人更需要义无反顾地摈弃官本位的腐朽思想，

---

① 习近平．在庆祝中国共产党成立 95 周年大会上的讲话［M］．北京：人民出版社，2016：22.

② 曹普．中国改革开放全景录（中央卷）：下［M］．北京：人民出版社，2018：53.

③ 习近平．习近平谈治国理政［M］．北京：外文出版社，2014：379.

真正坚持以民为本的人生观、以民为贵的价值观及以德为上的道德观。无论形式主义和官僚主义这对“孪生兄弟”如何换上“新衣”、改变“面孔”，只要本着革命的初心和使命，就一定能识破其假象，就能以“没有完成时、只有进行时”的长期斗争精神紧盯“官老爷”做派和“衙门作风”，并以坚定的决心和勇气及行动打击歪风邪气，就能使之无处遁逃。

最后，正确评估用自我革命反对形式主义、官僚主义面临的困难。习近平指出：“形式主义、官僚主义同我们党的性质宗旨和优良作风格格不入，是我们党的大敌、人民的大敌。”① 这里的“大敌”体现在渗透性较强、覆盖面较广、隐蔽性较强，说明力戒形式主义和官僚主义“二风”绝非易事。唯有以自我革命同形式主义和官僚主义决战到底，将其“斩草除根”，否则它们就会死灰复燃，形成难以治愈的顽疾。祛除形式主义和官僚主义“大敌”，需要在思想上有充分准备，准确把握其实质，特别是清醒认识祛除形式主义和官僚主义是一场新时代的“持久战”，必须抛弃“速胜论”和“渺茫论”等幼稚、低级思想观念，行动上要有敢于斗争、善于斗争的本领，要有顽强的斗争的精神真刀真枪地与之作彻底斗争。

（二）加强全面从严治党、固本培元，消除官僚主义、形式主义的思想根源

毛泽东指出：“武器是战争的重要的因素，但不是决定的因素，决定的因素是人不是物。”② 换句话说，党的自我革命这场“战争”的核心因素是加强党员领导干部的思想建设和斗争本领。党的十八大以来，尽管取得了“打虎”“拍蝇”“猎狐”的优异成绩，也使“不敢腐的目标初步实现，不能腐的笼子越扎越牢，不想腐的堤坝正在构筑”③，但形式主义、官僚主义穿戴“新衣”、展现“新貌”且影响极坏，局面堪忧。仔细剖析这一歪风邪气的新表现、新特点发现，依旧是老问题、老病根，需要我们开出新药方、治病救人。思想建党、理论强党作为我们党长期总结并传承下来的优良传统和政治优势，面对党内政治生活、政治生态中的病虫害问题，“克服形式主义、官僚主义的顽症，要从加强教育、提高觉悟入手，从领导机关和领导干部做起”④。“知之

---

① 习近平．习近平谈治国理政：第3卷［M］．北京：外文出版社，2020：500.

② 毛泽东．毛泽东选集：第2卷［M］．北京：人民出版社，1991：469.

③ 习近平．决胜全面建成小康社会 夺取新时代中国特色社会主义伟大胜利：在中国共产党第十九次全国代表大会上的报告［M］．北京：人民出版社，2017：8.

④ 中共中央文献研究室．十五大以来重要文献选编：下［M］．北京：人民出版社，2003：241-242.

愈明，则行之愈笃；行之愈笃，则知之益明。”首先，加强党员干部的党性教育，进一步坚定马克思主义信仰、共产主义信念。形式主义、官僚主义之所以阴魂不散，很大程度上是因为部分党员干部信仰缺失、站位不高。为此，要使“两学一做”常态化，使“不忘初心、牢记使命”主题教育制度化，在学习中增强党员领导干部全面从严治党的意识，在行动中提升政治素养和政治站位，增强为人民服务的宗旨意识并成为满足人民美好生活需要的可靠奋进者和可信维护者。其次，提升领导干部的认识水平，建设人民满意的服务型政府。对党内依旧存在封建专制主义残余思想要强化党员干部的宗旨意识和服务意识，把人民群众的获得感、幸福感、安全感作为自身工作的绩效考核，处理好管权与放权之间的关系，在转变党员干部的思想观念中构建人民满意、人民幸福的服务型政府。最后，鼓励和支持党员干部发挥先锋模范作用，树立重实绩、把民意作为鲜明导向，引导党员干部不忘初心使命，以党员的示范行为履行胸前徽章的荣誉感和使命感，培育和践行为人民服务的先锋意识与职业操守，以模范担当交上书写新光荣、成就新气象的答卷。

（三）深化体制机制改革，从制度上杜绝官僚主义、形式主义的滋生泛滥

形式主义、官僚主义是制约和阻碍党的发展的沉疴积弊，之所以有泛滥的可乘之机，就是因为法律法规等制度不够健全。反对形式主义、官僚主义，并非摒弃展现内涵意愿、时代价值的形式，并非不要令行禁止、科学决策的权威，而是如何从制度运用、制度治党的角度去明确形式主义与为内容服务的形式、官僚主义与为民办事做主的权威的界限。当前机制体制不够完善，给形式主义、官僚主义歪风邪气盛行和泛滥成灾提供机会和土壤。倘若，我们的领导干部都能通过问政于民、问需于民、集纳民意、汲取民智，不断完善党的制度建设乃至党的建设伟大工程，将会使形式主义和官僚主义这对“孪生兄弟”难有容身之处。党的十九届四中全会指出：“到我们党成立一百年时，在各方面制度更加成熟更加定型上取得明显成效”①，充分体现了党化解各种重大风险的勇气且将制度建设放在“中国之治”的新高度，深化体制改革、优化政绩导向、构建新型政党关系等制度改革，为破除形式主义和官僚主义提供了制度支撑。

“明者因时而变，知者随事而制。”利用“互联网+”思维，加强为民服

---

① 本书编写组.《中共中央关于坚持和完善中国特色社会主义制度、推进国家治理体系和治理能力现代化若干重大问题的决定》辅导读本［M］. 北京：人民出版社，2019：179.

务的实效性、便捷性。建立健全大数据辅助科学决策和社会治理的机制，使网络服务大厅建在微信、微博、政务 APP 上，从而避免重复性工作、冗余性服务，为推进政府管理和社会治理的科学化、高效化奠定基础。首先，将运动式治理模式向常态化、细密化、长效化的治理模式转变。制度化的意义在于使各个领域、各个环节、各方面都能依照制度进行治理。祛除形式主义、官僚主义，必须使各个单位和领导都成为落实制度的“小单元”，矫正“制度的落实与自身工作异化”的思想观念，进一步将思想意识转化为“履行相关制度就是为自身的岗位履职尽责”的行动。其次，制度并非完美无缺，离不开落实制度的细密化，虽然制度完善的过程正在避免“牛栏关猫”的现象，但是制度执行者缺少工匠精神，就会忘记“关闭制度的过滤门”，其结果就是制度形同虚设。为此，必须杜绝制度实施的盲目性，培养人们自觉遵纪守法、远离这对“孪生兄弟”的行为习惯。除了制度落实的常态化、细密化，还需要将祛除顽疾的行动走实走深，切忌“三天打鱼两天晒网”的不作为，避免“运动式”治理的怪圈，必须守正笃实、坚持不懈。这一转变也是由祛除形式主义、官僚主义这场自我革命的艰巨性所决定的。最后，建立领导干部终身问责追责制度。造成形式主义、官僚主义的原因有很多。譬如，不做调查而关门拍脑袋做决策、上级领导面前拍胸脯做表态、遇见问题拍屁股走人等现象，都必须被依法问责、追责。“法规制度的生命力在于执行，法规制度贯彻执行关键在于真抓和严管。”① 这意味着必须强化制度的刚性约束，使党内贯彻好民主集中制，使人人在制度面前体现平等的地位，真正构筑好祛除顽瘴痼疾的“隔离带”。同时，抓住关键领导干部这一“关键少数”，发挥他们落实制度的“领头雁”的作用，并将压力层层传导，真正形成打压歪风邪气的高压态势。

（四）增强决策的科学化、有效性以解决官僚主义、形式主义的方法难题

邓小平指出：“注意工作方法，克服官僚主义。这也是摆在我们面前的一个迫切问题。克服官僚主义，首先还是要着重研究体制的改革，但是工作方法不改也不行，更不能因为等体制改革就无所作为。”② 祛除形式主义、官僚主义的歪风邪气必须改进工作方法，这是必经之路。把准形式主义、官僚主义产生的根本原因，就是站在主客观根源基础之上的再发现。形式主义和官

① 邱学强．坚定不移反对腐败的思想指南和行动纲领［M］．北京：人民出版社，2017：297.

② 邓小平．邓小平文选：第 2 卷［M］．北京：人民出版社，1994：281-282.

僚主义等歪风邪气的深层根源既有工作能力不强、担当精神的缺失、体制机制的不健全等主客观原因，也有党性问题。正因为党性修养出了问题，导致事不关己、高高挂起的自我欺骗、“不出事就好”的自我麻痹、“手电筒只照别人不照自己”的自我逃避等思维在作祟。这就要求我们必须在工作方向和工作策略上下功夫。

首先，注重在形式主义和官僚主义问题上的精准定性，做到有的放矢。要加强对基层的调查研究，准确把握形式主义和官僚主义这一顽瘴痼疾的多样性和变异性。坚持实事求是的原则，找准形式主义、官僚主义的症状及其病因，特别是表态多、调门高、行动少、落实差等突出问题。党的十八大以来，我们党在全面从严治党的伟大实践中深刻认识到形式主义、官僚主义跟党性问题息息相关。如果不善于从党性层面思考问题，就会导致“头疼治头、脚疼治脚”的被动局面。其次，注重协同治理，不仅各级党委要履行好主体责任、纪委要履行好监督责任，做到并驾齐驱、共同推进，而且要尊重知识和人才，加强与高校、党校、科研院所等机构之间交流合作，为政府作出行之有效的决策寻找智慧力量。再次，强化各种监督合力，注重工作决策的反馈情况，除了加强源头和预防，还必须丰富监督方式、拓展监督路径，将党内监督、群众举报监督和社会机构的舆论监督有机结合，形成有效、强大的监督网络体系，真正消除形式主义、官僚主义祸根再起的可能。最后，注重构建长效机制，力戒形式主义、官僚主义的歪风邪气需要持之以恒的努力。“坚持抓常、抓细、抓长，特别是要防范和查处各种隐性、变异的‘四风’问题，把落实中央八项规定精神常态化、长效化”。① 从形式主义、官僚主义等歪风邪气形成的思想根源、关键问题、领导机关、责任机制等方面入手做到长期抓、经常抓和全面抓，进而防止政治信仰淡化、政治领导虚化、政治能力弱化、政治生态恶化，构建祛除形式主义和官僚主义的长效机制。总之，中国共产党只有不断加强自我革命，勇于彻底铲除具有同根性、共生性、同向性的形式主义、官僚主义，才能远离“塔西佗陷阱”的政党风险，从而才能真正跳出“其兴也勃焉，其亡也忽焉”的历史周期率，对黄炎培的“窑洞之问”作出更加圆满的回答，才能真正统揽伟大工程、开展伟大斗争，推进伟大事业，实现伟大梦想。

（本文载于《贵州社会科学》2020 年第 4 期。）

---

① 论学习贯彻党的十八届六中全会精神［M］. 北京：人民出版社，2016：29.

坚持以党的自我革命引领社会革命

汪 勇

党的十九届六中全会通过的《中共中央关于党的百年奋斗重大成就和历史经验的决议》指出，党的十八大以来创立的习近平新时代中国特色社会主义思想的第十个明确是，“明确全面从严治党的战略方针……以伟大自我革命引领伟大社会革命”①。“以伟大自我革命引领伟大社会革命”，不仅体现了党对执政规律、社会主义建设规律和人类社会发展规律认识的深化，而且是理论逻辑、历史逻辑和现实逻辑的有机统一；不仅彰显了中国共产党人不忘初心、牢记使命的政治担当、历史自觉，具有深刻的思想内涵和重大的时代价值，而且还为全面从严治党并把党建设得更加坚强有力，再创建设现代化强国和实现中国梦的新辉煌指明了方向。

一、坚持以自我革命引领社会革命的理论生成

马克思主义认为，“革命是历史的火车头”②。无产阶级政党为社会革命而生，为社会革命而战。共产党领导的社会革命，就是打破旧世界，创造新社会，即以生产力和生产关系的矛盾运动为基础，既包括破除旧的政治上层建筑的暴力革命，也包括新的社会建设运动。社会革命是共产党人的使命所在，是共产党人的终身任务，离开了社会革命，共产党就不能称之为无产阶级革命政党。

马克思主义的唯物史观告诉我们，事物的发展变化是其内因与外因共同作用的结果，内因在事物发展中起决定性作用。无产阶级政党领导和推动社

① 中共中央关于党的百年奋斗重大成就和历史经验的决议［N］. 人民日报，2021-11-17（1）.

② 中共中央马克思恩格斯列宁斯大林著作编译局．马克思恩格斯文集：第2卷［M］. 北京：人民出版社，2009：161.

会革命的同时，还必先进行自我革命。以实现共产主义为最终目的的马克思主义政党以实现人的自由全面发展和全人类的解放为己任，要实现这样的崇高使命，要领导和开展并取得社会革命的胜利，首先就必须在不断自我革命中永葆其先进性和纯洁性，必须把自身建设得更加坚强有力，才能领导和推动社会革命的发展并不断创造伟大成就。

马克思主义“辩证法不崇拜任何东西，按其本质来说，它是批判的和革命的”①，主张对现存事物进行批判的和革命的理解。这就要求无产阶级政党必须坚持彻底的自我革命，即通过不断的自我净化、自我完善、自我革新、自我提高，解决自身存在的问题，克服自身存在的缺点，始终保持马克思主义政党政治本色，始终保持生机和活力。坚持自我革命是无产阶级政党增强革命性、政治领导力、思想引领力、群众组织力和社会号召力的必然要求。不进行自我革命，无产阶级政党就会丧失革命性、丧失政治领导力、思想引领力、群众组织力和社会号召力，就不可能领导人民进行社会革命。

社会革命和自我革命两者相互联系、相互依存、互促共进，辩证统一于实现党领导社会革命取得胜利的思想和实践中。坚持以党的自我革命为引领，是社会革命取得成功的必由之路。在进行社会革命的同时不断进行自我革命，是我们党区别于其他政党最显著的标志，也是我们党不断从胜利走向新的胜利的关键所在。“中国共产党能够带领人民进行伟大的社会革命，也能够进行伟大的自我革命。”② 坚持以自我革命引领社会革命，既是中国共产党领导人民进行伟大社会革命的客观要求，也是中国共产党作为马克思主义政党遵循自身建设规律的逻辑使然，更是中国共产党百年来创造伟大成就的秘诀和未来继续成功的重要法宝和保证。

二、坚持以自我革命引领社会革命的历史总结

纵观古今中外，不论是我国历史上两千多年的封建专制王朝，还是世界上许多有过不凡历史业绩的老党大党，最终都未能摆脱“打江山坐江山”和“其兴也勃焉，其亡也忽焉”的政权更迭兴亡的历史周期律宿命。究其主要原因，就是他们在打江山时殚精竭虑，坐江山的初期励精图治，当其长期高居统治地位或执政地位后逐渐忘却了初心和使命并开始骄奢淫逸，对自身存在

---

① 中共中央马克思恩格斯列宁斯大林著作编译局．马克思恩格斯文集：第5卷［M］．北京：人民出版社，2009：22.

② 习近平．习近平谈治国理政：第3卷［M］．北京：外文出版社，2020：67.

的严重问题缺乏彻底解决的警醒和勇气，以致陷入“革别人命易，革自己命难”的怪圈，最后又成为被革命的对象并被取而代之，始终没有跳出历史周期律的窠臼。苏共失败、苏联解体的惨痛教训也表明：一个无产阶级政党通过社会革命取得执政地位以后要长期保持先进性和纯洁性，要把自身建设得坚强有力是不容易的。如果不自省、不警惕、不努力，不进行自我革命，再强大的政党都可能会走入穷途末路而丧失政权，最终使社会革命遭受重创。

志在千秋伟业的中国共产党，为了不断创造社会革命的伟大成就而苦苦探索跳出历史周期律的答案。1945 年，“毛泽东同志在延安的窑洞里给出了第一个答案，这就是‘只有让人民来监督政府，政府才不敢松懈’。经过百年奋斗特别是党的十八大以来新的实践，我们党又给出了第二个答案，这就是自我革命”①。自我革命是中国共产党百年奋斗成就的历史经验总结，不仅深刻揭示了过去我们为什么能够取得社会革命成功的根本原因，而且也科学指明了未来怎样才能继续取得社会革命成功的核心密码。回顾中国共产党百年奋斗历程，之所以能够领导团结带领全国各族人民战胜了一个又一个艰难险阻，取得了一个又一个的伟大成就，根本原因就在于敢于直面自身存在的各种问题，勇于自我革命，永葆马克思主义政党的先进性和纯洁性，坚持以伟大自我革命引领伟大社会革命，不断创造新成就的革命本色。中国共产党从大革命时期及时纠正右倾机会主义错误，土地革命时期坚决纠正“左”倾教条主义错误，抗日战争时期开展整风运动，到新中国成立后开展整风、整党等运动，始终以自我革命的方式解决自身存在的问题，引领社会革命并创造了伟大成就。从党的十一届三中全会拨乱反正，重新确立实事求是思想路线，到党的十八大以来，以重典治乱、肃纪反腐，通过自我革命，推动党的建设伟大工程不断取得新成效，推动伟大社会革命不断取得新成功。百年来，始终坚持以“绝不做李自成”的政治清醒和始终以刀刃向内的政治勇气推进自我革命引领社会革命，不仅是中国共产党团结带领全国各族人民百年来在进取中突破，于挫折中奋起，从总结中提高积累的宝贵历史经验，而且也是党和人民共同创造的精神财富，必须倍加珍惜、长期坚持，并在新时代实践中不断丰富和发展。

三、坚持自我革命引领新的社会革命走向胜利

中国特色社会主义是伟大社会革命的产物。中国共产党要团结带领广大

① 习近平．习近平谈治国理政：第 4 卷［M］．北京：外文出版社，2022：541.

人民夺取新时代中国特色社会主义伟大胜利是伟大社会革命的继续和新的社会革命，比以往各阶段的社会革命更壮观、更深刻、更艰巨、更重要。当前，世界百年未有之大变局加速演进，世界之变、时代之变、历史之变的特征更加明显。坚持和发展中国特色社会主义面临新的机遇、任务、要求、环境和风险及挑战，需要解决的矛盾和问题比以往更加错综复杂。新时代“我们党领导人民进行伟大社会革命，涵盖领域的广泛性、触及利益格局调整的深刻性、涉及矛盾和问题的尖锐性、突破体制机制障碍的艰巨性、进行伟大斗争形势的复杂性，都是前所未有的”①。办好中国的事情，关键在党，关键在党要管党、全面从严治党，坚持自我革命引领社会革命。

第一，面对风险考验要不断增强忧患意识坚持自我革命。面对“四大考验”和“四大危险”，我们要保持清醒头脑，勇于坚持自我革命。特别是要“对党的历史上走过的弯路、经历的曲折不能健忘失忆，对中外政治史上那些安于现状、死于安乐的深刻教训不能健忘失忆；对自身存在的问题不能反应迟钝，处理动作慢腾腾、软绵绵，最终人亡政息!”②

第二，坚持自我革命是引领新时代社会革命胜利的要求。我们“要把新时代坚持和发展中国特色社会主义这场伟大社会革命进行好，我们党必须勇于进行自我革命，把党建设得更加坚强有力”③。我们既要充分认识坚持以伟大自我革命引领伟大社会革命的战略和全局作用，更要以永远在路上的政治清醒和执着推进自我革命，关键是要做到信念过硬、政治过硬、责任过硬、能力过硬、作风过硬，把自身建设得更加坚强有力。

第三，坚持自我革命是践行以人民为中心思想的体现。中国共产党的根本宗旨是全心全意为人民服务。作为世界上最大的马克思主义执政党，要赢得人民的衷心拥护，就必须始终以为人民谋幸福为目的推进自我革命，永不自满、绝不懈怠。越是长期执政，越不能丢掉马克思主义政党为人民谋幸福的本色，越不能忘记党的初心使命，越不能丧失自我革命的勇气和品质。

第四，坚持自我革命是加强党的建设新的伟大工程的要求。深入推进新时代党的建设新的伟大工程，需要弘扬自我革命精神，不断增强自我革命的迫切性、主动性和前瞻性，以“为有牺牲多壮志”的英雄气概和“狭路相逢勇者胜”的斗争精神，切实解决党内存在的政治意识问题、思想作风问题、

① 习近平．习近平谈治国理政：第3卷［M］. 北京：外文出版社，2020：516.
② 习近平．习近平谈治国理政：第4卷［M］. 北京：外文出版社，2022：544.
③ 习近平．习近平谈治国理政：第3卷［M］. 北京：外文出版社，2020：515.

消极腐败问题，不断推进党的建设伟大工程，提高党的领导能力和执政水平。

第五，坚持自我革命需要增强“四自”能力，确保“三个不变”。中国共产党必须持续锻造自我革命的政治品格，进一步完善机制、途径和手段，坚持在化解矛盾的斗争中自我净化，在解决难题的斗争中自我完善，在争取工作主动的斗争中自我革新，在防范化解风险的斗争中自我提高；敢于刀刃向内，敢于刮骨疗毒，敢于壮士断腕，敢于斗争和善于斗争，不断清除一切损害党的先进性和纯洁性的因素，不断清除一切侵蚀党的健康肌体的病毒，确保不变质、不变色、不变味，再创新的伟大社会革命的辉煌成就。

夺取新的社会革命胜利需要自我革命的引领，自我革命为夺取新的社会革命胜利提供了坚强有力的保证。我们要在正确认识和科学对待自我革命与社会革命的关系中，“要以伟大自我革命引领伟大社会革命，以伟大社会革命促进伟大自我革命，确保党在新时代坚持和发展中国特色社会主义的历史进程中始终成为坚强领导核心”①。伟大的社会革命锻造和成就了伟大的党，伟大的自我革命保障和推动了伟大的事业，这是党百年来不断从胜利走向新的胜利的宝贵经验，也是党把握历史发展规律、奋斗新征程的重要遵循。

① 习近平．习近平谈治国理政：第4卷［M］．北京：外文出版社，2022：544.

坚持自我革命引领社会革命再创新辉煌

汪　勇

中国共产党第二十次全国代表大会在万众瞩目中开幕。这不仅是中国共产党百年来坚持自我革命引领社会革命、创造伟大成就的又一重要时刻，也是志在千秋伟业的中国共产党站在新的赶考路上坚持自我革命引领新的社会革命再创辉煌的新起点。

打铁必须自身硬。中国共产党之所以能够在百年奋斗中创造新民主主义革命、社会主义革命和建设、改革开放和社会主义现代化建设、新时代中国特色社会主义建设的伟大成就，正是因为中国共产党始终坚持自我革命。坚持自我革命是中国共产党在进取中突破，于挫折中奋起的百年奋斗中创造伟大成就的秘诀所在，是中国共产党在百年奋斗中从总结中提高、积累的宝贵历史经验，是党和人民共同创造的精神财富，必须倍加珍惜、长期坚持，并在新时代的实践中不断丰富和发展。

全面建设社会主义现代化国家、全面推进中华民族伟大复兴，关键在党。作为世界上最大的马克思主义执政党，要始终赢得人民拥护、巩固长期执政地位，就必须时刻保持解决大党独有难题的清醒和坚定，就必须牢记全面从严治党永远在路上，必须持之以恒地推进全面从严治党，深入推进新时代党的建设新的伟大工程，以党的自我革命引领社会革命。习近平新时代中国特色社会主义思想是我们党领导人民进行伟大社会革命的成果，也是我们党领导人民进行伟大社会革命的继续，必须一以贯之地进行下去。新时代坚持和发展中国特色社会主义是一场伟大的社会革命，要求我们必须时刻坚持自我革命以进行具有许多新的历史特点的伟大斗争。

迈上全面建设社会主义现代化国家的新征程，我们要落实新时代党的建设的总要求，健全全面从严治党体系，全面推进党的自我净化、自我完善、自我革新、自我提高，使我们党坚守初心使命，始终成为中国特色社会主义事业的坚强领导核心。

（本文载于《贵州日报》2022 年 10 月 17 日第 9 版。）

努力开创现代化强国建设事业发展新局面

汪勇　谭天①

学习贯彻习近平新时代中国特色社会主义思想，是新时代、新征程开创新事业、发展新局面的根本要求。学习贯彻习近平新时代中国特色社会主义思想主题教育工作会议为全党上下扎实开展主题教育提供了根本遵循，对全体共产党人奋力书写新“赶考”路上的优异答卷具有重要的指导意义。

用心学习以铸魂，统一干事创业的思想。党的理论创新每前进一步，理论武装就要跟进一步。回顾党的学习之路和奋斗之程，在每一个重大转折时期，总是通过党内集中学习教育武装全党、统一思想，进而指导实践取得成就。通过党内集中学习教育实现了用马克思主义中国化最新成果武装全党、统一思想、凝聚力量，成为我们党创造伟大成就的优良传统和成功经验，伴随每一次的学习热潮，党和人民的伟大事业都取得了巨大的发展和进步。习近平新时代中国特色社会主义思想是当代中国马克思主义、21 世纪马克思主义，是新征程上引领建设社会主义现代化国家和实现中华民族伟大复兴的纲领、旗帜和灵魂。正所谓知之愈明，则行之愈笃。广大党员特别是各级党员领导干部更要切实做到真学、真懂、真信、真用，坚持不懈用习近平新时代中国特色社会主义思想固本培元、凝心铸魂，始终在思想上、政治上、行动上同党中央保持高度一致，做到心往一处想、劲往一处使，在赶考新征程上永葆赶考之心、坚定赶考之志、提升赶考之能。

用心思考以增智，提升干事创业的能力。中国共产党是一个通过学习激发思考、增强智识进而提升干事创业能力的无产阶级政党。站在历史与未来的交会点，中国共产党总是紧跟时代步伐，积极思考世界之变、谋求中国之略中推进党的理论创新。作为一个系统完备、逻辑严密的科学理论体系，习近平新时代中国特色社会主义思想从理论和实践相结合上系统地回答了新时

---

① 谭天，女，贵州师范大学马克思主义学院博士生。

代坚持和发展什么样的中国特色社会主义、怎样坚持和发展中国特色社会主义，建设什么样的社会主义现代化强国、怎样建设社会主义现代化强国，建设什么样的长期执政的马克思主义政党、怎样建设长期执政的马克思主义政党等重大时代课题，为当代中国共产党人观察时代、把握时代、引领时代提供了有力的思想武器。今日世界，一日千里，不学无所适应，不思无以应对。面对当今错综复杂的国际国内形势、艰巨繁重的改革发展稳定任务，广大党员干部要适应国内外新形势发展的要求，全面学习领会习近平新时代中国特色社会主义思想，全面系统掌握这一思想的基本观点、科学体系，深刻把握好这一思想的世界观、方法论，深刻领悟其中的道理、学理、哲理，做到知其言更知其义、知其然更知其所以然，真正把马克思主义看家本领学到手，增强智识，提升履职尽责、干事创业的能力和本领。

用心感悟以正风，净化赶考路上干事创业的风气。中国共产党历经百年风霜依旧朝气蓬勃、经历千难万险越显锐意勇毅，原因就在于我们党通过学习，深刻感悟党的初心使命，坚持刀刃向内、坚持严以律己，不断整肃党风政纪。党风正，则政风纯、社风好、家风良。习近平新时代中国特色社会主义思想是马克思主义建党学说的新发展，是中国共产党对自身建设规律认识的新跃升，集中反映了中国共产党人的政治品格、价值追求、精神风范。立身以立学为先，立学以读书为本。广大党员干部要深刻领会习近平新时代中国特色社会主义思想关于党员领导干部要坚定理想信念、提升思想境界、加强党性锻炼的系列要求，深刻领悟党的性质宗旨、初心使命、优良作风，树立正确的权力观、政绩观、事业观，以廉洁奉公树立新风、以反腐倡廉扫陈风、以正风肃纪纠“四风”，不断增强党的自我净化、自我完善、自我革新、自我提高的能力，做到公正用权、依法用权、为民用权、廉洁用权，使党在新时代的发展浪潮中和“赶考”路上始终保持政治本色，营造风清气正的政治生态和良好社会风气。

用心践行以促干，彰显赶考路上干事创业的成效。马克思主义不是书斋里的学问，而是指导实践的理论，指引着人民改造世界的行动。学习贯彻习近平新时代中国特色社会主义思想主题教育的根本任务就在于坚持学思用贯通、知信行统一，最终目的就在于要提升“赶考”路上干事创业的成效。因此，广大党员干部应以学习为先、以贯彻为要、以实干为重，把理论学习、调查研究、推动发展、检视整改贯通起来，把开展主题教育同贯彻落实党中央各项决策部署、推动本地区本部门本单位的中心工作结合起来，做到两手抓、两促进，力避两头空、两张皮，切实将习近平新时代中国特色社会主义思想转化为指导各方面实践、推进各方面工作的有力支撑，将学习、思考、感悟转化为攻坚克难、艰苦奋斗的强大革命动力，努力创造出经得起历史和人民检验的新征程上的实实在在的成绩，把全面建设社会主义现代化国家、实现中华民族伟大复兴中国梦不断变成现实。

（本文载于《贵州日报》2023 年 4 月 12 日。）